投行笔记

INVESTMENT BANKING NOTES

徐子桐 著

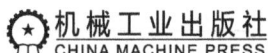

机械工业出版社

CHINA MACHINE PRESS

图书在版编目（CIP）数据

投行笔记 / 徐子桐著 . —北京：机械工业出版社，2014.2（2023.11 重印）
（资本的游戏）
ISBN 978-7-111-45645-2

Ⅰ. 投⋯　Ⅱ. 徐⋯　Ⅲ. 投资银行—研究　Ⅳ. F830.33

中国版本图书馆 CIP 数据核字（2014）第 020305 号

版权所有·侵权必究
封底无防伪标均为盗版

本书内容分为三篇，第一篇职业篇，以一个资深从业者的角度，论述了对投行职业、市场、制度以及一些常见业务品种的认识和反思；第二篇项目篇，为投行项目操作实录，有业务经过描述、项目问题分析，也有经验和教训的总结，展现了投行一线"战事风云"；第三篇专业篇，是对业务实践中一些具有共性的专业问题的分析小结，以及探讨中国证监会发行审核中常见问题的解决方法等。

本书为一名资本市场从业多年的亲历者和实践者，以局内人身份所展示的"风光而神秘"的投行工作的"画外音"。

机械工业出版社（北京市西城区百万庄大街 22 号　　邮政编码　100037）
责任编辑：岳晓月　　　　　　版式设计：刘永青
北京建宏印刷有限公司印刷
2023 年 11 月第 1 版第 25 次印刷
170mm×242mm · 18 印张
标准书号：ISBN 978-7-111-45645-2
定　　价：79.00 元

客服电话：(010) 88361066　68326294

推荐序一

专注成就梦想，创新引领未来

本人作为一家证券公司的董事长，每到高校毕业季的时候，就感觉到压力特别大，因为会收到来自方方面面递过来的推荐函，从本人所在公司的招聘条件来看，也都是从名校毕业生中择优录取，可谓百里挑一，可见投行作为一项活跃在金融市场前沿、高强度、极具挑战性和创新性、能够给人以成就感的职业，近年来颇受年轻人的追捧。尽管最近两年相关负面消息不断，包括IPO财务造假、内幕交易、债市监管风暴、交易操作重大失误等，但不管怎么说，投行作为资本市场上的主要金融服务中介，其在现代社会经济发展中发挥的沟通资金供求、构造证券市场、推动企业并购、优化资源配置的基本功能不会改变，对中国未来经济发展将发挥更加重要的作用，这一点我深信不疑。

然而，外界看到的可能只是投行光鲜的一面，从业人员背后所承担的压力、付出的艰辛、经受的挫折乃至失败往往是巨大的。那么投行究竟是一个什么样工作状态的行业，有哪些背后的故事，以及涉及哪些专业知识，子桐先生所著的《投行笔记》向大家描绘、阐述了若干场景和重点问题。我觉得本书适合的受众是金融、经济、法律等相关专业的在校生、已经进入投行领域的年轻人，以及从事多年投行业务并且对那段激情岁月还充满回忆的资深人士。

子桐先生是一位很有才华和文采的人，他将自身从业的经验和体会在《投行笔记》中进行了充分的展现，如"职业篇"中的"'易'观投行"，对投行的发展历史、功能定位和未来发展趋势进行了很好的概括和阐释；再如"职业篇"

中的"投行业务开发十大原则",更是结合自身实际从业经历以及不断的揣摩摸索而总结出的经验之谈,很有借鉴意义;"项目篇"中的"积渐与危情",讲述了某一项目的开发过程,其中有最初的兴奋、中间的波折和忐忑以及最后的豁然,让人读起来如临其境;还有"项目篇"中"一个 IPO 项目的回顾",向大家展示了一幅幅关于某家企业上市过程中若干重要环节和场景的画面,让人感同身受。我觉得这些观点和经历对于准备投身投行以及正在从事投行的人来说都很有参考价值,尤其是对新入投行的年轻人来讲有很大帮助。

初次与子桐先生相识是在 2005 年 9 月华夏证券重组转为中信建投证券,股东单位委派我到中信建投证券工作之时,至今已有八年多时间。子桐先生原在华夏证券工作,至今从事投行已有十余年。过去八年,中信建投证券的投行业务取得了长足的发展,这与子桐先生及公司其他投行同事付出的辛勤努力密不可分。子桐先生儒雅谦和,对客户及业务都非常专注,专业水准很高。有道是:"世上无难事,只怕有心人",可以说子桐先生就是典型的有心人,《投行笔记》便是他专注地投入工作的具体体现。当然,由于投行本身行业特点以及所涉及客户信息的考虑,本书中部分文章用了大量代号和代码,读者读起来可能感觉不那么流畅,但是瑕不掩瑜,子桐先生作为一名投行从业人员,对客户、项目以及投行行业的执著和追求流露于字里行间。

我从事投行工作已有 20 余年,读这本书也唤起了我的很多回忆,使我特别感慨。我觉得诚信、勤奋、创新是做好投行工作的三个基本要素。首先,只有诚信,才能更好地服务客户,博得客户的信任,而这个过程需要口口相传,做业务就是做口碑,这是投行的根本;其次,投行表面看似光鲜、高端,但背后却是要付出艰苦的努力,需要经受得起巨大的压力、挫折、失败以及资本市场的大起大落,同时又要始终保持着高涨的工作热情;最后,投行这个行业发展的历史较短,但是发展速度却很快,业务类型、经营模式以及产品种类纷繁复杂,从某种意义上讲,做投行需要有国际化视野和企业家胸怀,需要不断地创新,以更好地应对经济社会的发展和满足日益增长的客户需求。

刚刚召开的十八届三中全会为资本市场改革发展指明了方向,随着资本市场改革的不断深化和股票发行注册制的推出,行政审批管制有望进一步放松,资本市场将向多层次、市场化的方向不断发展，其资本资产定价功能和资源配置功能将得以进一步体现，资本市场将迸发出前所未有的活力。我认为未来10年，投行会迎来最好的发展时期，也是中国产生投行家的时代。当然，这需要一代代投行从业人员付出巨大心血和智慧，愿有志于发展投行事业的同行们共同努力！

王常青
中信建投证券股份有限公司董事长
2013年11月17日

 **推荐序二**

知己知彼,百战百胜

2011年在偶然的机缘下,我认识了子桐。那年相当特别,我刚完成了中国香港有史以来最成功的新股项目,这是继2008年处理交通银行最受热捧的人民币债券项目后,个人事业上另一较大的突破。

自20世纪90年代初我从英国伦敦政治经济学院取得学士与硕士学位后,投身资本市场工作已有21年。在学习的道路上,我最希望能从前辈身上学习不同的理论和实战精粹,不过能抽空分享经验的投行前辈为数实在太少了。

为促进业内健康发展,除了投行工作,我一直关注业界的持续培训与教育工作,过往的十多年里,尽量分享自己在国际资本市场的项目经验和心得。在这样背景下,我曾代表香港证券专业学会与中信建投投资银行部数十位朋友进行了数小时的交流,也就是在那时与子桐初次见面。

子桐在投行领域的阅历丰富,理论与实战经验并重,他能在百忙中抽空撰写本书,毫不吝啬地与读者分享自己宝贵的经验,十分难得。2009年我也曾在香港出版一本金融畅销书,明白投行家写作的付出和牺牲。

子桐与我有着同样的写作兴趣,与此同时,中国资本市场正面临改革,读者若能了解到投行的运作和项目经验,定能把握住大时代的发展契机。作为一个投行家,我认为本书的内容有不少可供同业借鉴之处。作为香港证券专业学会专业委员、中国人民大学讲座教授，我更是全力向读者推荐子桐的新作，通过阅读本书更能洞悉资本市场的精粹，知己知彼，百战百胜。

温天纳

资深金融及投资银行家

香港证券专业学会专业委员

中国人民大学讲座教授

2013年12月2日

目录

推荐序一 专注成就梦想，创新引领未来

推荐序二 知己知彼，百战百胜

职业篇

投行这个行当 // 2

投行干什么和怎么干 // 7

"易"观投行 // 11

投行项目竞标 // 16

竞标现场的专业细节 // 19

投行业务开发十大原则 // 21

影响项目执行效率的 100 个因素 // 27

招股书的结构和学问 // 49

内核标准 // 51

IPO 财务专项核查"运动" // 55

发审会细节情况 // 58

保荐代表人"代表"什么 // 61

项目负责人负责什么 // 63

对于保荐代表人管理的若干意见 // 65

我们需要什么样的发行制度　// 70

注册制改革意味着什么　// 73

壳价几何　// 77

再析壳价　// 79

借壳与 IPO 谁合算　// 81

怎样理解公司债　// 83

公司债市三重门　// 87

我们该怎样做私募债业务　// 91

银行间债市发展启示　// 95

项目篇

积渐与危情　// 98

拿单的态度　// 105

"争球"　// 109

角色和经验　// 111

步步为营　// 114

我能上市吗　// 118

开方子　// 121

改制前期三事　// 125

审核预判二则　// 129

历史综合征　// 133

谁在控制公司　// 137

要不要"认账"　// 146

上会与备考　// 150

配股四问　// 153

非公开三题 // 155

股东大会这一关 // 158

致客户的信 // 161

一个IPO项目的回顾 // 165

HT吸并预案 // 177

DL公司境外并购 // 181

上市公司重组的两个基础问题 // 186

项目申报五失 // 190

遭遇乌龙 // 193

SC公司债的担保问题 // 195

公司债销售侧记 // 197

私募债的困惑 // 201

"此路不通" // 204

专业篇

注册资本与实收资本 // 212

出资不实及其处理 // 214

出资对应股权的差异化处理 // 216

交叉持股问题 // 218

有限合伙的上市公司股东资格 // 221

间接持股的股份锁定 // 224

社会公众股与限售流通股 // 227

怎么看待利润指标 // 229

怎么看待短期偿债能力的指标 // 232

票据保证金的列示 // 234

融资租赁的认定　// 237

融租事项的会计处理　// 239

并购的会计处理　// 242

反向收购的会计处理　// 244

怎么认识关联方及关联交易　// 247

"财务造假"辨析　// 249

B股回购相关问题　// 253

业务合并　// 255

母公司对子公司合并的程序问题　// 258

重组办法的两次变革　// 260

重组事项对发行上市的影响　// 263

资产注入上市公司过程中的节税问题　// 265

关于募投还贷的披露问题　// 269

业绩变脸与信息披露　// 271

后记　// 274

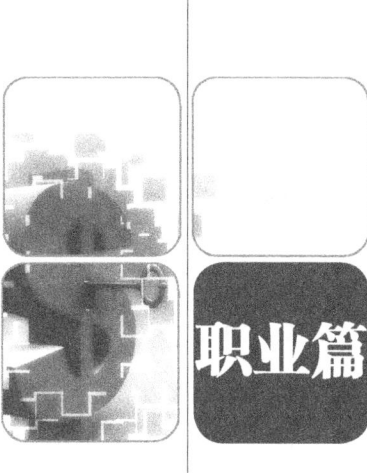

职业篇

投行这个行当

投行是投资银行的简称，它可以指投行主体（国内称证券公司），也可以指投行业务，有时也指投行业务线或业务部门。作为一种职业，现代投行在国外有200年以上的历史，著名者如高盛等华尔街投行。在我国，这个行业的兴起是在20世纪90年代沪深两个交易所建立前后，到现在也就20多年的时间，可以说是一个正在发展的、非常年轻的朝阳行业。

在外人或媒体眼里，投行往往与高薪、加班、出差以及激动人心的财富故事相关，如企业上市、融资、并购等事件。实际上，投行只是为客户提供金融服务而已，通俗地讲，就是把有钱的人和需要钱的人放在一块儿，让他们互通有无。

投行并不创造神话，神话是媒体创造的；如果说神话是成就，那么成就是客户创造的。投行会做一些较大的融资或者兼并项目，有的时候上百亿，有的时候上千亿，但这些项目都是客户之间进行的，投行最多是起个红娘的作用[1]。这个行当的性质和从业要求的素质，可以从"进"投行（入职）、"干"投行（发展）、"出"投行（退出）三个环节略窥其要。

先说"进"投行（入职）。总的来说，投行门脸不大，门槛不低，不大容易进去。以投行一线岗位为例，员工主要是名校毕业生或同业经验人士。根据投行品牌、业务需要等情况，具体年份的招聘条件也略有不同，大致来说，应届生以金

---

[1] 财富中国栏目组. 财富大家 [M]. 北京：中国海关出版社，2005.

融、经管、经济、财务、法律等专业，国内外重点院校毕业、具有研究生（硕士）学历者为主，男性居多。

在招聘举行的若干笔试、面试环节，除了适当关注外在条件外，主要考察操作技能、专业基础和综合素质。由于国内投行实务较多用到财务、法律等专业知识，所以具有CPA、CFA以及法律职业资格等证书的应聘者在录用上会有优势。就综合素质而言，往往比较强调个人品行、意志、性格以及口头和书面表达能力、动手和办事能力等方面。新人入职一般会经历实习期、集训期和轮岗期（交换到相关业务部门），便于新人熟悉业务，且备公司试用考察。这期间，公司大多要求新人通过考试取得从业资格，考试内容包括证券基础知识以及承销、交易、投资等内容。

所招聘的有经验者主要来自同行，俗称"挖角"或"转会"，以保荐代表人（简称"保代"）和具有项目经验者为主，另有部分会计师、律师等专业人士。就专业资质而言，近年以保荐代表人资格最受重视。参加保代考试要求具有一定从业年限，考试包括证券综合知识和投行业务知识两大方面，涉及金融、证券、财务会计、法律法规以及股权、债权融资、资本市场、财务顾问、执业实务等内容。在经验者招聘中，也有少量资源型人才，他们不以专业知识见长，而是以其市场能力、社会资源等开拓投行业务、发挥投行作用。

关于"干"投行（发展）。投行人员常说，"咱们干投行的"如何如何，琢磨起来，其中的"干"字还真有些讲究。结合这个行业来说，"干"字除了"做"的意思外，起码有两层含义，一是"干劲"，二是"干才"。"干劲"是对做事态度的要求，"干才"是对办事才能的要求。之所以如此，实与投行工作特点相关。

投行工作有什么特点呢？主要有三点：一是弹性，二是挑战性，三是不确定性。这个行当的魅力和不足，或者正面和反面——如果有的话，可能都是这三点。而且三者之间的关系大致是：工作表现的弹性来自工作要求的挑战性，工作要求的挑战性来自工作内容的不确定性。

所谓"弹性"，首先是指工作时间或长或短，工作强度或大或小，工作态度或"钻"或"混"等。国内典型的投行从业者，虽然可能不像传说中的华尔街基层投行人员那么拼命，但一天工作十几个小时也是家常便饭。遇上项目紧要的时候，则需连续、高强度地熬夜、出差等。而对投行项目而言，几乎每个环节都很紧要，所以很难做到轻轻松松，朝九晚五。

忙到什么程度呢？举例来说，一天坐三趟飞机；三天睡两个小时；结婚时只能抽空出来拍个婚纱照或者请两个小时的假去领结婚证，领完证后一个多星期不在家，甚至老婆临产前几个星期都不在身边，孩子半岁多了因为不熟悉见了爸爸就哭……这些情况并非个案。另一方面，上述情况又不尽然，事实上投行也有不少人并不忙，因为是弹性工作制，又常常出差在外不受监督，随大流、混日子的情况也有，这些人大多会逐渐掉队或出局。

其次，"弹性"也指工作方式是"因袭"还是"创新"。投行项目主要是公开透明的资本市场活动，大多有规则可循，有案例可考，投行内部也有现成的参考模板，所以，循规蹈矩、复制粘贴，似乎也可以应付工作。但是，投行面对的不同客户以及同一客户不同阶段的不同需求，尤其是投行所置身的经济活动、制度环境和所提供的金融服务工具、方式、手段等，却又极其复杂、变动频繁和不断发展。投行的全部活力都来自创新，需要分析、总结、思考、研究、磋商、突破的东西很多。从工作效果来说，投行工作是没有止境的，它要求的标准状态是"精疲力竭"（exhausting），殚其所思，竭其所能。

所谓"挑战性"，首先是对身体而言。有人说投行是吃青春饭的，此话有一定道理，工作强度决定了对身体条件的要求。不过，只要自处得当，张弛有度、劳逸结合，筋骨愈劳而愈强，"精神愈用而愈出"（曾国藩语），长时间保持健康与活力是完全可能的。

其次，挑战是对心理而言。投行客户地域分布甚广，尽职调查需要去往国内外不同地方，工作接触也以所谓"大企业"和"有钱人"或相对优秀的企业及其管理人员居多，需要了解的有关经济、行业、客户等最新资讯相对紧急，需要处理的各种资料、信息、文件等比较庞杂，对投行年轻人来说，可以说所见的世面大、层面高、局面难，心理挑战很大，不仅要兴奋、紧张，而且要自信、谦虚。

最后，挑战是对道德而言。投行主要是跟"钱"以及"有钱人"打交道，古语说，"世路无如贪欲险，几人到此误平生"。国内资本市场发展20多年，浪沙淘尽，确有些投行精英遽尔沉陨，让人唏嘘，恐怕并非环境使然、阶段使然，更多是个人原因。目前，执业规范趋于健全，执业要求趋于严格，执业风险加大（实际上，制度规则不健全、不明朗时，执业风险更大）。其中，比较常见的是保荐责任和内幕交易等执业风险。如果简单来看，只要谨守"不造假"和"不谋私"两个底线，大致不会发生严重的道德风险——说来不难，做到不易。

所谓"不确定性",首先指项目本身。项目线索能否发现,项目机会是否成熟,项目开发是否成功,项目推进是否顺利,项目周期是长是短,项目执行能否最终完成等,往往事先难以预知。

其次指经济环境。经济生活的复杂和动荡在世界范围内都是常态,整个经济生态似乎不得不在平衡与失衡之间反复摇摆,而经济形势的变化必然会相应地影响投行业务及行业发展。作为处于经济生活最前沿和最敏感部分的资本市场及投行,所受影响往往又首当其冲。过去投行流行的一句话"三年不开张,开张吃三年"是对行业波动的夸张性表述。

再次指政策规范。由国内资本市场发展阶段所决定的,监管政策和制度规范、执业环境等正在不断调整、优化、完善,这也给投行执业带来不确定性。投行流行一个关于执业状况的段子,大意是:投行项目好比西天取经,西天就是监管部门,经文就是核准文件;客户是唐僧,谁都想咬一口;宝马是保代,虽然没见骑几回,但得老是跟着;券商是悟空,妖魔鬼怪、美女画皮、八十一难,什么事都得靠他摆平;审计是沙和尚,干的是苦活累活,但保驾护航有功;律师是八戒,凭嘴吃饭,忙的时候也能打上一耙。路上还会碰到财经媒体、行业对手之类,也不能小觑。当地政府就是那土地公,辖区范围内也许还能帮点小忙,但别指望太多。其他征求意见部门,大多就是换个文牒,一般不会碍事。至于投资者,就是女儿国国王,总想攀亲结缘,播种生娃,弄不好也会闹点绯闻——虽是小道笑谈,"或有可观者焉"。

最后指个人运气。不是每个人都很幸运,经济周期、行业景气与个人从业时间、具体项目情况等的叠合,时常出现戏剧性。一位哲人说过,在这表象的世界,你几乎不可能把生活的任何一页看得过于认真而不为玩笑留下一些余地。在资本市场上,有时努力不一定成功,而成功者却事出偶然。当然,从长期来说,投行这个职业的发展或许有它自身的规律,投行成功者或许正是驾驭不确定性的高手。

至于"出"投行(退出),现在看来,主要有两种方式,正常退出和非正常退出。非正常退出的有出了事黯然离场的,也有因不适应而被动裁汰、转行的,还有些干不动而自己回家休息的,但不包括在同行之间来回跳槽,这种情况不属于退出投行。正常退出的除退休终老之外,主要指主动转身、自谋发展的情形。目前国内不少投行仿照国际投行,在职级上实行 MD 制,一般分为 5～8 个职级,从事投行工作三年五年方能立足，十年八年以上或能升至中高职级，所谓主动转身、自谋发展的主要是较高职级的投行从业者。

在这个阶段，这些作为工薪阶层中享有较高物质待遇的金融工作者，尽管不可能像企业家阶层那么富有，但经济上也能相当自立，在职业发展上有可能进行不同选择：有的继续干投行；少数做了企业高管或者官员；有的转作买方，加入公募或私募投资机构；有的自己创业，或成为拟上市公司、上市公司及大型企业的资本、证券业务负责人；有的转而读书深造，做些研究工作，等等。无论怎么选择，就算退出投行，其投行阅历对今后人生仍有持续影响。如果问问过来人，这些当年"加班加点、飞来飞去、不知疲倦、聪明又苦命的孩纸"⊖总是心生五味，而又津津道之。

（2013 年 7 月）

⊖ 秦涛. 投行风云：FO 的酸甜苦辣 [EB/OL]. http://finance.sina.com.cn/stock/usstock/c/20120803/152612753160.shtml.

投行干什么和怎么干

了解投行,要从投行的两个基本问题开始,即投行干什么和怎么干投行。投行干什么?主要是两件事,"推销"与"顾问"。怎么干投行?主要是"三纲八目"。

先看投行干什么。国际大型投行,无论是2008年金融危机前的"纯粹"投行,即不吸收存款的投行,还是危机后的综合型投行的投资银行部门,主要负责开展企业客户的融资和并购业务以及政府客户的融资业务。与之类似,国内投行(一级市场)主要就是两件事,"推销"与"顾问"。

所谓"推销",包括"推"与"销"两个方面,"推"就是"推荐"或"保荐",是"通道"。从20世纪90年代国内有证券市场开始直到最近,投行的主要工作就是"推荐",不管是额度审批还是保荐核准,券商扮演的角色主要是个通道或者牌照,当然还需要写材料、讲故事,即老投行所调侃的"码字"和"画画"。但是,现在通道的作用已经开始弱化,来自市场"销"的压力越来越明显,将来这可能是个主要趋势。投行不再只是"保荐人",更是"承销商""资本中介"和"资本家",所以手里光有发行人客户还不行,还必须要有投资人客户和资本能力,要从渠道中介转向资本中介,从卖方经营转向买方经营,从牌照经营转向风险经营。

所谓"顾问",也包括两个方面,"顾"是"照管","问"是"咨询"。"照管"者,接受别人的托付,管理别人的资产,尽到注意、勤勉的义务,使委托人的利益得到适当保护;"咨询"者,受到别人的信任,尽自己所知、所能,使委托人的事情得到合理的解释、分析、筹划、安排。随着社会经济的发展,经济生活中越来越多的财富需要管理,越来越多的行业、资产需要整合,越来越多的资本市场交易需要达成,这些都需要"顾问",所以这块业务的前景是非常广阔的。

目前国内较大投行的业务,主要涵盖各类股权融资、债权融资、混合型融资、结构化融资以及并购重组等各式财务顾问服务。其中,股权融资含A股(主板、中小板、创业板)、场外市场(新三板等)以及H股的首发上市(挂牌)及各类再融资;债权融资有公募或私募公司债券(企业债券)、各类债务融资工具及金融债等产品;混合型及结构化融资包括可转换公司债券、并购重组配套融资以及专项资产管理计划(ABS)等;财务顾问业务则涉及收购兼并、资产重组、企业改制、上市辅导、股权激励、股权分置改革等广泛的领域。

除此之外,投行业务与投资业务、交易业务以及其他创新业务出现交叉融合的趋势,因为越来越多的投行业务部门涉足直接投资、并购基金以及资产管理、股票质押融资、债券正回购、融资融券、证券约定购回等业务内容。不过总的来说,投行在上述业务中仍然主要扮演"推销"和"顾问"两个角色。

抽象来看,投行上述工作主要是通过融通资本供需来改善资源配置,是通过提供金融服务为客户创造价值,为社会创造财富,实际上也是为投行自己创造价值。投行要与各类活生生的企业打交道,和各个管理者和企业家打交道,和那些渴望财富、渴望成功的人打交道,和那些渴望创造价值、发现价值的人打交道,他们有不少人都是现代经济社会最现实、最活跃、最丰富、最敏感、最坚韧、最优秀的分子,投行自身也会因之而提升。这份工作有时甚至需要一些精神,例如,对事物背后积极精神力量的尊重和理解、觉悟和发扬;从现在看到过去和未来,从个体看到群体和社会,从不规范中看到规范,从不成熟看到成熟,直至看到市场制度的基础、商业精神及其道德原理,等等。

再看怎么干投行。"三纲八目",语出《大学》,说的是"明德,亲民,止于至善"和"格物、致知、诚意、正心、修身、齐家、治国、平天下"。南怀瑾提出,实际上应该是四纲八目,因为还有一个总纲,那就是大学之道的"道"。这里比附一下,先下个断语,投行也有三纲八目,三纲就是"人才、资本和声誉",还有一个总纲,那就是"客户",八目就是"勤奋、诚信、专业、创新、团队、激励、规范、团结"。

投行的"三纲八目",也可以叫投行的"三大纪律八项注意",是投行业务的商业原则或经营准则,大致中外通用,不信可以举例以证,如高盛的十四条"军规"和国内主要投行的经验。

高盛是有代表性的国际投行,20世纪70年代约翰·怀特黑德(John Whitehead,时任高盛联合主席)概括了高盛的主要业务原则,最核心的有两句话:"公司的法宝是员工、资本和声誉"(Our assets are our people, capital and reputation)和"客户的利益永远是第一位的"(Our clients' interests always come first)。

所谓"高盛十四条",基本上都是围绕着"客户""人才""资本"和"声誉"展开的。比如,客户方面强调重视客户利益(第1条)和满足客户需要(第11条);人才方面讲了招聘(第6条)、晋升(第7条)、专业性(第4条)、创新性(第5条)、团队(第8条)和奉献精神(第9条);资本方面强调资本的规模(第10条)和利润的分享(第3条);声誉方面强调正直诚信(第14条)、保守秘密(第12条)和公平竞争(第13条)。

所以,"高盛十四条"实际上可以概括为一句话:投行最重要的是四样东西,客户、人才、资本和信誉。其中后三样是真正属于公司的,可以加起来与"客户"相对,或是吸引客户之所在,同时又与"客户"相互作用。就是说,如果一家投行有很强大的资本、很好的人才,又有很高的声誉,如果它再有很多优质的客户,显然这就是优秀的投行。

怀特黑德后来提出的所谓投行"十诫":"待客户"两诫——不要让客户不高兴,不要让你的目标高于客户的目标;"打交道"四诫——不要空谈,不要泛泛之交,不要找不能拍板的人,不要做没有尊严的人;"做业务"四诫——不要拖延应当完成的业务,不要随意打发到手的业务,不要做二流业务,不要做不想发展的业务。这些"戒律"与前述业务原则相关,都是服务客户的具体方法或提示。

国内投行目前整体上处于发展初期,历史较短、数量众多、格局未定,在经营原则上尚难引证成熟的经验。不过,从国内一些主要投行经营发展的相关提法中也可以看出大概。比如,中国证券业协会公布的2012年度承销、保荐及并购重组等财务顾问净收入排名前五位的券商:中信证券提出向"以客户为中心"等三大方向转型,认为其核心竞争力源自"创新和专业化经营理念";国信证券企业精神是"务实、专业、和谐、自律",核心理念是"创造价值,成就你我";广发证券核心理念（核心价值观）是"知识图强、求实奉献（求实创新）"，经营原则是"稳健经营、规范管理"；中信建投强调"以人为本，以邻为师，以史为鉴"，"秉持以客户为中心的金融服务理念，以规范为基石，以创新为引领，专注于国内资本市场"；中金公司价值观是"以人为本、客户至上、勤奋专业、精益求精、相互尊重、相互支持、提携下属、关爱社会"。㊀

如果结合这些年投行综合实力的提升过程以及不少投行发展过程中的曲折经历，不难看出，客户、人才、资本和声誉对于投行来说的确具有长期、核心的价值地位，可以视为投行的"纲"，属于投行"世界观"范畴。至于前面说的"八目"，则类似于"方法论"，可以从投行日常经营中观其大略。其中，"勤奋、诚信"是基础，"专业、创新"是关键，"团队、激励"是条件，"规范、团结"是保障。只有勤奋，才能胜任投行工作，只有诚信，才能赢得客户和形成良好声誉，所以"勤奋""诚信"作为"八目"之基础。换句话说，如果没有这个基础，"皮之不存，毛将焉附"，其他的无从谈起。投行的发展，无论中外，主要靠专业能力和创新精神，所以"专业""创新"二者至为"关键"。团队协作，有利于发挥整体力量，而在实现共赢、追求共享的同时，根据业绩和贡献实施充分的激励，则有利于激发个体能量，因而二者都是必要条件。违规经营或忽视风险管理，可能导致满盘皆输（国内投行业曾有"剩者为王"的说法），股权不稳定和管理层不团结，所谓"树欲静而风不止"，投行自身难免风雨飘摇，所以"规范"和"团结"是投行发展的重要保障。

当然，声明一下，"三纲八目"云云，仅是经验观察，绝非圭臬教条。

（2013 年 7 月）

㊀ 摘自中信证券、广发证券 2012 年年度报告及各公司网站。

"易"观投行

《周易》关于事物发展变化的道理主要有三个:"时、位、势"。"时"是阶段论,"位"是位置论,"势"是趋势论;"时"是纵向的时间论,"位"是横向的空间论,"势"是纵横交错、时空统合的立体论。所谓"知时、得位、顺势、谋变",变而不易,是谓"易"理。投行发展的"易"理,也主要体现在"时、位、势"三大方面。

看"时"

如果放眼长远,相对来说现代投行历史很短,国内投行历史更不足道,不过,投行处理的商业融通关系却根植于人类社会活动本身。《史记·货殖列传》转述《周书》的说法,讲到资源供求利用是一个自然而然的事,"农而食之,虞而出之,工而成之,商而通之""岂非道之所符,而自然之验邪?"

国内投行历史分为两段,20世纪50年代前和80年代后,其间中断30多年,前后两不相涉,我们说国内投行历史一般都指后者。20世纪80年代我国搞改革开放和市场经济,这才有了股市、债市和投行。

朱镕基说:"中国的股票市场在新中国成立前就有,那时上海的股票市场比香港地区的发达得多。新中国成立后,把它关闭了,成为禁区。社会主义国家能不能搞股票?邓小平同志说,可以试。1990年12月,在上海成立证券交易所,当时我在上海当市长，大家都认为这是中国改革开发的一个重要标志。这实际上是一个最有效的直接融资方式，同时又成为企业效益的一个晴雨表。"㊀

在内地证券交易所成立前后，以股票和债券承销为标志的传统投行业务还处于萌芽期，1992 年邓小平南方谈话当年，国务院批准九家特大型企业进行股份制改造和公开发行股票，同时由工行、农行和建行分别筹组华夏、南方和国泰三大证券公司，加上在此前后成立的申银、海通、万国（1988 年）、广发（1993 年）、国信（1994 年）、中信、中金（1995 年）等券商，全国性、规模性投行业务开始进入起步发展期，虽经起起落落，但发展速度很快。

20 多年，境内直接融资规模从最初零零星星的几十亿，到 2012 年约 6 000 亿（包括沪深市场各式股权和债券融资，不含银行间市场），最高的时候上万亿（2010 年）。同时，投行范围的并购重组、直接投资和资本中介等业务也在不断发展。

按照王东明（中信证券董事长）的说法："我国证券行业 20 世纪 80 年代起源于银行、信托下属的证券营业网点，经历了野蛮生长、综合治理和规范发展等阶段，不断发展壮大。"实际上，野蛮有之，治理有之，规范有之，但总体并不成熟，正在壮大却仍相对弱小。

如果说高级、发达阶段的投行应当伴以成熟健全的制度体系、合理稳定的市场格局、广泛巨大的经济影响和一定的国际影响，那么目前可以说我们已经建立了相关制度体系，但还不成熟、不健全，已经形成了一定的市场格局，但还不合理、不稳定，已经具有一些经济影响，但还说不上广泛、巨大。所以整体来看，国内投行还处于初级发展阶段，其生也晚，其长也速，经验尚浅，来日方长。

看"位"

现代投行业是金融服务的一个门类，金融服务又是社会服务或第三产业的一个门类，第三产业又是国家乃至全球经济活动的一个门类。具体的经济活动纷繁复杂、变化多端，经济活动本身又受到国内外各种政治、社会等因素的影响。投行在经济活动中，虽然是个很小的行业，却居于经济生活中差不多是最前端、最

㊀ 朱镕基. 朱镕基讲话实录（第 2 卷）[M]. 北京：人民出版社，2011.

敏感的位置。

由工作内容和性质所决定，投行接触和服务的主要是大企业、好企业、活跃的企业、发展的企业。企业是现代社会的经济单元、经济细胞，投行整天要跟这些最具生命活力的细胞打交道，最有条件也最应该把握经济生活律动和脉搏，这就是投行在社会经济活动中的基本位置，外部环境、宏观形势和实体经济对它有全面的、直接的影响。

在金融业里面，投行与银行、保险、信托等也有相对位置关系。以资产份额来看，目前120万亿金融资产，银行占了93%，证券业仅占2%，2万多亿元，不及银行的一个零头，也不及一家国际大型投行的资产（2012年年底高盛总资产9 386亿美元）。

在投行市场，商业银行的债券承销、财务顾问等投行业务也占了极大份额，尤其在银行间债务融资工具市场，银行占了绝对大头。可见，金融业以商业银行为绝对主导，投行处于相对次要和正在上升的位置。

具体到券商行业内部，较大的投行各有特色，有以背景见长的，有以市场化见长的，有以资本见长的，也有具备混业优势的，具有外资投行优势的或具有管理机制、业务结构、网络布局等优势的，等等。其中有些券商已经崭露头角，明显领先，但整体上券商之间竞争十分激烈，格局尚未形成，投行的"江湖地位"还处于急剧变动与快速演化当中。

看"势"

大的方面，金融深化与平衡是国内金融行业的主要趋势，在深化中平衡，在平衡中深化，其中利率市场化、资本国际化、市场准入宽松化、业务范围与门类的多元、交叉与混合以及行业条块的分与合、行政监管的收与放、市场发展的创新驱动与风险控制等各种关系的平衡，是未来发展方向中的主题和基调。

目前一行三会的管理体制暂时不会大变，但分业经营格局逐渐出现混合、交叉情况，比如金融控股公司的出现，券商进入银行间市场，同时银行进入交易所市场，银行、保险、信托、证券等某种程度的产品趋同、业务趋同与渠道共用，等等。在可以预计的很长时间内，银行业仍是绝对主力，不过金融脱媒迹象越来越明显。

如果说券商或投资银行的发展有什么"依据"的话，恐怕就是高盛讲的，要靠客户、资产、人才和信誉，主要体现的是投行提供服务的内容和能力问题。国内券商的信誉在2005年前后经历了一次危机，或者说破产。信誉积累有个很长的过程。人才方面，论专业、论层次，券商都算好的，但是数量较少；客户数量更少，投行客户主要是上市和拟上市公司、部分融资平台等，在大的集团客户、政府客户、中小企业客户、机构客户、高端私人客户等方面比较薄弱，而且服务范围、手段、方式和能力相对有限，在与经纪、资管、研究等客户的交叉融合方面也有极大的扩宽余地；最可怜的是资产，上面说过，从20世纪90年代交易所成立到现在20多年，只有2万亿元左右的规模。

问题出在哪里？首先，与我国金融业历史有关，与对银行、证券的认识和做法有关，证券业历史本来就短，在很大程度上当初只是一个"实验"，不太放心也没太下力，当然现在已经不是这样，情况正在发生改变；其次，券商自身在发展中出了很多问题，政策方面有些因噎废食、管制过度，这不准做，那不让碰，券商变得缩手缩脚，胳膊腿儿没有长大，没有长开。

短期来看，证券市场的重要工作主要是，加强市场建设（建设新三板等多层次市场，推动股市、债市、期市发展），调整融资结构与支持重点（扩大直接融资、扩展私募债等债券融资，支持创新企业、中小企业、现代农业以及中西部企业），改善投资者以及入市资金结构（发展机构投资者，引导理性投资），优化发行审核和保荐承销制度，等等。长远来看或从深层次分析，关键在宏观经济能否持续、较快发展，促转型、调结构等能否真正见效，现代市场与法治环境等能否更加完善。

总之，证券业不能脱离它所服务的市场，经济怎样，行业怎样，企业怎样，机构和个人投资者怎样，直接影响证券业的发展。现在二级市场不好，股权融资功能非常脆弱，这里有经济环境疲弱的原因，也有资本市场周期的原因，还有其他很多原因。

投行可能的机会所在，一是"等"（宏观环境），二是"靠"（监管政策），三是"要"（市场机会）。目前来看，通道业务（保荐通道、经纪通道等）越来越式微，非通道业务则打开了另一扇窗。IPO与再融资、公开融资与私募融资、股权融资与债权融资、现金募集与资产并购、A股市场与区域市场、交易所市场与场外市场、承销经纪与资管交易等，各种业务形式要结合起来，互补共生，融合发展。

监管者提出"创新驱动""转型发展","创新"就是要敢于做以前没有做的事情,"转型"就是从过去以通道特别是 IPO 为主的投行业务向更加多样、更加宽广的业务类型、业务品种、业务架构、业务流程等进行转变。

这些都是投行"大势"与"小势"所趋,如果既能安常处顺,又能计深虑远,既能"思不出其位",又能"动不失其时",这样的投行或许能够做到顺势而为,健康成长。

(2012 年 11 月写,2013 年 7 月改)

投行项目竞标

投行项目的承揽,是业务能力的核心。大致来说,投行人才主要有两种:一种技术人才,一种销售人才。比较来说,销售更是核心的核心。销售就是开发项目,就是拉客户、搞定项目,它不仅意味着销售人员所掌握的资源,也意味着专业水平,是投行素质的综合体现,其高级者或可称为投行家。纯粹的只懂法规、财务,只搞技术,只会写材料,至多是个投行专业人士,而不是投行家。另外,销售出色的人,如果管理能力不致太差,而且愿意当管理者,一般都会是投行的领导或管理者。一般来说,投行的领导就是那些最能揽活的人和最能协调关系的人。协调关系,除了协调项目承揽和承做过程中涉及的客户关系外,还包括协调监管部门等外部的关系。刘二飞说,投行的素质主要是对数字(财务)的敏感和与人打交道的能力,大致不差。

承揽投行项目的主要方式之一是竞标。竞标实际上就是销售,销售的是投行的服务,而销售本身又是门绝大学问。市面上有关销售的书籍多如牛毛,但普遍管用的销售秘籍好像没有。近期读到一本叫《圈子圈套》的畅销书,其中讲到,优秀销售要有九大素质(专注结果、计划有条理、人际敏感性、同情心、洞察力、捕捉时机、震撼力、激情、快乐),销售还要注意满足客户需求而不要被动应对客户要求,要注意价值匹配而不要仅兜售自己的产品功能或服务效用,要注意从小单开始树立信心,不要幻想一开始就拉大单,要注意销售无处不在,不要有卖不出去就砸在手里的想法,等等。这些经验是从作者在联想、西门子等五家公司、十年左右的工作经历中总结出来的，很有些道理。就投行项目竞标或投行服务销售来说，与这本书讲的软件销售有区别，但原理应是相通的。

不过，这本书作者也认为，实际上没有什么销售秘籍、诀窍、捷径之类，如果说有，那是骗人的。人的能力的增长主要靠经历，尤其靠挫折和悟性，这话很有道理。所以，对于个人尤其是成人来说，学习模仿终归是有限的，更重要的是从自己的禀赋特点出发，选择适合自己的路，保有信心，坚持不懈。就像曾国藩有句话说的："吾辈读书人，大约失之笨拙，即当自安于拙，而以勤补之，以慎出之，不可弄巧卖智，而所误更甚！"

实际上，"过分"销售有时会遮蔽目的本身。企业作为甲方也要把这个问题想明白，客户找投行找的是它的服务。以上市为例，竞标只是手段，竞标是为企业上市寻找合适的中介机构，但成功上市才是目的。一个企业要想成功上市，究竟取决于什么？我们常对客户讲，上市成功至少取决于三个条件：一是企业，二是市场，三是中介，中介只是其中一个因素。企业要求两点：一是优秀，二是规范；市场要求两点：一是把握大趋势（势），二是把握投资者（钱）；中介要求也有两点：一是对企业的把握能力，二是对市场的把握能力。中介是联系企业和市场的媒介，所以，对中介的选择很大程度上贯彻了企业成功上市的三个因素。反过来讲，企业对中介的判断，也主要基于中介对行业和企业的理解和把握能力，以及对于市场形势、监管政策和投资者尤其是机构投资者的把握能力。其他投行业务的竞标，道理与此类似。

大致而言，在竞标投行项目时，专业、技术固然重要，但最终资源、品牌等影响更大，不过这两者有时是一回事。竞标的标书或演讲有开场白、对于行业和企业的理解、资本市场分析、中介机构介绍等要点。其中，开场白的设计比较灵活，给人印象深刻最重要。比如，企业上市竞标场合，要想一想，到底什么样的建议能够让企业眼睛一亮，这些建议对于企业成功上市是否切中肯綮、切实可行。

对于行业和企业的理解是专业问题的核心，这种理解是出于对资本市场视角的理解。对投行来说，要有那么几套基本功，不一定多，但要过硬。就像打拳，看家的本领也就那么几套。大致来说，除了财务、法律、金融、证券等方面的知识和能力外，投行人员最重要的就是对行业的分析和判断能力，因为我们面对的是处于各个行业的客户，优质客户必须有行业优势，而判断客户是否有竞争优势，就必须了解这个行业，包括各种传统及新兴行业。企业价值是企业自己创造的，投行的作用是发现和挖掘企业价值，并且通过优化资本配置创造金融服务自身的价值。

要了解行业，需从分类开始。行业分类有不同方法。中国证监会曾经发布了一个规定，将行业总共分为12大类，这12类中包括制造业这个大类，制造业比较特殊，因为人类生活主要依赖于生产，而生产活动则以制造为主要形式，制造活动本身包罗万象，有必要细分，否则与同级类别不相称。这样一来，论大类有13类（农业、采掘、制造、公用、建筑、交通、信息、批零、金融、房产、社会服务、文化传播、综合类[一]），制造业又细分为9类（食品、纺织、木材、纸品、油化、电子、金属与非金属、机械、医药），略与人类活动逻辑相仿。要想清楚行业的格局、特点、趋势等，就要深入理解行业，长期积累。

再说企业自身，根据尽职调查情况，要针对专门问题提出分析意见和建议。从首发上市来说，主要结合上市条件，包括主体（出资到位、产权清晰、经营连续、股东和高管适格、治理规范）、业务（主业突出、经营合规、盈利持续、业务自主即资产完整和业务独立）、财务（指标达标、税收合法、或有风险可控）、募投（用途合理、项目适当）等方面提出问题和解决方案，这些问题实际上都是围绕公司是否"优秀"和是否"规范"展开的。

至于资本市场分析和中介自身情况介绍，往往由专门的人员制作模板，是多年积累和反复打磨的结果，其中的统计数据等应予时常更新。比如资本市场的分析一般包括宏观经济表现、一级和二级市场情况、监管政策动态、各类业务品种的特点和统计分析等，这部分的关键是要有针对性，应结合企业关心的问题。中介自身情况介绍则包括历史、背景、网点、业绩、研究等，这些都是大的方面，具体来说有两点比较重要：你做过什么？谁具体来做？我看过国际投行，比如高盛、瑞信、德意志银行等的宣传材料及竞标文件中的自我介绍，大都是以既有经验和案例来说话，对于项目团队的介绍也很重视。这么来说，竞标成功与否主要还是取决于投行的实力。

（2009年4月）

[一] "综合类"可以理解为不是一个实质性的分类，而是一个混合或兜底性质的类别。

竞标现场的专业细节

投行项目的竞标，关键虽在事前准备和日常积累，但现场表现也成败攸关。多数投行项目时效性强，机会来得突然而又紧迫，就像打仗一样，战事一起，不大可能做到不紧不慢、从从容容。所以，在参加竞标活动时，总会经历一段异常紧张的工作，长则三五天或更久，短则一两天甚至几个小时。这段时间，除了信息联络、人际沟通、任务统筹等外围工作，"正面战场"的工作主要就是组织并提交项目建议书和若干附件，包括各类行业分析、市场研究、客户方案、专题建议、政策与案例研究、团队及服务介绍、报价水平说明等。不管时间长短和投入多少，这项工作都很难做到充分无虞，结果几乎总是在遗憾和忐忑中仓促上阵，开始现场竞标。一般人都知道事前准备很重要，相对来说，竞标的现场表现却容易被忽视。实际上，恰恰因为事前准备难以面面俱到，所以现场表现更显重要，而且实务工作必然是结果导向，就像考试一样，如果临场组织不当，发挥失常，准备得再好也无济于事。以下简要说明通常竞标现场的专业细节，用供参考。

（1）会前准备。①参会对手：必须尽量明确参与竞标的竞争对手有多少、哪几家、竞标前的工作程度、与我方相比的优势与劣势等；②现场主题：即竞标的性质和形式，分清实质意义或形式意义的竞标，客户关心的主题是什么，该主题包括的核心问题有哪些方面、哪些层次、哪些要点；③客户参会人员：这是会前准备工作的重中之重，务必知道什么人参会（人数、职务乃至个人特点、前期接触基础等）；④会场物理状态：这是影响现场发挥的关键之处，务必弄清会场大致面积、桌椅位置及朝向、有无投影仪及投影仪位置、电脑配备情况（是否自带）等，以便事先做出妥当安排。

（2）会前排练。这个环节"绝不可少"，主要包括会前分析会（或碰头会）以及会前彩排会（或演练会）。在明确安排我方现场出席人员的前提下，会前分析会着重就现场竞标可能遇到的所有重大和细节问题（尤其以细节问题为主）进行汇总讨论、分析。这种会议不同于撰写建议书或竞标文件期间的讨论会或碰头会，前者更重现场、重细节。彩排会可与分析会同时进行或合并进行，彩排重点就是模拟陈述，就模拟效果进行点评，特别注意陈述方面的三个问题：第一，在总体上主要注意框架是否清晰、详略是否得当；第二，在过程中主要关注重点是否明确、过渡是否连贯；第三，在小结或总结中主要关注是否切中主题、是否提示要点。务必把握好时间、分配好时间，不赶也不拖。如有必要，反复演练。

（3）现场落座。主要分为以下几个环节：①见面：根据现场见面的位置，按适当次序分别与客户人员握手、交换名片、落座；②发放材料：指定专人（低职级人员）根据客户人数和位置摆放材料；③准备笔记：务必安静、整齐地拿出笔记，准备记录交流现场相关信息（即使实无重要信息，亦须"装作"认真记录）；④电脑演示：一般指定专人演示PPT，演示人未必为陈述人。如果没有材料，则以PPT为中心演示和陈述；如果有材料，则以材料为主进行陈述，PPT仅供播放参考。当然，还须特别注意衣着、坐姿、眼神等细节。

（4）现场陈述。首先是语气、语调、语速问题。竞标陈述有其特定的要求，即清晰有力地表达观点和依据，内容类似说明文或议论文，而不是叙述文、抒情文等，其语气是交流式的，语调是说明性的，语速匀速稍快。其次是陈述的起承转合。如上所述，开始务必有陈述的框架介绍和内容详略分配的说明，陈述当中务必紧扣主题，做好段落之间的连贯与小结，提示要点务必前后对照。最后是察言观色与随机应变，这是对陈述人的最高要求。现场情况与预计情况可能有各种各样的出入，陈述人不能照本宣科，不顾现场实际情况，尤其是客户感受。在陈述的同时，务必以表情、手势、眼神等与客户人员交流，根据实际情况及时调整陈述的内容、重点、侧面或布局（详略），要有极强的应变能力，应变的依据就是客户的现场反应。如果必要，或者机会适当，还应有必要的乃至大量的临场发挥。

（2011年3月）

投行业务开发十大原则

投行业务开发有没有什么可以书写出来的经验、原则之类,这是本人长久以来思考的一个问题,至今能够笔之于书者尚难见到。大概业内成功的人不愿、不屑写这类东西,而非经验人士又写不出来。记得半年前,我在组织讨论"投行业务承做指引"时,曾经设想条件成熟时写一个类似"开发指引"的东西,但半年过去了,几经思忖、几度犹豫,还是没写出来。或以个人见识有限,怕写不好;或以自己经验和成绩不足,嫌不够格;另外,也有些担心不符实用,总之一直没有动笔。最近再次考虑这个问题,觉得虽然写不出指引之类,是否可以写点原则之类呢?于是根据个人想法,斗胆凑集了10条开发原则,姑以献曝之忱,请益方家,示引来者。

"储铁宜急、勘路宜缓、开工宜迟、竣工宜速"

这是张之洞在修京汉铁路时讲的一句话,本人经常引用这句话比喻投行项目的承揽与承做,因为投行项目面临的不确定性堪比环境条件极端不稳定情况下完成一项大的工程。发现任何有用的项目线索,即应高度敏感,立即抓住,迅即行动,马上电话落实情况、获取项目信息,尽快安排与关键人员见面,赶赴现场实地接洽。至于项目之可行、可做与否之甄别,实际进场工作与争揽时方式("缓"与"迟")有别,开工之后则全力、尽早完成。我也曾开玩笑打比方说,开发就像谈恋爱，见到合适线索不能犹豫；承做就像结婚成家，合适与否要再看看，不宜草率登记领证；而一旦决定结婚（项目进场工作），必须尽快生子（做出成果取得效益）并认真过日子（项目后续跟踪）。

"以正合，以奇胜"

《孙子兵法》讲，"凡战者，以正合，以奇胜"（《势篇》），冯仑也经常强调一个商业理念，"守正出奇"。在开发业务、争取项目时，永远重要的是技术，是正面竞争，包括项目建议书、竞标现场表现等，但要成功争取项目，在多数情况下必须"出奇制胜"，而"奇"无定法，其运用之妙，存乎一心。或为上层资源，或为个人人脉，或为内部线索，或为利益安排，不一而足，其要在"用心"。《孙子兵法》上又讲："上兵伐谋，其次伐交，其次伐兵，其下攻城。攻城之法为不得已。""不战而屈人之兵，善之善者也"（《谋攻篇》）。其理一也。

"点、线、面、体"

开发业务最终必须以"点"为目标，因为有效的业务必然是某个具体客户的某个具体融资或并购等具体业务，或曰"单子"，所以具体客户的具体业务品种才是"点"。但是，有效的"点"，必然依托于相应的"面"、相应的"线"，同时隶属于相关的"体"。"线"即行业，"面"即区域，"体"即企业集团。业务机会从哪里来？从行业上下游来，从某个熟悉的区域来，从某个企业集团的下属公司来。在已有接触或已有基础的行业、区域或企业集团中开发业务，即利用已有的专业、资源、人脉优势，顺藤摸瓜，顺势而为，能够达到"借鸡生蛋""借船出海""借梯上楼"的效果。

理想状态，是以点带面，点面结合，做成一项业务，就要在当地形成影响，进而带动该地区其他业务；以点连线，点线相延，做成一项业务，就要在行业形成影响，进而延伸开发行业上下游相关业务；多点聚合，立体推进，从企业集团的关键部门、关键人物出发，辐射下属不同企业或同一企业的不同业务机会。这里涉及客户维护方面的大量、用心工作。

"以我为主，上下联动，左右逢源"

"以我为主"，指以自身的主动性为主，这是前提，开发人员自身或一线业务部门自身如果没有主动性、积极性，一切都免谈，谈也是空谈。有开发任务的个人或业务单元，务必有强烈的开发意识，说到底，就是要有强烈的"责任心"和"使命感"，这是开发业务最重要的基础、最强大的动力。相比而言，公司高层领导、分支机构等只是辅助性的。当然，"辅助"并非不重要，"辅助"是就理论地位而言，而不是实际作用。这种辅助地位的力量运用得好，有时能够发挥关键作用、决定作用。哲学上，就是所谓内外因共同作用推动事物发展，内因是根本，外因是条件。

"上下联动"，指公司开发人员、业务部门或业务线、公司高层等内部关系应是联动性的、扁平式的，汇报关系简单、明确、透明、高效。埋头开发，搞关门主义或个人英雄主义，肯定行不通。及时汇报，随即商量，多方沟通，整体行动，才可能取得成功。

"左右逢源"，指有效地利用公司分支机构（分公司、营业部）、中介机构（律师、会计师、评级机构、评估机构等）、银行、政府部门（金融办、国资委、发改委、经信委等）、个人关系等。只有广植人脉，才不至于临时抱佛脚、病急乱投医，八面来风、左右逢源，这是利用个人外部资源的理想状态。

"全面撒网、重点捕鱼"

投行有句经典行话："业务是跑出来的。"要像游击队员那样，开发人员必须去"跑"业务，在运动中寻找机会、展开战斗。所以，必须把网撒开，联系足够多的潜在客户，按照行业或地区为界，有目的地拉网式覆盖、摸排，发现并确定有价值的线索之后，即应重点开拓和分工负责，专门盯紧、盯死，想尽一切办法有效落实，争取拿到项目。目标明确之后，必须集中火力，所谓"集中优势兵力、各个歼灭敌人"。国内有些投行针对某些区域或行业设点，精耕细作，效果较好。

"上中下打通"

影响客户决定的因素有多种，有客观情况，有主观情况，大致而言，开发活动中接触与影响所及，应当覆盖每个层面、每个环节，不可遗漏。以集团下属客户为例，必须在上级集团、二级集团（如有）以及上市公司上、中、下三个层级同时联系、发动、安排。在每个层级内部，也要"上、中、下"联动，即对于上级领导（"领导"不仅指职位，更指实际影响力与控制力）、中层领导和下级人员都要熟悉其情况或直接拜访、联络。此外，同一层面的沟通、联络中，还要关注不同部门及相关人员的态度与立场，这可以分为"左、中、右"或"主要部门、次要部门或相关部门"等分别予以应对。特别需要注意的是，如有阻力层级、部门或人员，应当着重攻克；即使没有遇到阻力，务必梳理再三、思虑再四，有无某个层次、部门或人员与之相关或可能相关，根据具体情况分别妥善安排，切记"礼多人不怪""至少打个招呼、道声感谢"。通常情况是，结交人、得人心不容易，得罪人、失人心很容易；成事不容易，败事却很容易。所以，多栽花少栽刺，上下疏通，各方兼顾，抓住重点，才能赢得业务机会。

"销售就是要搞定人"

除了公司自身在业内的地位、品牌和影响等客观因素外，从某个角度说，开发客户的关键是搞定客户里面的关键人物。开发就是销售，销售主要就是"琢磨人""搞定人"。开发业务就是跟人打交道，不把人心吃透、人情看透、人性悟透，与时俯仰，含光混世，外圆内方，出泥不染，与各色客户人等"打成一片"，就很难做成生意。与人打交道是个绝大的学问，很难说得清楚，不过，大致上，以现今社会之世态人情，交往之道，无外乎"利益"与"情感"两个基点，或者再加上一个"道理"。所以，打交道的手段和能力主要体现在"有眼色、会说话、能办事"三大方面。有眼色，就是能把人和事看明白，能知言外之意，能通背后之情，知其然且知所以然；会说话，就是说话中听，能笑侃，会赞扬，到什么山唱什么歌，见什么人说什么话；能办事，就是能够照顾和落实各方实际利益，言信行果，办事高效、到位、得体，"你办事，我放心"。对于业务开发过程中遇到的关键人物，不仅是简单打交道，而且要舍得下工夫，认真把握关键人物的个性与爱好，非常了解他的"喜怒哀乐"。要从圈子出发结识关键人物，从关键人物入手搞定客户关系。

"临事而惧"

对于业务机会或线索，基本的态度就是"临事而惧"。这是曾国藩众多治事经验的一个要点，也是我平生服膺的一个原则。碰巧的是，这种精神在一些投行高层（作为投行专业人士）身上得到充分体现，而且体现得很成功。大致来说，"临事而惧"是指不管面对开发还是承做投行项目，都要以认真、细致、小心、诚恳、严密乃至苛刻的态度去对待。就开发而言，开发之难，一言难尽，但极言开发之妙，唯在"用心"而已。所谓"至诚感天""天道酬勤""困心衡虑""格物致知""掘井及泉"等，大致都说做事的用心、专心，所谓情报云云、圈子云云、运作云云，根底都在"用心"与否和"专心"与否，生之力来自心之力。历史上的成功者，大都是"唯心"主义者。唯心，就是强调心理、心灵、心态的无与伦比的力量。比如乔布斯的所谓"现实扭曲力场"（即结合口若悬河的表述、过人的意志力、扭曲事实以达到目标的迫切愿望，所形成的视听混淆能力），实际上就是根植和发源于内心深处的超强的愿望、激情、活力、意志、信念等生发出来，能够以近乎压倒性的、非理性的方式，感动并且改变周围人的情绪、观点，进一步能够影响乃至左右周围环境的巨大的人体能量，或可称为"气场"或"力场"。总之，有了"临事而惧"的心态，就会在"吉凶悔吝"的事物逻辑中做到尽量避免失败和争取成功。

"忍、等、狠"

"忍、等、狠"运用到业务开发，就是平时注意形成"圈子"，关键时刻善用"圈套"。

"圈子"，指开发人员要有自己的核心人脉圈子，要非常注重、特意努力并长期坚持培养、形成、维系自己的人际圈子，时时盯着，常常联系（电话、见面、短信、邮件等），尤其是能够在日常跟踪中把握并创造机会，通过适当形式，常相过从，密切关系，这样在业务机会来临时，即可通过直接或间接关系找到关键人物。

"圈套"并非玩弄阴谋诡计，亦非小题大做，故弄玄虚。"玩物丧志，玩人丧德"，雕虫小技，为人不齿。不过，商战如兵事，"兵者，诡道也！"不施"计谋"，无以成事。"计"者，设计也；"谋"者，谋划也。具体项目的成功开发，除了前期铺垫、积累，还有赖于有效的、巧妙的设计、谋划、布局、借力，或笼统谓之"运作"，以达到"运筹帷幄、决胜千里"的效果。一般来说，应先做好底层铺垫，搜集筛选信息，打通渠道环节，关键时候提高层次、做大局面。比如，写建议书时利用研究、销售等投行外部力量，报价时了解公司外部（客户、对手）信息，竞标时利用组织高层进行造势、推动（电话沟通、发送短信、亲笔信函、会谈斡旋等）。

"知己知彼，百战不殆"

现代战争号称信息战争，其实过去也一样，战争成败很大程度上取决于情报工作，如解放战争，除了其他因素，很多情况下我们基本上都是靠内线和情报取胜的，这也就是为什么"特工"工作非常重要。如果以开发投行项目类比打仗，信息与情报是启动、筹划、决策、推动、调整等所有开发工作环节的基本依据和核心要素。项目相关信息或情报主要有几个来源：首先是公开渠道，这需要认真收集、整理、准备；其次是内外部各个非正式渠道（不含客户内部）得来的信息；最后也是最重要、最直接的是来自客户内部的信息。所谓"功夫在诗外"，最初的项目信息来源往往五花八门，要在对于既有目标长期跟踪、不弃不离，对偶得信息迅速跟进，穷追猛打。有的项目多年联系无果，因偶然因素而突现转机，有的项目则需要有目的地了解企业偏好、把握销售要点而终有斩获。

（2012 年 7 月）

影响项目执行效率的 100 个因素

不久前看到孙正义的一则故事,他要求属下提出影响管理效率的 10 000 个因素,列出单子,带在身边反复琢磨。我想,这个办法不就是曾国藩说治事四端("经分、纶合、详思、约守")的第一步"经分"吗?于是想到把影响投行项目执行效率的各个细节统统找出来,而这需要根据实践去用心总结。按确定客户合作关系为界,之前为开发阶段,之后为执行阶段。粗略划分,投行项目(以 IPO 为典型,其他类型项目大致类似)执行可分为 10 个环节,或涉及 10 个方面,从每个环节或方面各找出 10 个因素,这样大致勾勒出项目执行要素全景。

尽职调查

"尽职调查"所涉诸因素。

初步清单 接触一个项目的时候,首先要搞清楚这个项目的简要情况,其方法就是要有初步的尽调清单,客户根据清单提供相应资料,项目组根据资料进行初步判断。一般来说,给出初步尽调清单的前提是要与当事人进行必要的口头沟通,某种意义上,口头了解的情况就是制定清单的基础。所以,无论通过面谈还是电话交流,学会如何问话非常关键。比方说,IPO 项目,起码要大致了解其主体(你是谁)、业务(干什么)、财务(干得怎么样)、募投(未来怎么干)四大问题,每一个方面又有若干关键点,比如主体方面出资、股权、资产、股东及控人等，必须首先弄明白。初步清单的目的是抓要点，其列示问题具有三个特性，即基础性、重大性、针对性。

详细清单　相对而言，详细清单的特点也有三个，即全面性、细节性和完整性。详细清单主要用于编制工作底稿，同时用于撰写申报材料，大致上遵循监管部门的业务指引之类，但还不够，好的详细清单必须从实际出发，调查的问题可以更加全面、深入、细致、详尽。一般来说，详细清单调查的问题是对初步清单的细化，对项目的判断主要依靠初步清单，而不是详细清单，但详细清单影响项目申报材料的质量和整体项目执行质量，而且详细清单可能影响对项目的准确判断，有时准确与否直接影响结论性质。

补充清单　补充清单是对初步清单和详细清单的补充，有拾遗补阙的作用，补充清单的问题可以是重大的，也可以是次要的，但一般来说都是细节方面的问题，特殊情况下，比如前期有重大遗漏或隐瞒，补充清单就显得非常重要。有些时候，在项目执行过程中，需要针对重要的、专项的或突发的问题出具补充清单。

走访　走访是履行保荐责任的重要形式，走访既有形式目的，又有实质目的。形式目的是满足监管部门最低限度的走访要求，实质目的是通过走访了解情况、判断问题。所谓走访，就是实地查看，通过查看进行感受、体验，并就所见所闻进行问询、核实。其重点是"走"，也就是要亲身通过眼、耳、鼻、舌、身（皮肤）等感觉器官来感受调查对象，如位置、形状、颜色、运动等。而所谓"访"，就是"访问"，主要是就实地所见所闻（尤其是"所见"）进行必要的询问、证实。"百闻不如一见"，亲眼见到的东西，更能增加信任度。走访要有周密合理的计划，最好是以区域地点为标准，集中并贯穿所要了解的各种主体、问题。走访要善于使用各种记录工具，最常用的是笔录（类似勘验笔录），其次，可以是录音、录像等视听工具。"走访"与"访谈"的区别主要是，前者以"见"为主，以求得对事物的物理性或形式性了解，如面貌、状态等，如有所"问"，亦为自外部来求证事物本身情况；后者以"说"为主，以求得对事物的理论性或内容性了解，如过程、原因等。当然，此亦笼统、相对而言。

电话访谈　有时限于条件或没有面谈必要，电话访谈即为可选尽调方式。电话访谈要注意确认访谈对象的身份，事先了解其说话立场，要有适当的访谈提纲（书面或腹稿），并注意临场引申。如有必要，访谈记录要有签字，并附上相关人员身份证明或说明。

当面访谈 这种形式最常见，也很有效，理应多用。访谈技巧非常重要，这些技巧包括：选择访谈对象，安排访谈话题，引导访谈内容，运用访谈语言等。一般来说，中国人大多数人有"畏触性"特征，面谈就是一种直接接触方式，运用得当，可以从访谈对象的话语以及眼神、语态等捕捉、理解到大量信息。

问卷 如何设计问卷是很有讲究的，因为问卷实际上是一种书面访谈，没有临场引申、发挥余地，所以问卷从形式到内容都要考虑细致，比如是否落款、如何寄送、答案是否封闭、详略是否有要求、问题是否有提示等。一般来说，例行性、格式化、存档式的某些内容，可以采用问卷形式。

底稿 工作底稿有各种形式，包括纸质的、电子的，或者原始的、外来的，或者工作性、资料性等。本人曾经针对证监会出台的底稿指引提出建议，认为底稿主要保存两类东西即可，一是原始文件资料（工商底档、原始文件等），二是工作过程资料（会议记录、走访笔录等）。不宜把招股书等申报文件分解为片段，存为底稿，也即是说，经券商之手加工过的分析性、汇总性的资料，已经体现在完整的申报文件中，其本身已不具有档案性质，没有必要纳入底稿。底稿目录的逻辑、内容的次序、材料的分类等，都很重要。

搜集和阅读 搞好尽调，务必勤于搜集，善于阅读。搜集渠道不厌其多、不避其难；阅读内容不厌其精、不嫌其审。如网站搜索、报纸翻览、杂志检阅、专家说法、同行听闻，不一而足。对于各类信息，要有敏感度和责任心，重要线索绝不放过。阅读文字材料，要求认真、细致，不仅"过眼"，更要"过脑"，知道什么重要，什么不重要，从蛛丝马迹中发现问题，在混乱、庞杂、矛盾的资料、数据中掌握事实、把握本质，这才是真正受用的投行功夫。

质疑与信赖 对于投行客户，必须在质疑与信赖中寻求平衡。对有些客户，要多些信赖，对另外一些客户，则要多些质疑。这就像交朋友，人与人有差别，不可能完全等量齐观。一般来说，建立客户合作关系，首先或者同时意味着建立相互的信赖关系，但是在此前提下，也有必要保持合理的、有限的职业谨慎。如果项目风险较大，如果各种迹象表明客户和主要管理者于诚信有亏，那么这时要有高度警觉，而绝不可糊涂、苟且、侥幸或急于事功，极端情况，或须"放弃"客户、"得罪"客户，也不能有损执业底线，可以千辛万苦做好解释、沟通工作，但绝不可以原则来交换、以信誉作代价。何谓"原则"？比如，不造假就是原则，不谋私就是原则，真正的原则其实并不多。何谓"信誉"？就是工作过从之同事、领导、客户、合作伙伴等，基于合理的信任和期待而给予本人的名誉，我们所做的事、所说的话，不应损害这个名誉，而应符合这个名誉。

会议

"会议"涉及以下诸因素。

沟通（电话、短信、邮件或面谈） "沟通"原本是待人处世的基本能力，非以投行职业为然，而唯投行特别强调"沟通"。"沟通"本有别于"会议"，但"沟通"亦为两个以上的人进行的信息交流活动，似可视为宽泛意义上"会议"的一种，此处并而论之。沟通是门大学问，其始在态度之纯正、谦恭。我见过的投行精英，无一不是沟通高手，而其高明表面在于说话好听、得体、到位，实际莫不源于其"心理运动"的过人方面。俗话说"礼多人不怪"，又说"伸手不打笑脸人"。沟通务须本着"诚""敬"二字，务须出于"文""质"两端。大致来说，某些中国人沟通具有"畏触性"特点，此则为投行职业所忌。在电话、短信、邮件和面谈方式中，面谈和电话具有直接性，宜优先采用，确有不便，或出于婉转，或出于正式性等考虑，短信也是很好的选择，至于邮件，比较适合传递参考资料或工作文件。

会议通知 投行开会安排从会议通知开始。之所以把"通知"作为专门环节，实因本人见到很多会议由于通知不周而效率大打折扣，甚至完全没有效率。"通知"，就是要明确开会的主题、开会的意义、开会的材料、开会的人员、开会的会场、电话、时间、设备、环境等要素。通常的失误，主要在准备工作，比如发言没有主题、没有思考，甚至参会的人员、方式（现场或电话等）、时间和地点等都没有通知、安排到位。当然，参会人员自身习惯或素质，比如开会是否守时、发言是否切题等，也会影响效率。

会议素材 不管什么会议，要有相当的会议素材，这是提高会议效率的坚实背景。素材不只是打印出来的会议主题及其他材料，关键在于"实实在在"的问题有多少，问题是否明确，可资讨论、交流的信息究竟有哪些，各类资讯（不限于正式形式，甚至可以是想法、听闻等）的相关性如何、有效性怎样。素材务求广泛，务求相关，务求充分，务求准确，这些原料经过会议"消化"，就会形成"营养"。

主持与组织 会议开始之后，召集人、组织者或主持人，就是整个过程的核心。学会组织会议、主持会议、驾驭会议，是提高投行会议效率的关键。善于组织，就是不让会场留死角，调动每个参会人员的积极性，除非确实卑之无甚高论；善于主持，就是抓住主题，明确要点，理清头绪，控制发言的方向、内容和时间；善于驾驭，就是游刃有余地引导会议，把会议讨论的内容、思想引向纵深，真正做到会议为我所用、为我所谋，把会议效果发挥到极致，乃至取得意想不到的效果。

纪要或记录 多数会议都应有纪要或记录，有些会议则没有必要形成文字东西，自然也无需陷入文牍主义而不自拔。毕竟开会是为了解决问题，而不是为了制造无谓的文字垃圾。会议记录和纪要，以满足最低限度的档案要求为限。同时，更以把问题说清、把措施说明、把道理说透为目的。一方面，会议组织者要有节约人力的立场；另一方面，记录者对会议目的和记录要求要有同情式理解，记录不能有遗漏，纪要则须有要点，文字形式可以参考常用模板。

现场会和电话会 现场会开会效率最高，因为人的交流不光是语言交流，现场可以通过表情、气息、环境等影响参会者，这种交流最为充分；而且，交流不仅限于信息，有时还包括感情、心理的交流，这就是为什么国际政治、经济交往中，尽管途费甚巨，见面仍属必要。至于另外一些情况，比如应急性很强，且主要以信息传递为目的，不妨电话参会。电话参会应有必要的会议秩序，比如保证通话质量、屏蔽周围杂音等。

专题会 专题会的目的是解决专门问题。对于投行项目来说，需要专门研究的问题大致有两大类：一是纯技术或纯专业问题，比如项目涉及的某些财务、法律或监管政策问题等；二是技术或专业外重大问题，比如影响项目进度的涉及主管单位、监管部门或企业内部等专门事项。作为"专题"确定下来，则须进行相当的资讯衷集、人事周旋乃至请送交接等准备工作。专题会要有相应的深度、广度和力度，才有可能取得较好效果，必要时须反复开会研究。

协调会 协调是指中介机构与企业及其他各方协调一致、共同致力于相关目标。协调会主要有这么几种：中介机构协调会，即以筹划、推进项目整体工作为目的，各中介机构和企业参会，由券商牵头宣布整体时间计划、各方任务安排；专项问题协调会，实为专题会的一种，以解决项目工作涉及的某项课题为目的，往往亦须券商牵头，就某个专门的技术问题或实践问题进行讨论、磋商，以寻求合适的解决方案。协调会成功的关键，在于牵头者的协调能力，要能够对相关事理、物理做出令人信服的分析，能够就纷纭、复杂的理论和现实问题找出相对妥帖的办法来。

汇报会 汇报会以向客户、上级、监管部门等汇报工作情况、专项问题等为目的，汇报本身具有推动工作、解决问题的作用。除简单的口头汇报外，正式汇报务必须有精要的汇报材料，由于汇报是下对上，材料准备的精粗体现的是汇报者的态度，态度端正了，汇报对象首先就会放心很多。当然，汇报还须言简意赅，直指客观现实和问题实质，也要注意修饰技巧。汇报不及时、不到位，往往会因此得不到必要的资源支持，从而极大地影响工作成效。

大型活动与仪式 大型活动或重要仪式，主要包括演讲会、培训会、路演、推介会、上市仪式、重要酒会等。这类活动有的比较实，能够解决实际问题，但多数偏于形式本身。需要特别注意，偏于形式，丝毫不意味着形式不重要——形式本身甚至就是内容的一部分，而且往往是不可或缺、不可替代的重要部分，乃至核心部分。为何？这类重要场合目的在于意义之宣示、人员之结交、姿态之表达，是由虚到实的必不可少的环节，是"无中生有"的机揿。所以，应当高度重视、精心安排这类活动，具体事项可请公关公司张罗，但目标、规格等要由企业和券商布划、筹算。

识断

"识断"涉及诸因素。

知识 识者大多服膺王阳明"知行合一"之教，往大里说，假如项目之"执行"是"行"的一面，则另一面即所谓"知"，而"知"的核心即"识断"。这里说的"知识"，是指识断的基础、依托、根据、理论。会计、法律、金融、证券、乃至行业知识等，但凡投行所涉知识都包括在内。

经验 在投行实践中，很多认识、心得，往往来自口耳相传，这固然有不便总结的原因，也有无暇归纳的原因。书上没有的东西，尤其是书上不可能有的东西，主要靠经验。解决实际操作问题，决不能仅仅指望书本上的教条。古语讲，"事非经过不知难"，经过一遍，体验过了，对于如何执行心里才最为有数。

准备（努力） 为了对项目推进诸环节有明确判断，形成判断的"准备"工作很重要。除了既有的知识、经验，还要做好针对性、专项性的准备。准备可以是为了做出判断而做的各种努力：看书、上网、请教别人、沟通了解、讨论分析等。尽量把事情弄个究竟、想个明白，尽量把影响判断的各种因素考虑充分。

细心（认真） 这是说做好准备工作应抱有的态度。"诚则明矣，明则诚矣"（孔子），"世界上怕就怕认真二字"（毛泽东），是否细致、认真，对项目的识断有直接影响。

质控人员 质控部门往往是信息聚合处，对于项目申报过程中暴露的问题、监管部门的政策动向等，一般有更多了解。判断项目时，不妨与质控部门相关人员进行直接沟通、请教。但是，需要注意的是，质控部门自身至少有两个局限，即：可能倾向于把风险放大，可能倾向于既有的"教条"。其立场与项目组略有区别，项目组不应以风控导向、合规导向为主，而应以出项目、出业绩为主。

研究员 研究员对于行业知识、动向了解较多，尤其是有关基础的、宏观的、趋势的知识信息，不妨向研究员请益。口头沟通亦可，书面阅读相关研究报告亦可，总之这是识断项目的重要信息管道。当然，券商内部与投行部门之间存在"防火墙"，二者之间的信息交流要注意符合制度要求。

发审委员 对于拿不定主意的问题，直接咨询证监会的发审委员也是一个重要方法。现任发审委员，对于目前的审核动态比较清楚，如有类似审核经验可用，则可直接取鉴。按照目前的审核制度和理念，总体上发审委员有生杀予夺的大权，尽管他们行使权力时也有相当限制，比如受证监会"领导"权（因受聘于证监会）的限制、受项目审核相关规则限制等，但自由裁量空间仍然很大。发审委员地位比较优越，个别人可能在判断意见上过分自信，或过于谨慎，或有些随意，亦须注意，以免被误导。

审核官员 如沟通便利，证监会的预审人员以及中层乃至高层领导，对于项目的识断自然有绝大帮助，这是由他们的专业素质和行政地位决定的。与监管部门沟通的，不仅是项目执行中的某些非常规问题，还有推进项目方面的程序性、事务性、协调性事项，这在项目报会后显得更加重要。券商业务部门负责人以上人员，对于证监会沟通一般负有直接责任。

行业人士 必要情况下，关于行业方面的判断不妨与行业专家沟通。行业人士不仅是指技术方面的，更重要的是管理方面的，所谓的"懂行"，这与投行接触的行业人士的范围、层面有很大关系。

中介意见 投行工作是在审计、法律、评估、评级、财经公关等多个中介的配合下完成的，尊重、协调、统驭各方中介，为我所用，即能在很大程度上提高项目执行效率。

手续

"手续"涉及以下诸因素。

目前国内经济社会整体上具有所谓"新兴＋转轨"的特点，而非典型的市场经济社会。方方面面的历史和现实原因，投行所处的经济生活整体呈现管制过剩的状态，职是之故，"手续"问题尤为突出。说白了，"手续"就是各种复杂的、烦琐的、缓慢的、断裂的、模糊的行政程序，其背后既有程序上的正确性，也有本质上毫无意义的"损耗"的因素。对于后者，投行的任务主要不是去改变它，而是适应它，包括对于不合理"手续"想办法绕过去，最终达到"与时俯仰"、适去适来，如入无人之境。

内部 内部程序相对容易，但依情况也有差别。民企相对简单，同时内控风险也大。国企比较复杂，尤其央企，"婆婆"多，周期长。除了常规的董事会、股东大会等程序外，非正式或半正式的汇报程序、请示程序、协调程序、通气程序等，也要耗费大量时间，这些东西在执行项目的时候都要事先心里有数。

国资 国有资产即所谓的"全民"资产，由于其所有权权能在很大程度上被行政力量消解或异化，实际上近似无主财产，大家不免人人觊觎。近水楼台的人，也就是那些内部人、经营者、监管层，自然是实质的受益人。为了阻却，或者毋宁说掩盖这种国资受损风险，大量的规矩、程序、手续等即成了所谓国资管理的工具。相应地，围绕国资的中介服务，很多时候就成了这种工具的迎合者，不得不做很多莫名其妙的手续工作。常见的股权、资产、激励、表决、评估、审计、担保等事项，都可能涉及国资管理方面手续。有权部门上上下下的疏通，几乎成为衡量投行的执业能力的重要标准。

主管部门 "主管部门"是一个统称，投行项目执行中接触较多的有行业主管部门，如银监会、文化部、广电局等，也有职能管理部门，如工商局、税务局、发改委、工信部、商务部、外汇局等。要提高"跑手续"的效率，就需要了解有关规则，进一步，还需要熟悉非正式沟通渠道。有些时候，非正式沟通比正式沟通更管用。当然，这方面工作的基点还是"法治"（狭义），尽量按规矩来，不可迷信人身化、特殊化的办事渠道。

环保 单独把"环保"列出来，是因为这方面手续问题比较突出。现在 IPO 和再融资等都涉及前置或伴随的环保手续。这个工作耗时费力，而实效甚微。目前已有公益律师提出诉讼，质疑以环保程序来捆绑资本活动的正当性、合法性，媒体也揭露出其中潜在的灰色利益链条。

土地 单列"土地"的原因与"环保"类似。目前操作层面上的土地管理制度和政策比较混乱，根本上是由于土地为各方重大利益所系。就投行来说，执行项目的时候，遇到土地问题只好从严，包括土地性质与权属、土地招拍挂、土地闲置、招商补贴、房地分离、土地租赁等，都要有合理依据。

政府协调 企业上市、再融资、并购等，在地方上往往是件大事，而各级政府往往"闲不住"（不是"看不见"的手，而是"闲不住"的手），喜欢管事，不知不觉中视企业事为政府事。这样有个好处，即企业可能靠大树、借东风。当然，政商关系处理不好，也会成为企业的致命伤。政府协调不单指某个职能或主管部门，而是概指一地政府（县、市、省乃至国务院）领导层面的协调，包括主管或统管相关工作的党政首长。重大问题、综合问题，可能需要在这个层面上运作，这也是项目执行尤其项目开发当中最终推动力量。

证监局 证监局是证监会派出机构，作为驻地机构，大多倾向于支持地方利益。IPO 当中辅导验收、上市之后的日常监管及再融资征求意见、并购重组涉及的合规问题等，都与证监局有关。所以，证监局方面的沟通、协调也很重要。

交易所 交易所是所谓自律组织，实际上是证监会的附属机构，又有一线监管职能，且兼有自身利益。大致来说，交易所会按规矩行事，但沟通工作也很重要。谙熟证监会、交易所等相关规则，经常联系和走动，处理交易所层面的事务即会得心应手。

金融办 金融办是不少地方政府设置的直属机构，主要管理地方金融，比如上市企业的储备、支持与协调等工作。金融办是与地方政府增进合作的窗口，可虚可实，如何利用这个平台，似无一定之法，需要结合具体情况相机而行，要之以互利为本。

证监会 以上所有手续，在某种程度上都是为证监会手续做准备。目前国内投行面对的最频繁、最重要的行政程序，就是证监会的行政程序。证监会有大量的行政许可权力,虽经多次调整,其权力仍旧"无远弗届"。整体来说,与证监会的沟通可以概括为"专业沟通",即必须有专业然后才沟通,洁身自好、尽责归位,同时谦恭从容、时常走动,或能取得较好的沟通效果,从而有助于提高项目执行效率。

材料

"材料"涉及以下诸因素。

材料是投行的传统基本功,甚至长时间被理解为投行工作的主要表现形式。目前,这个情况开始有所改变,监管部门鼓励有条件的券商让律师制作材料,实践中有关行业、募投等内容,咨询公司可以代写,券商就剩下提供思路、把握方向和检查修改等作用了。这或许是未来的一个趋势,不过暂时或相当长时期内券商执行项目的核心工作之一仍然是写材料。

规则 从形式上看,券商材料多属"八股文",往往有各种格式指引之类。不过,要把材料写好,首先面临的不是格式问题,而是规则问题。比如证监会发布的所谓"审核手册"之类,基本上就是投行材料工作的"葵花宝典"或戏称的"红宝书"。除此之外,要注意收集新的法规政策,要经常浏览相关监管部门的网站、专业交流网站(如春晖投行在线、投行小兵微博、投行先锋论坛等),要对某个专业部分的规则吃透,这样写出的材料才大致不会走样。

案例 再全、再新的规则,仍有其局限性,即无法具体而微。作为弥补,案例成为不二之选。投行工作实践性很强,有无先例、有无类似案例,这对写材料来说很有启发和帮助。行业方面的案例、规则运用方面的案例、解决类似实践问题的案例等,不妨广泛搜罗、收集、整理、钻研,以便为我所用。

框架 写材料时,搭架子很重要。换句话说,要把文章的结构搞清楚。根据经验,不妨把招股书(或募集书)、行业分类、年报格式、财报附注、会计准则、报表科目、核查要素等,编辑为朗朗上口的口诀,即使不能背诵,也要非常熟悉,知道整体框架和核心部分,写的过程中就会起到提纲挈领、纲举目张的作用。

分工 投行项目执行无疑依靠团队力量,合理分工与密切合作是工作题中之义。很多时候,材料写得不好,不仅因为基本功差、写作能力差等,也因为团队分工、安排等不合理。有法律基础的可以多写非财务部分，有财务基础的可以多写财务内容，熟悉行业的可以多写业务技术方面的内容，等等。同时，要把框架结构、起承转合、主要观点和思路、注意要点和问题等向项目成员交代清楚，要把格式、简称等事先予以统一，要让不同的人同时撰写不同部分，而且做到相互照应，这些安排都会提高效率。

观点 现在的投行工作文件，真正高质量的可能不是很多，因为很多都是文字堆砌，没有观点提炼，通俗地讲，就是缺少"干货"，没有做到"简明扼要"。要把问题研究透，把事情真正搞清楚，把曲曲折折的逻辑、道理深入浅出地表述出来，要有实实在在的思想、观点，观点明确、思想清晰、论述充分、表达到位，这样的材料才是好材料。

语言 语言非常重要。曾国藩有言："古之知道者，未有不明于文字者也。能文而不能知道者或有矣，乌有知道而不明文者乎？""国藩窃谓今日欲明先王之道，不得不以精研文字为务要。"写作能力差的人，项目材料质量肯定不行。

简称 无论是普通名词或专业术语，简称的运用要有一定之规，不可随意。所谓"名不正言不顺"，写材料的时候，先要把各种名词术语的含义弄明白，把这些主体或事物的关系搞清楚，然后简化其称呼，提高语言组织与理解的效率。

格式 投行材料的"干货"毕竟有限，很多时候形式比内容还重要。无论是PPT还是Word文档，怎么强调格式都不过分，说白了，就是要尽量做到美轮美奂、赏心悦目。孙正义认为，视觉冲击有时比内容还重要，因为人对于直观的东西印象更深。格式涉及各个方面的细节，小到标点、间距、字体、线条、图形、时间等，每个细节都藏有魔鬼。

检查 材料写到一定程度，检查必不可少。除了在电子文件上检查，根据经验，重要文件必须打印出来，逐段、逐句乃至逐字检查。检查一遍不行，有时还得检查两遍、三遍甚至更多次；一人检查不行，有时还得不同的人从不同角度检查、对照、斟酌。

修改 对于有些材料，或者对于好的写手，当然会有一气呵成的时候，不过总的来说，券商材料无一不是在反复修改中成熟的。材料不要怕改，改的过程，不仅是改正错误，很多时候主要是在完善与提高上下工夫。修改是没有止境的，所以投行材料永远没有完全满意一说，究竟何时打住，要视时间和需要定。最低限度的要求是，不能出现低级错误，不可"摆乌龙"。现实中这样例子并不鲜见，严重的时候不仅被监管部门处罚，更重要的是自己为天下笑，情何以堪！

用印

"用印"涉及以下诸因素。

区区"用印"会成为影响项目执行效率的专题因素，乍看之下似乎令人费解，是否小题大做？其实不然。大大小小的组织都存在官僚主义，其重要表现形式即签字、盖章相关程序，这背后代表的是风险控制，同时也代表了规范与权力。投行项目有时时间要求很强，而用印方面往往非常费时、费力，有专题分解之必要。

流程　以券商通常情况为例，目前投行项目涉及的批准流程有两类：一是项目流程；一是盖章流程。两者并行，且均以电子方式进行。项目流程包括立项、内核、反馈、核查等事项的流程；盖章流程包括合同、申报材料等各种文件的签字、盖章流程。比如，立项（快速立项）流程主要路线为：起草人→业务部负责人→形式审核员→内核责任人→运营负责人→质控负责人→资本市场部负责人→立项委员会负责人→起草人，先后要经过8人之手，涉及一级或二级部门有5个之多（业务部、运营部、质控部、资本市场部、投行部）。又比如，合同用印流程路线为：起草人→投行秘书（预审）→业务主管→部门负责人→投行秘书→法律部秘书→法律部审核员→法律部负责人→法律部秘书→公司秘书→公司分管领导→公司秘书→综合管理部→起草人，涉及5个一级或二级部门或公司领导，前后13人（次）经手处理，其中投行秘书、法律部秘书、公司秘书等每人经手处理两次。这些流程是否合理或许是一个问题，不过，这里强调的是项目执行人员一定要清楚流程、理解流程。

问询　起草文件时，首先自己要熟悉相关规定，包括各种通知、提示、要求等，无论正式或非正式的，都要专门花时间，注意收集、整理。功夫在诗外，是否熟悉相关细节要求，就看平时心细不细，手勤不勤。如果不清楚相关情况，一定要虚心问别人。可以问谁呢？主要是部门秘书和有过相关经验的人，要不耻下问，才能心里有数。

抬头　文件抬头和相关格式很重要，各类公文或规范文件一般都有相应的模板，要把模板搞清楚，不清楚就问相关熟悉的人或者行政秘书，细微处往往见办事能力和工作作风。

份数　份数可以留些富余，但以符合公司规定和满足实际需要为原则。多出的签章页预留备用，并按照操作规程存放。预留签章的做法必须慎重，弄不好会出纰漏，闹笑话。曾有这样的例子，在发审会环节上发现文不对题，恰因预留印鉴所致。

签章 分清楚签名或盖章，签名分清是亲笔签名还是人名章。这本来无足轻重，但是监管部门有时会有特别要求，不管有无道理，在规定改变之前，取巧会冒很大风险，不如老老实实执行。

跟踪 文件起草后，开始履行相关程序。作为起草人或者相关经办人，最大的任务就是跟踪和催促。不要怕烦，也不要嫌繁，不要怕打扰别人，不要怕惊动领导。跟踪的方式就是时刻盯住程序已到哪一步，接着该到哪一步；催问的方式就是发短信、打电话，或者直接通过相关熟悉的人员或领导予以协调、督促。这方面必须主动、殷勤、耐心、不依不饶。

协调 遇有特殊情况，或流程未必合理，或程序可能通融，或当事人时有不便、事有不巧等，必须进行协调。大的、难的协调工作主要由业务部、投行部或更高级别领导出面，但项目人员自己也要有很强的沟通和协调能力。

财务 与项目执行相关的财务流程相对简单，日常事务涉及主要是差旅财务报销等内容。这里特别强调，票据要随时清理，报销要及时进行。项目工作必然时时发生费用，打车、吃饭、住宿等，不一而足，要之每次发生费用即专门收集起来，按时间、事件或其他标准分类存放，一事完毕即抽时间处理发票和填报电子单据，不可越积越多，积重难返。为什么提财务报销？因为报销不及时、不准确，在很大程度上会影响公司对项目的财务管理，更重要的是，报销工作有时严重占用员工本人的时间和精力，而且费用核算不清楚、不及时，也会影响项目人员对项目投入产出的体会。

取件 券商及其他中介的用印文件，监管部门签发的有关文件，只要是盖章原件，一般来说都有其特定意义。不管是项目执行的何种环节涉及取件问题，都要及时并合理安排。仅仅为了一个签字或仅仅为了拿到原件，大老远不计代价地飞来飞去，很不合算。应该统筹考虑，节约人力物力，包括考虑代取、电传、邮寄等方式。

归档 文件归档要养成习惯，无论是电子文档，还是纸质或其他方式的资料。至于用印文件，更要慎重保存。物有归着（条理），原是训练儿童习惯的常见内容，不过很多成人都未必做得很好。

印刷

"印刷"环节有以下若干影响因素。

这些年的投行一线人员,没有人不对"荣大"这个词感到亲切难忘——"荣大"是北京一家知名的快印店,主要为投行申报材料提供打印服务,号称"券商之家"。那里常常彻夜灯火通明,人影绰绰,各家投行常年有人在那里加班加点,赶制材料。我所经历的投行年会,迄今为止最受欢迎的节目就是改编版的《吉祥三宝》,歌词当中的荣大熬夜场景尤其引人共鸣,感人至深。从另一面来讲,印刷环节的辛苦,不仅在印刷工作本身,而且与项目质量、进度、人员等都有关系,这就是执行效率问题。

准备 若想提高印刷环节的执行效率,首先要做好打印准备工作,所谓"磨刀不误砍柴工"。准备工作包括多个方面,最重要的是文件内容能否定稿。有的项目在打印环节耗时达一周、两周甚至更长时间,原因主要在于文件没法定稿,而文件没法定稿,原因除了文字材料有待统筹、订正之外,主要是有些实务工作、程序、手续等没有完成,例如发行人无法提供某些需要查证的情况(某些数据、事实等),不能及时履行外部或内部程序(盖章、签字文件)或者中介方面没有完成必要的手续。所以,准备工作重点是根据项目情况,提前做好计划,充分考虑各种影响打印的前置事项。经常发生的情况是,准备工作不到位,为了赶时间或占位子(打印现场亦需预约),提前到打印现场进行统稿工作,同时等待有关程序事项的进展,结果发现一大堆问题,相关工作没法有效衔接,严重影响工作进度。

整理 所谓"整理",是按照申报文件的清单,逐项整理相关材料,这是准备工作的小结,整理的结果实际上就是准备工作达到何种状态的标志。一般的做法是把清单打印出来,相关文件进行归类、梳理,存在缺漏、错误或其他需要提醒的问题,以折页、画线、即时贴等一一标注出来,或用文件夹、夹子、别针、订书钉等临时归集、分类,必要时另行在记事本上一一记录。

原件 原件的保管非常重要。对于特定项目的资料,事先应当确定原件保管人员,工作过程中不断形成或收集的各种原件,必须及时交给——尽量做到"当时"交接和"当面"交接——特定保管人员。从操作规程上讲,必须"当次原件当次归位",意即,即使申报当时并不需要提供原件,仅是日后需要,这种情况下也必须当时而不是日后补做原件。原因何在?补做的、倒签的文件从形式到内容上都极有可能出现纰漏。最好是列出清单，有了原件即做出标记，类似日记账与分类账，显示有什么文件，何时生成，留存几份，等等，一目了然，便于查找和使用，也便于建立项目档案。

初印 初印是指哪些文件可以或应当提前打印出来，以供检查、核对使用，而不是作为最终版本。除了签字、盖章页（如有错误当然也须更换），中介制作的文件大多需要打印出来校阅。错误很多、尚未成型的文件，一般在电脑里修改，已经比较成熟但须认真检查的文件，必须打印出来才容易发现细微错误。初印是一个必经的程序，对于保证文件质量必不可少。视具体情况，重要的文件应当多次打印，交叉检查，逐句、逐段进行校对。

扫描 为方便电子存档以及快速打印，涉及签字、盖章的原始文件，应当扫描下来。扫描的文件可以直接套印页码，方便审核人员查找，而且，有了分级页码，日后查阅也比较方便。扫描工作大多交给打印店专业人员完成，因为涉及一些技术处理，处理后再打印比较美观。

形式 形式包括多层意思。首先是文件格式，每个文件，尤其是包含图表的文件，一定要注意格式的整齐、简洁、一致、美观。这里能够看出文件制作人员运用各类办公软件的能力，包括美工方面的素养。其次是整体文件格式，包括目录、引注、封面以及每个文件之间的隔页、舌页等是否衔接、配套，打印店的专业人员在这方面要下很大工夫，当然，他们往往积累有相对固定的模板，项目组也可以依据模板进行适当的改良、创新。

核对 核对是在文件制作基本完成的情况下进行的，不是指在文件制作过程中的核对——实际上，任何文件的制作过程同时也是某种"核对"过程。核对首先是核对文件的必备要素，如招股书、募集书、尽调报告、律师意见、报表附注等，涉及方方面面的监管规定，一定要严格对照格式化的规定，条分缕析地对照、分析，查漏补缺，及时修改；其次要核对文件的内容、观点，实际上是文件内在质量提高的过程，关键是核对观点与依据；最后，还要核对文件格式、目录、清单，力求在外在形式和文件数量等方面不出问题。

检查 检查是接近尾声的一道工序，与核对的区别在于，核对基本上由项目组或发行人的工作人员进行，而检查则主要是投行内核或质控人员进行。另外项目组相关负责人、发行人相关领导或外部顾问（如外聘的财务、法律、行业等方面专家）也可以阅读文件、检查文件质量，对关键内容的表述或整体文件质量提出意见建议。专职内核人员则根据日常申报类似文件的经验，提出一些有明确依据或没有明确依据、但有经验支撑的修改建议。

光盘 报送光盘是监管部门通常的要求，主要是为了保存资料，对于项目组、发行人来说也有电子存档的作用。一个项目做完了，保留一些电子文档，相比纸质文件，更加方便查找和利用，对于项目本身日后反馈或其他项目借鉴都有好处。不用说，光盘是等定稿之后再刻，如果自用，不一定搞什么装饰图案，但申报用或纪念用的，还是有必要打印出名称，印制上图标、日期等。

时间 时间是指打印环节整个时间如何调度和控制。除了前面提到的准备等工作影响打印所需时间外，印刷现场人员分工、打印店相关工作设备、人员、流程如何与材料印制需要相衔接，也非常重要。项目组内部，应当计划好各个具体事项所需时间，安排相应人员进行分头行动，密切配合。同时，注意协调打印店的服务工作，哪些由项目组完成，哪些交给打印店完成，二者之间如何相互照应，都要提前考虑，合理安排，而且要根据实际情况及时调整。

反馈

"反馈"是申报材料提交给监管部门后的重要工作内容，反馈问题的次数、反馈问题的多少、反馈问题的快慢、反馈回复的速度、质量等，都影响项目执行效率。以下分别说明与反馈相关的若干因素。

口头 正式反馈一般是书面的，但口头反馈也比较常见。例如，公司债审核或私募债备案中正式问题，股权融资或者并购重组审核中某些非重点、补充性问题等，都可能采用口头形式。如果是从可靠渠道沟通得到的口头反馈，有时甚至比书面反馈更重要——从口头反馈中有时能够知道项目是不是存在实质障碍。对于监管部门的口头反馈，要在电话或当面交谈时记录下来，把反馈问题整理为书面语言。准确理解口头反馈的内容，穷尽相关问题点，尽量一次性回复清楚。

书面 书面意见是反馈最常见的形式。目前有关发行审核制度采用书面审，意味着监管部门通常不可能通过现场查看和交流的方式获取问题的答案，他们只是以书面方式提出问题、并通过中介机构的书面回复来了解项目。书面反馈有它自己的套路，每类项目、每种企业应该如何提出问题，大体上有归类。很多时候，反馈问题基本上是格式化的，或者问了又问，发行人和中介机构以为明白无误,或者认为已经重复解释多遍,但审核人员仍然不停追问,这就是书面反馈的缺点。审核员没有亲见,当然感受不一样,这时要站在审核员的角度想一想,怎样才能让其信服,而不能单纯从自己的角度出发想问题。

确认 无论口头还是书面反馈,都有一个"确认"的问题,也就是要弄清楚审核员究竟问什么,其口头或书面反馈的问题是不是某个特定的意思,如果项目组不清楚问题所指,就要电话或当面确认,必要时应通过邮件乃至书面方式确认审核员的意思,不能想当然。

分析 拿到问题后,应当尽快组织项目组、其他中介、发行人相关人员一起讨论,逐个问题、逐段、逐句理解、分析,汇总大家的意见,由投行对相关问题进行定调——大致从哪些方面回答,大致还有哪些问题需要继续核查或补充提供相关信息,每个中介以及发行人的任务或题目是什么。随着回复工作的展开,可以根据需要多次组织讨论。需要注意,如果核查工作量大,或者预计基础数据或信息的提供耗时颇多,可以考虑让项目组暂不集中办公进行反馈问题回复,等到各方面条件基本成熟再集中工作。

补充 这里"补充"不是指监管部门补充反馈意见——他们经常补充问题,也即反复提问,有时甚至"重复提问题"(一般是因为前次回复不能令其满意,有时则因为工作马虎),而是指项目组在反馈阶段自行发现新的问题,包括文字质量问题、材料内容问题等,有必要予以补充。最好的办法是结合反馈"不着痕迹"地把新的信息、观点等补充进去,也可以在禀明审核部门的前提下,就反馈之外的问题进行补充说明。

调整 如前所述,对原有材料的内容进行调整、修改是允许的,但不得擅自进行。"补充"的内容一般比较容易安排,而"调整"的内容有时比较麻烦,可能涉及事实情况、前后顺序、文字表述等多个方面,实际上就是要对原有材料进行修改。一般来说,既已正式申报,不宜随意改动,确有必要时才考虑适度调整。

错误 如果发现明显错误,这种错误不可能蒙混过去,也不应该蒙混过去,那么,应该毫不犹豫地勇于承认并改正过来,还应对类似错误进行认真总结(最好书面总结),吸取教训。如果发生了较小的、有可能蒙混过去的错误,是否也应一律予以改正呢?这种问题要具体判断,原则上都应当改正过来,不可心存侥幸,而确实无伤大雅的(如很小的格式错误、标点错误),可以灵活处理。

障碍 反馈当中有时提出明显的障碍性问题,经由多次解释仍被视为重大障碍，说明项目执行遇到了难关。这时，已经不是简单的说明、解释就行，而是要面对障碍，设法克服。如"同业竞争""严重依赖""不当关联交易""业绩大幅下滑"等——尽管项目组可能提前有所预料，但是按照审核部门的观点，项目组当时在问题的判断和处理上并不"过关"。对于这类问题一般要靠时间来消化，或者采取具体措施来解决，直到问题解决完毕或能够明确预期解决完成，项目才有可能继续往前推进。

危机 反馈阶段的"危机"，一般是指发行人出了"意外"，比如前期隐瞒了重大负面情况新近才发现，正常经营中突然出现安全、环保等恶性事故，行业政策方面发生重大不利变化，等等。危机能否化解，关键看事实如何，趋势怎样，"危机"发生可能导致项目进行不下去。据证监会统计，股权分置改革以来的各类融资申请（股权类），有1/3没有完成，或者中止，或者撤回，或者被否。

沟通 沟通分不同主体，不同层面，以及不同性质。主体有发行人、中介以及监管部门，层面有工作层面、主管层面以及领导层面，性质有正式和非正式、公开化和私人化等。反馈阶段的沟通工作非常重要，基本原则是"专业"沟通、工作层面沟通，但应辅以必要的非正式沟通，有时亦须采用高层领导出面协调。

公关

近些年来，"公关"越来越成为项目执行当中的重要影响因素。一方面是因为资本市场本来是个公开市场，而且是个公众市场，关心的人多，影响面大；另一方面，证监会逐渐有意无意地放手利用媒体监督力量，以促进信息披露工作的改进，乃至公开发行质量的提高。从一个角度来看，国内虽然没有完全放开言禁、报禁，但那主要指政治领域，在经济领域发表监督和批评言论相对安全，不少媒体由于公义或利益的驱使，热衷于报道资本市场的故事。以下分别讨论"公关"涉及的若干问题。

报道 报道多是媒体的自主行为，不过也有其他"别有用心"的人鼓动、联合而为的情况。常见的平面或网络媒体有《21世纪经济报道》《每日经济新闻》《第一财经日报》《证券导报》《投资者报》《金证券》、新浪、金融界等，有时《中国证券报》等主流媒体也参与其中。媒体的新闻来源主要是公开信息，如拟 IPO

企业的接受辅导的公告、公司网站消息、预披露文件等，有时来自媒体的现场调查、采访等。监管部门对此的态度是，遇有媒体报道必须核实、澄清，当然不一定采取针对性的公开形式，一般仅在申报文件或反馈回复中说明即可。如果报道的问题在申报材料中已有合理、详细解释，也就不用再度去解释了。

举报 向证监会、交易所、证监局或者发改委、环保部等进行举报，是企业融资（尤其 IPO）过程中常见的现象。举报人主要是竞争对手、合作伙伴、内部员工（现任或离任），也有其他利害关系人。举报大部分是实名的，也有匿名的。对于实名举报，监管部门的做法是有报必查，而且只要有证据，按规定应当回复举报人；如果没有证据，只是自我猜测、无中生有，则不一定予以回复。举报出来的问题往往比一般报道更严重，严重的举报可能直接导致项目流产。

网言 随着网络的发达，网上言论的影响越来越大，有时比电视、报纸等传统媒体影响更大。一般来说，除了与正式报刊相关的网站言论外，其他一些网络平台，如贴吧、微博、博客、微信等，其言论不具有权威性和严肃性，类似小道消息、道听途说，作者身份大多不明。但是，这种平台上的言论传播速度很快，发酵起来可能引起其他后果，所以不能不引起重视，即便纯属谣言，必要时也要予以澄清。

中介 现在很少有 IPO 企业不聘请公关顾问公司，这类中介服务机构一般称为"财经公关"，它们的作用主要集中在舆论引导、媒体疏通、路演推介、答谢酒会以及少量的投资者关系管理等方面。由目前法治环境、经营环境等特殊性决定，很少有 IPO 企业能够做到无可挑剔，客观上给财经公关和有关媒体留下了指摘空间。俗话说，打铁还要自身硬，聘请中介只能起到辅助作用，不宜相信财经公关过分夸大自己的作用。

反应 对于舆论，要有平常心。古人说的好，有则改之，无则加勉。就算看起来毫无根据的话，也要借此警醒自己，不可悍然不顾，但也大可不必惊慌失措。遇到问题，首先要考虑的是，事实是什么？是否已披露？应当披露否？其次，根据事实和情势，组织各中介和发行人一起讨论、确定应急方案、措施。反应速度的快慢、反应方式是否合理、处理问题是否到位，都会对项目推进产生影响。

排查 排查是对已经暴露的问题，进一步扩大调查范围，举一反三，触类旁通，把本项目的类似问题，乃至其他项目的相关问题，逐一检查一番。这有些类似政府的做法，如发生某个特大事故，随即发动一场运动式的检查，借机把有些问题消灭在萌芽状态。

布局 在申报之前，甚至在项目启动之初，保荐机构在安排整体工作计划时，不能少了媒体公关工作这一环。所谓"布局"，就是要对企业情况、媒体环境等有个整体考虑，知道企业哪些方面容易出问题，容易被人举报，容易被舆论炒作，对企业负责人和相关工作人员要有明确的交代和安排。如果能对项目申报涉及的各种问题、企业在历史经营当中涉及的各种敏感问题，提前叮嘱，及时处理，妥善布置，重大意外情况就会很少，甚至没有，这样公关压力就会小了不少。

化解 有时问题已经出现，就算措手不及，也要积极面对。苍蝇不叮无缝的蛋，企业自身以及中介工作很难做到尽善尽美，让媒体或对手盯住了的问题，如果的确存在，就要设法化解。化解，就是消化、融化、解释、解决等，尽力让非原则性问题不再成为问题。

引导 舆论有个导向问题。一般来说，企业不一定要先声夺人、故意大造舆论，这样做反倒易引起关注，最好是不动声色、不着痕迹，在潜在"敌手"尚未察觉、舆论没有关注时，把事情顺利办完。如果有风吹草动，也要沉稳、从容、迅速、干净地往积极的方面去引导，使最终的结果于我有利。

处理 对于某些无从引导也无法化解的问题，办法就是直接面对、决心处理。这些问题的处理往往要花很大代价，有时代价很大也未必能真正处理。处理的方法主要是：企业自己动手术，把有些事"搞定"、把有些人"摆平"，有时要借助外力，通过政府或其他方面的力量进行协调处理。确实无法处理而且事涉重大，项目可能因此夭折，对项目组和发行人都将是一个打击。

发行

影响项目执行效率的最后一个问题是发行，实际上，发行现在越来越成为项目执行当中特别重要的问题。道理很简单，在通道制下，保荐机构主要负责撰写材料和与监管部门沟通，而在目前通道色彩日益淡化的市场环境下，保荐机构往往就是主承销商，其主要作用不是"推"（保），而是"销"，甚至可以说，之前所有工作都不过是为发行做准备，"发行"是项目前期执行的延续，也是项目执行成功的最终标志。

衔接　领取发行批文或注册通知、备案通知等发行文件后，投行项目组要马上与资本市场部、股权销售或债券销售部门联系，做好业务前中后台的衔接工作。实际上，这种衔接一方面要以日常的工作机制为基础；另一方面也要在领取发行文件之前即提前做好沟通，以及相应的人手准备、时间准备、方案准备等。

方案　制定合理的发行方案是发行成功的重要因素。发行方案有多种影响因素，主要包括规模、定价、投资者、时机等。市场条件不好时，确定发行方案是极其困难的事情。就是国际大行，遇到市场不给力，有时也没有办法，只能降格以求，缩减规模、压低股权融资价格或提高债券融资成本、推迟发行乃至放弃发行。一个好的方案要有非常精准、独到的市场分析，这也是承销能力的体现。

时机　发行方案好不好主要体现在发行时机的把握上，所以，可以认为时机是发行当中相对独立的一个重大影响因素。"时机"在一定程度上可以把握，这种把握在于通过前瞻性安排项目启动与推进时点，结合潜在投资者基础、范围、对象、诉求等因素，同时结合宏观经济、行业形势、企业经营状况与发展预期、资本市场、资金面等情况，选择一个相对有利的时机。

组织　发行工作主要由资本市场部门牵头，不过现实中，根据承销商内部架构情况，也可以由投行部、债券部等一线业务部门或固定收益部等专门销售部门发挥较多作用。涉及承销压力很大的重大项目，可由券商高层领导直接牵头，如果需要包销，则须专业的资本承诺委员会之类做出决策。

推介　目前的推介或路演有面对面交流和网上交流等形式。现场推介可以采取一对一、一对多等方式。网上交流更多的是树立企业形象，没有太多实际意义，实际参与的投资人非常少，有时发行人会雇用财经公关之类做些自问自答的表演。推介固然是扩大影响的一种方式，更重要的是，当面交流能把发行人的亮点或项目的亮点讲得更透彻，也可以给投资人增加募集书等正式文件无法表达的一些感性认识，从而有助于投资者做出合理判断。

考察　除了推介、路演外，必要时可以邀请投资者到发行人企业进行考察访问，这是最深入的一种方式。这种方式在公开股权融资中较少采用，非公开股权融资则可以适当采用，对于债券融资，尤其私募债券融资来说，这种方式的意义更大一些。考察企业一般要比较深入、有针对性，简单看看、泛泛而谈，很难起到什么作用。

定价　无论对于发行人或投资者，价格都是核心问题。融资成本或投资成本，对于买卖双方来说利益正好相反，所以，从根本上讲，要想双方百分百满意很难做到。受资金供求、投资心态、现实的市场结构与体制环境等影响，券商定价作用的发挥空间相应会受到一些限制，必须是有品牌、有信誉、有很强服务能力、很多客户基础（投资者基础）、很高市场地位的投行，才有更加突出的定价能力。

机构　机构泛指非自然人。目前股市的散户色彩较浓，但也在开始淡化，债市的投资者基本上是机构。投行承销能力的重要体现，就是手中掌握多少有效机构客户。说白了，掌握机构就是掌握钱，钱在谁手里谁就有定价能力或定价筹码。大力培育并有效服务于自己的机构客户群，这是券商提高承销能力的重要途径。

交换　"交换"实际上相当于商业销售中的促销手段或合作方式，就是投行销售股票或债券等产品时，为了争取买家，必要时拿出某种利益与其交换。交换的内容有多种方式，包括项目上的相互支持、给予其他相关机会、提供某种有利资源乃至给予直接经济利益等。显然，交换是以自身有基础、有条件进行交换为前提，而且必须以合法、公开为前提，不应有不正当的个人利益。

统筹　发行是个系统工作，涉及参与各方主体的人员统筹，发行人与投资者利益的统筹，承销商、其他中介与发行人、监管者等各方责任的统筹，客户以及承销商自身的眼前利益与长远利益的统筹，等等，总之要综合平衡、统筹兼顾各种关系、各方利益。

（2012 年 6~7 月）

招股书的结构和学问

撰写招股书（或招募书）是投行的看家本领，或者说是基本功。这是因为，投行主要是搞企业融资和财务顾问工作，而公开股权或债权融资又是其工作重点，这个重点工作的核心文件就是招股书（或招募书）。招股书在业内被戏称为世上最贵的"书"，因为通过这本书募集的资金动辄数亿、几十亿或者上百亿。其实，不仅是公开募集，私募亦然，无论股权或债权私募，主要工作文件如商业计划书等，内容也完全可以或应该参照招募书。

根本上，无论私募或公募、无论股权或债权融资，对于融资方来说，主要应向投资方说明、解释、阐述、告诉、声明、宣扬、诉求、强调的东西，大致上是一回事儿。说白了，也就是以募集资金为目的而向对方介绍自己的情况。如果说这是做文章，那么这篇文章的中心思想或论点就是发行人值得投资，论据就是有关为什么值得投资的客观资料或主观说法等。

理论上讲，文无定法，只要把问题说清楚，把道理讲明白，这篇文章怎么做都是可以的。但是，监管部门为方便管理，同时，利益相关方为方便沟通，大多希望公开募资这类涉及公众利益的文书格式有个大致标准——除了方便，还有规范作用、效率意义等。于是，所谓"范本"产生了，即证监会相关招股文件的规定，属于典型的"八股文"。

现行招股书（募集说明书大致相同）的结构，分为17节，实践中有的分16节，还有其他分法。其中，16节与17节的区别，在于"释义"是否作为单节——

设 17 节的把它作为第一节，而设 16 节的把它置于节前，没有序号。

以共 17 节为例，招股书的结构可编为两句话：

（1）览况险基业同高，治财论标募股要。

（2）前有简明提释，后有声明备查。

一般的招股书遵从上述八股结构，结果往往出现啰唆、重复、散漫、臃肿、不知所云何事，不知意欲何为等种种毛病。简单地掐头去尾，有实际价值的章节主要是第（1）句话概括的 14 个字，共 14 节；再精简一下，有实质意义的章节是风险、基本情况、业务、同业竞争与关联交易、财务信息、管理层讨论分析、募投项目 7 节，又去掉了一半（7 节）；如果继续精简，实际上核心章节就四部分或两部分而已，即基本情况（含高管）、业务技术、管理层讨论分析、募投项目（四部分），或业务技术、管理层讨论分析（两部分）。

不管怎么说，业务技术、管理层讨论分析，这两个部分无疑是核心，前者说的是公司业务，后者说的是公司财务。讲公司业务的时候，不是泛泛介绍，而是提炼公司经营模式、特点和优势；讲公司财务时，不是简单引述机械的财务数据，而是挖掘公司财务的背后原因。

这么说，招股书的结构其实很简单，可以归结为关于发行人企业的四句话，即你是谁（历史沿革、公司治理及高管情况），你是干什么的（业务技术、主要风险），你干得怎么样（财务信息及管理层讨论分析），你将来准备怎么干（募投项目和发展规划），或者进一步简化为两点：一要说业务，二要说财务。招股书的学问其实无他，一要提炼（归纳或综合），二要挖掘（阐发或分析）。不过，招股书真正写好不容易，因为这里的学问包括行业、管理、金融、财务、法律、实务以至数学、图表、文学、文字等多方面知识、技能和经验，体现的是撰写人的综合素质。

（2009 年 2 月）

内核标准

内核是投行业务一个环节,但是内核究竟按照什么标准,并没有明确规定。监管机构似乎认为内核是券商自己的事情,没有必要予以统一规范。从另一角度看,既然审核权在证监会,券商内核把关并不能实质上决定一个项目的生死,但是就责任而言,内核对于控制执业风险、提高执业质量又至关重要。

2003年的《证券公司内部控制指引》第六十条原则性规定:"证券公司应加强投资银行项目的内核工作和质量控制,证券公司投资银行业务风险(质量)控制与投资银行业务运作应适当分离,客户回访应主要由投资银行风险(质量)控制部门完成。"2009年修订的《证券发行上市保荐业务管理办法》(以下简称《保荐办法》)第三十八原则性规定:"保荐机构应当建立健全保荐工作的内部控制体系,切实保证……内核负责人……勤勉尽责,严格控制风险,提高保荐业务整体质量。"

同时,关于内核负责人还有些责任条款,与保荐代表人等的责任大致相同(值得注意的是,内核成员却没有什么责任方面的规定),总的来说,责任较轻,主要是接受监管措施或者责令予以更换。《保荐办法》第六十六条规定:"……内核负责人违反该管理办法,未诚实守信、勤勉尽责地履行相关义务的,中国证监会责令改正,并对其采取监管谈话、重点关注、责令进行业务学习、出具警示函、责令公开说明、认定为不适当人选等监管措施……"第六十七条规定,保荐机构出现某些情形,中国证监会可以责令保荐机构更换内核负责人,例如内部控制制度未得到有效执行、内部核查制度未得到有效执行等情况。第七十三条规定，保荐代表人被暂不受理具体负责的推荐或者被撤销保荐代表人资格的，内核负责人应承担相应的责任；情节严重的，责令保荐机构更换内核负责人。第七十四条规定，内核负责人在 1 个自然年度内被采取该管理办法第六十六条规定监管措施累计 5 次以上，中国证监会可责令保荐机构更换内核负责人。

具体怎么内核，内核的标准为何，内核的制度怎样，这些问题并没有直接规定。个人理解，确也无须规定，因为投行业务应该怎样做，从首发、再融资到财务顾问，等等，相关规定已经很多，遵照规则执行就行了。并购重组类的财务顾问业务暂不谈，以保荐业务（需要保荐代表人签字的业务）为例，涉及券商所做工作的环节，基本都是有章可循的。大致上就是八个字：尽职调查，尽职推荐。调查，就是弄清发行人相关情况；推荐，就是客观、公正地发表专业意见。这里的主要依据就是尽职调查相关准则，以及融资业务的相关审核标准、披露标准，调查清楚了，披露清楚了，对照标准发表意见，这就是投行业务的主要工作。当然，调查要讲究方法，披露也要讲究方式，发表意见也有个是否适当的问题。

那么，内核是什么呢？就是投行内部再检查一下、核实一下，是不是调查清楚了，是不是披露明白了，意见发表是不是准确，或是不是适当。显然，内核没有自己特有的标准，它的标准就是投行业务本身的标准，甚至包括监管环节在内，预审员、部务会、发审会的标准也是这个标准，只不过站的角度不同，一个是中介，一个是政府；一个是履行中介的业务职责，一个履行政府的监管职责。至于内核，那是中介职责内部的事情，本质上与项目组立场一致，只是在内部分工上不同而已。

就创业板 IPO 来说，真正的标准其实都是围绕发行条件而来。创业板的首发办法规定了 19 个条件，归类总结，大致分为四个方面，即主体、业务、财务、募投，其中主体有五项要求，业务有四项要求，财务有三项要求，募投有两项要求，所以四个方面包括了 14 个要求。当然，这是概括言之，就是把 19 个条件类别化为四类、十四目，具体的内容还要具体分析。以下是"四类十四目"。

首先，主体方面的标准主要有：

（1）出资到位（注册资本足额缴纳；出资财产已经转移）。

（2）产权清晰（股东股权：股东股权清晰、控股股份不存在重大权属纠纷；公司资产：主要资产无重大权属纠纷）。

（3）经营连续（经营已满三年；最近两年实际控制人不变，董事、高管无重大变化，主营业务无重大变化）。

（4）股东合格和高管合格。股东合格（控股股东、实际控制人三年内不存在损害投资者合法权益和社会公共利益的重大违法行为；发行人及控股股东、实际控制人三年内不存在违法公开发行证券行为）；高管合格（含董监高：知识要求——了解上市规范，知悉义务责任；资质要求——不得处于禁入期、三年内受证监会处罚、一年内受交易所谴责、涉嫌犯罪被侦查、涉嫌违规被证监会调查）。

（5）公司治理与内部控制［治理结构——三会及独董、董秘、专委（审计委员会）；会计基础规范，审计意见无保留；内控健全有效执行，鉴证报告无保留，即合理保证运行有效性、财务可靠性、经营合规性，不存在股东占用、违规担保］。

其次，业务方面的标准主要有：

（1）主业突出（主要经营一种业务）。

（2）经营合规（生产经营活动符合法律、行政法规和公司章程的规定，符合国家产业政策及环境保护政策）。

（3）盈利持续［主要关注：①产品或服务结构、经营模式、行业地位、经营环境的重大变化；②重要资产或技术（知识产权、特许经营等）的重大风险；③重大依赖（最近一年收入或净利对于关联方或重大不确定性客户的依赖）；④表外收益（最近一年净利主要来自并表以外的投资收益）］。

（4）资产完整与业务独立（资产完整、业务体系完整；业务、人员、财务、机构独立，直接面向市场独立经营；不存在同业竞争，不存在严重有损独立性或公允性的关联交易）。

再次，财务方面的标准主要有：

（1）财务指标。主要看财务状况和经营成果两方面情况——利润（净利两年1 000万元且持续增长，净利一年500万元且收入一年5 000万元且收入两年增长率30%）；权益（净资产2 000万元，无未弥补亏损，发行后股本3 000万元）。

（2）纳税情况。税收（纳税合法；税收优惠合规且无严重依赖）。

（3）经营持续。即关注重大债务与或有事项（无重大债务、担保、诉讼）。

最后，募投项目的标准主要有：

（1）投向或性质（用于主营；用途明确；专项存储）。

（2）方案或内容（募资数额和投资项目与现有生产经营规模、财务状况、技术水平和管理能力等相适应）。

总结为14句话：

——主体：出资到位，产权清晰，业绩连续，角色合格，治理规范；

——业务：主业突出，经营合规，盈利持续，业务自主；

——财务：指标达标，税收合法，或有可控；

——募投：用途合理，项目适当。

编为口诀，即14个字："资产经员治业规、续独标税或募遂。"当然，这只是从文本出发、概略而言的内核标准，这样的标准过于原则、笼统、模糊，关键是对相关标准的领会和适用。真正理解这些标准要靠具体的经验，准确把握这些标准还要密切关注政策动态。所以，一个称职的内核人员总体取向应当是审慎的、严格的，这与业务前台人员的取向有区别；同时，内核人员还应该有比较丰富的项目经验以及了解、分析、掌握政策动态的能力。

（2010年2月）

IPO 财务专项核查"运动"

2012年12月28日,证监会三个部门(发行部、创业板部、会计部)联合发出通知,要求对所有报会的拟上市企业进行财务核查。2013年1月8日,证监会组织了一场声势浩大的动员会议,按照会上证监会官员的说法,这次核查的背景要从2012年4月"深化发行体制改革"说起,改革的主要内容之一即强调信息披露(真实、准确、充分、完整),逐步淡化盈利能力判断,相应地(不管盈利能力如何)"不得包装和粉饰业绩""坚决抑制包装粉饰行为""加大对财务虚假披露行为的打击力度"("采取监管措施、立案调查、行政处罚等措施,涉嫌犯罪的依法移送司法机关追究其刑事责任。法律、法规已有明确规定的,依法从重处理。法律、法规规定尚不明确的,要进一步予以完善。")。

之后5月,证监会就提高IPO企业财务信息披露质量专门发文,具体列出财务信息披露的9个重点内容——内部控制、财务信息与非财务印证、盈利增长和异常交易、关联方及关联交易、收入确认和成本核算(毛利分析)、主要客户和供应商核查、存货盘点和计提(资产盘点与权属)、现金收付(货币资金)、异常信息。10月,就IPO审计专门发文(会计监管风险提示第4号),针对前述文件列举的9大方面,从审计的角度逐项指出常见问题和会计监管关注事项,考虑可谓周到,内容可谓详尽。在此之后,才有12月出台的专项核查通知,核查的目的在于"切实进一步深化以信息披露为中心的改革精神,完善和落实信息披露责任追究机制,督促保荐机构、会计师事务所诚实守信,勤勉尽责,切实提高执业质量"。(引自证监会针对2013年1月8日会议的新闻通稿)

如果说财务核查是深化改革的要求，那么深化改革又有什么的要求呢？也就是说，我们为什么要深化改革？背景主要有两个方面。

一是国内因素。2012年以来宏观经济下滑，二级市场的表现不佳，同时一些公司上市后频现业绩变脸，甚至出现"绿大地"等恶性造假上市案例，IPO公司的质量尤其是信息披露质量不能让人放心，在舆论上可以说是众矢之的。IPO发行自2012年二季度至今已经停滞大半年，IPO在审及过会排队企业近900家，形成了壮观的"堰塞湖"现象，证监会进退失据，左右为难。放，可能是洪水猛兽，让二级市场雪上加霜，部分投资者尤其民粹舆论更加不满；不放，可能进一步导致资本市场基本功能紊乱，甚至丧失殆尽。

二是国际因素。浑水公司做空中概股，引发一批公司的集体诉讼与退市，进而美国证券交易委员会（SEC）质疑中国公司整体财务信息质量以及审计机构专业能力问题，甚至提出指派国外机构审计中国公司，为此与中国发生"会计主权"争执。证监会于是决心以排队IPO企业为"突破口"，所有企业必须重新、专项核查财务信息的披露是否真实、准确、完整、充分与及时。

IPO财务专项核查与信息披露既是深化发行制度改革的题中之意（借用契机事件和非常手段进行制度建设），也是解决IPO"堰塞湖"问题的"封堵"（暂停发行）、"疏导"（如转往三板、境外或者发行债券进行融资）、"逼退"（提高入门标准、增加申报成本、加大处罚力度）等并用措施之一。

证监会出台的财务核查的系列规定，可谓"教鱼游泳"，煞费苦心。虽然采用这种方式似乎不能说完全没有必要，但可以肯定，目前一级市场的问题靠这种方式很难真正解决问题。

问题的根本在于，首先股市定位有问题，正如时文朝在一次培训课上说的，股市也好，债市也罢，就是一个"中性"的买卖场所而已，它不应被赋予什么为国企"解困"（特权上市、包装上市等）、为社会"维稳"（维护大盘、无法退市）等功能，如实披露"产品"信息，买卖双方你情我愿即可。要让市场来管理市场，比如让社会上的大型投资机构和主承销商作为上市审核把关人员，而不能仅靠不在市场一线的官员来管理市场。

其次，社会发展阶段和发行人、投资者素质、知识结构有些问题。现阶段，整个社会诚信度不高，道德自律、法律约束等都比较薄弱，必须在教育、引导的基础上，通过扎扎实实的规则优化、制度积累等，不断调适资本市场的整套规范体系。

最后，也是最重要的，行政、司法惩戒机制没有真正有效运转。对于发行人、中介机构、投资者的犯规，没有真正下决心去大力惩治，对于已经暴露的违法事项，总体上都是从轻发落，违法成本过低。没有重典施治，我们这个市场要想真正净化根本就不可能。

（2013 年 1 月）

发审会细节情况

现行的发行制度主要由保荐、审核（预审与发审会）、询价、承销等环节构成，实质意义的批准环节就是发审会的投票表决环节，以及此前的预审意见。目前，证监会有个主板发审会，还有个创业板发审会，人员构成与程序大同小异。

发审会是个集体表决的组织，具体隶属于证监会发行部或创业板部，各设发审工作处负责委员联络或会议通知等日常事项。发审会名义上相对独立，主板25名委员，创业板35名委员，大部分专职，约3/4或4/5，平时就在会里办公，少部分兼职，来自专业机构和交易所（专职），主管部门、部委如国资委、发改委、独立于发行部的证监会某些部门（兼职），每届任期1年，最多3年。目前基本是到期全换，特别是专职，一般1年后全换。原来审核某个项目的委员名单不公示，经过改革，现在予以提前公示。

创业板委员35人分为4组，每组8人左右。一处、二处审核后，交部门讨论（汇报会或讨论会），认为清楚了，提交初审会（或部务会、或预审会），初审会上发审委员既已开始介入，一般指定某个特定组别的委员参与。专职委员提前介入初审会（参加人员和回避人员可提前确定），兼职委员临时安排（不参加初审会，无法提前确定）。初审之后，有时反馈给发行人（一般为了加快进度），通知报预披露光盘、报上会材料，并提交发审委。

每次审核，7人参加，大部分来自某个特定组，但个别有关联或利害关系的则回避，缺人的其他组补充。7人中有召集人1人，比较重要，可以说是个核心人物，因为召集人负责主持与总结，有导向和定调的作用。每个项目发审会一般2个小时左右，先是预审员汇报"初审报告"，在预审员汇报后认为还不清楚，或者即使主要问题已经清楚也要问些次要问题，以此按惯例形成询问问题清单，马上打印出来，这时发行人代表和保荐代表人进场，就该问题清单进行答复，其间可以有口头延伸的问题，或多或少，完全取决于现场委员的个人。不过，表决不能脱离工作底稿意见，以保障委员个人意见的独立性。尽管如此，总的来说召集人的影响仍然较大。

表决实行封闭式记名投票，发审委工作处统计，由组长宣布，封存并且事后也不提供查询，半黑箱状态。同意达5票通过，可写补充条件，反对必须写理由。IPO一般都有条件通过，再融资尤其非公开有无条件通过的案例。每次发审会一般审两个项目，两个都完了再宣布结果。

召开发审会时，一般上午8点半开始，预审员先进会场，介绍项目情况，即初审报告，提示发审委关注的问题，介绍时每个委员都可以提问。预审员对项目影响很大，问题能解释清楚则委员问得少，如果解释不清，委员疑虑则多。预审员对项目的熟悉、支持、能否解释到位，对审核通过很重要。委员提前5天（含上会当天）拿上会材料、预审报告，并准备工作底稿，在预审员汇报时进一步修改、完善工作底稿，至此汇报环节结束。根据汇报情况，发审会经讨论后，由召集人总结问题，进入第二个环节，即询问发行人和保荐人。预审员汇报和发审委讨论时间不确定，一般1个多小时，之后发行人代表和保荐代表人进场，固定时间，45分钟，然后发审委简单讨论，召集人最后总结并表决，工作处统计后宣布结果。

上会当天，保荐代表人须出示身份证，发行人方面多由董事长、总经理、财务负责人、董秘参加，发行人代表2人，保荐代表人2人。除专门询问保荐机构的问题外，上会问题主要由董事长回答，因为委员更希望发行人一把手回答，最了解发行人的一般莫过于董事长，发审委员想知道一把手怎么认识他们所关注的问题。为此，董事长要熟悉问题，要把项目组准备的问题变为自己的东西，不需要书面语言，弄清要点，变为自己的思路、语言，记住一些主要数据、事实或表述。注意申报文件与董事长知道的情况不一致的，必须与招股书一致，因为发行人承诺过招股书真实、准确、完整。

进入证监会现场后，注意不要喧哗、不要谈论项目相关事情，避免不认识的委员偶然听到，印象不好，见到认识的委员最多点头即可。带入会场的东西，主要就是纸和笔，保荐人可带一套申请文件，或者两套，发行人和保荐人各一套。如问具体意见（指明页码），可查阅核对，可以翻阅材料。另外，可带提前准备的重点问题（上会问题提纲）。

会场座次一般是，两头为发行人和工作处领导（主持），两侧为发审委员，更侧边为预审员和工作处人员。进场后主持人说请坐，或直接让与会者自我介绍。自我介绍时，一般站立致意，由董事长介绍并统一介绍其他人。然后看发审委的问题清单，尽可能时间短而仔细，看后马上分工。如果提前大致有所分工更好，现场再具体化。

董事长询问委员是否可以开始回答，得到认可后即可开始回答，回答先介绍问题分工，一般不念题，也不打乱顺序。针对问题，体会到的重要内容都利用回答机会解释一下，先说层次，条理清晰，提纲挈领，视情况展开。可以补充有助于理解的信息，可以丰富，但不与招股书矛盾。回答时做到相互配合，不好回答可由其他人回答，答错了要巧妙补充，比如跑题后其他人打断以接应等。如果有剩余时间，可总结公司特点和发展前景。另外，上会前一天最好安排拜访一下预审员，因为第二天委员可能关注什么他们可能比较有数，能提前与预审员交流一下，心里更有数。

（2010 年 3 月）

保荐代表人"代表"什么

关于保荐人,《中华人民共和国证券法》(以下简称《证券法》)主要有两条规定,第十一条和第四十九条。其中,第十一条有三款规定:①发行人申请公开发行股票、可转换为股票的公司债券,依法采取承销方式的,或者公开发行法律、行政法规规定实行保荐制度的其他证券的,应当聘请具有保荐资格的机构担任保荐人;②保荐人应当遵守业务规则和行业规范,诚实守信,勤勉尽责,对发行人的申请文件和信息披露资料进行审慎核查,督导发行人规范运作;③保荐人的资格及其管理办法出国务院证券监督管理机构规定。第四十九条规定有两款规定:①申请股票、可转换为股票的公司债券或者法律、行政法规规定实行保荐制度的其他证券上市交易,应当聘请具有保荐资格的机构担任保荐人;②本法第十一条第二款、第三款的规定适用于上市保荐人。

至于保荐代表人,主要规定见于《保荐办法》,2008年12月1日实施,是对2004年2月1日开始实施的《证券发行上市保荐制度暂行办法》修订后产生的。该办法属于部门规章,其中第三条规定:①证券公司从事证券发行上市保荐业务,应依照本办法规定向中国证监会申请保荐机构资格;②保荐机构履行保荐职责,应当指定依照本办法规定取得保荐代表人资格的个人具体负责保荐工作;③未经中国证监会核准,任何机构和个人不得从事保荐业务。

目前的保荐制度的主要规范依据即此——《证券法》授权证监会规定保荐人资格,证监会规定了保荐人(改名"保荐机构")外加保荐代表人资格。这种做法是否合适，值得讨论。本文不拟讨论这个问题，本文想讨论的是在这种模式下，保荐代表人究竟扮演什么角色，保荐代表人代表什么。

按照《保荐办法》的要求，"保荐机构履行保荐职责，应当指定依照本办法规定取得保荐代表人资格的个人具体负责保荐工作""出具由法定代表人签字的专项授权书"。可以看出，按法律（《证券法》）规定，保荐职责属于保荐机构，保荐既是职务所系，也是责任所在。保荐机构指定或授权保荐代表人是为履行保荐职责的需要，二者之间的关系是通过"专项授权书"确定的，保荐代表人的工作内容是"具体负责保荐工作"。这里可能发生的疑问是：

（1）保荐机构和保荐代表人之间关系的法律性质。一般的"专项授权书"很简单，仅载明"根据《保荐办法》规定，公司授权××为××项目的保荐代表人"。由于法定代表人是公司的机关，法定代表人的行为即公司的行为，也就是说，对保荐代表人的授权系公司（保荐机构所为）。那么，保荐机构授予保荐代表人的究竟是什么权力，或者保荐代表人究竟获得的是什么权力呢？如果把授权（或指定）视为单方行为，这里的权力应是代理权。不过，代理权的行使是以被代理人名义进行意思表示，其法律效果则直接归于被代理人。实际情况是，保荐代表人是以自己的名义活动，而且按证监会要求独立承担自己的责任，或者说与保荐机构（被代理人）共同承担法律责任。

（2）保荐代表人能否拒绝行使所获授权。如果认为保荐代表人获得的是代理权，那么作为代理人无须有是否接受授权的意思表示，因代理权授予行为系单方行为，不是委托合同，已如上述，即毫无代理人表示意思的余地和必要，同时，代理人获得的是一种权力，而不是义务。这与实际情况不同，因为保荐代表人一旦获得授权，实际上就有义务开展相关工作并承担责任。就代理权来说，其获得的权力是不完整的（或部分的、或并行的、或限定的、或非互斥的），因为保荐机构仍有保荐权力，其义务则是额外的、附加的、无以排除、无法拒绝，其保荐行为的法律效果并不全部归保荐机构，而是同时归自己。似乎保荐代表人既代表公司（公司承担责任），也代表自己（自己承担责任），或者既无法代表公司（公司自己签章和自负其责），也无法代表自己（授权无法拒绝）。

（2009年2月）

项目负责人负责什么

按照券商投行业务线通常的做法，每个项目都配备项目组，人员和角色相对固定。项目组设协调人，由公司主管领导或投行业务线领导担任；设负责人，全面而具体负责项目运作；设主办人（或协办人），一般是为了保荐签字的需要，徒具其名，不做实事——如果负责人兼任主办人，那么主办人（或协办人）实际上就是负责人。除负责人外，另有若干成员。

严格来说，协调人不是项目组成员，并非项目组所必设。在不设协调人的情况下，投行线或券商高层对于重要项目也会起到协调作用。在项目组中，协调人的存在或为控制项目的财务最终审批，或为在个别和重要的情况下出面协调客户关系或项目推进。所以，无论项目协调人设置与否，项目组是负责人主导的，项目的核心人物是项目负责人，即由负责人带领一个或大或小的团队，把项目从头做到尾。负责人是项目的中枢和灵魂。中枢者，项目运营之中枢也；灵魂者，项目组织之灵魂也。

负责人不仅全面负责项目承做，甚至在项目承揽阶段也会发挥作用甚至是关键作用。如果人手允许且资质适当，在承揽阶段发挥重要作用的人员一般被指定为项目负责人。另外，项目负责人还负责项目财务的初次审批——考虑到作为公司领导或业务线领导的协调人审批范围很广，在项目财务审批方面项目负责人主要起到原则把关和监督的作用，比较来说，项目负责人的财务审批（包括差旅等项目费用控制）更具实质意义。可见，负责人掌管项目全面的事权（事务运作）、主要的人权（人员调度）和重要的财权（财务初审）。

那么，在项目现场以及项目开展的整个过程中，项目负责人的责任究竟是什么？或者说，负责人在做项目时应该重点关注什么？

有经验的同事告诉说：负责人前期任务主要是判断，准确判断项目是否可行、有无价值、风险所在、难度多大，及早发现影响项目判断的主要问题；后期任务主要是组织，即组织项目人员的各项具体工作，适时推进项目。当然，即使后期也应一直关注项目的重大问题，问题重大与否，主要看对项目成功的影响程度。

这种说法至少在技术层面上是没错的。不过，这恐怕至多是作为投行专业人员的基本要求，如果从"投资银行家"（不仅是技术专家，更重要的是把握市场、运作市场、利用市场的行家）的角度来看，上面说的要求又显然不够。投行家不是不关注业务和技术，但是具体的业务问题或技术问题已经不是或不应是其关注的重点。因为，对于一个真正的投行家来说，业务技术已经非常娴熟、非常精到，融会贯通，游刃有余，他更关注市场、关注客户、关注宏观、关注深层，他必须能把握业务、把握投行、把握市场及其相关的整个经济事业；他能把应该看到的东西看清、看准、看透，把应该做到的事情做成、做好、做活；他以投行为事业，以事业为生活，以生活为艺术。

（2009 年 3 月）

对于保荐代表人管理的若干意见

保荐代表人,俗称"保代",是投行从业人员中的一部分。2004年我国开始实行"保荐制",相应出现了保荐代表人,其初衷主要是让保荐责任落实到个人。最近由于IPO企业增多而保代数量有限,保代开始异化为新的"通道"。在保代个人待遇享受阶段性的"制度红利"的同时,其制度效用也受到了某些质疑。此处结合个人观察略予分析,供相关方面参考。

真正的保荐制必须与事实上的注册制相结合

目前保荐机构的职责是,尽职核查发行人的实际情况和申报质量,负责推荐发行人的证券发行上市。但保荐机构并不能决定证券的发行上市,能否发行须由发审委做出判断,最终由证监会决定。所以,现行的保荐制度是证券发行核准制的一个前置环节。在这种情况下,要求保荐机构承担过高的责任不现实,也不公平。所谓在其位,谋其政;主其事,负其责。目前发行入口真正的把关者是发审委和证监会,发行人出了问题,最终说了算的人却没有责任。一个能够真正负责和应当负责的保荐制,必须是与事实上的注册制结合,也就是要把有关发行人价值判断、信息披露的责任主要交给保荐机构(监管机构主要审查保荐行为是否符合执业规范)。

防止保荐制异化为新的通道制

尽管2012年以来,保荐代表人考试开始"放水",加之创业板开通,注册速度也在加快,但整体来看,登记注册的保荐代表人数量偏少。除了首批600人左右为追认式地"自动注册",以后的考试通过且注册的比例偏低(如果考虑分数线、通过率,也可以说忽高忽低)。近几年,由于在保荐代表人数量上人为制造的稀缺,保荐机构为了登记注册和发展业务的需要,事实上把保荐代表人当做纯粹的通道来用,保荐制度在一定程度上已经畸变为新的通道制,甚至比通道制更加不济,更无可能把住证券发行上市的入口关。所以,要在"保质"的前提下,合理地"保量",随着保荐代表人人数的增加,这种畸变现象应该可以改变。

不要让保荐代表人代替保荐人

《证券法》第十一条规定:"发行人申请公开发行股票、可转换为股票的公司债券,依法采取承销方式的,或者公开发行法律、行政法规规定实行保荐制度的其他证券的,应当聘请具有保荐资格的机构担任保荐人。"对照来看,以上《证券法》规定保荐人似应为机构,而不是个人,实际上也只有机构才可能真正承担得起有关保荐赔偿等法律责任,但按照《保荐办法》的规定,只有具备足够数量的保荐代表人才能成为保荐机构,只有通过证监会认可的考试才能申请成为保荐代表人,而不是具有证券从业资格即可,加之证监会对于所谓业务经历和保荐家数等的严格限制,保荐代表人已然成为券商登记为保荐机构和开展保荐承销业务的决定性条件,也是券商履行保荐职责的全权代表人,实质上在某种程度上取代了保荐制度中保荐机构的位置。

所以,要强化《保荐办法》中关于"保荐业务负责人""保荐业务内核负责人""保荐业务部门负责人"等的规定,明确这类人与保荐代表人之间的关系,以及这些人与保荐机构之间的关系。如果这些人亦承担保荐责任,那么也应纳入保荐代表人资格考试,如果不承担相关责任,那就没必要在保荐书上签字——只要公司代表(法定代表人)和保荐代表人签字足矣!(一个代表公司,一个是所谓的指定专人,其他××负责人、××内核人按公司内部分工承担相应责任则是公司行为的题中之意)。实际上,严格来说,既然公司已经盖章,而保荐代表人已获授权,法定代表人也没有必要签字,搞这些形式主义的东西没有什么实际意义。

保荐代表人考试和注册要严肃、公开

2004年以来，保荐代表人考试的分数线、录取比例、考试费用、考试科目以及考完试后的成绩有效期、注册条件中投行业务经历的解释等，变来变去，反复无常，让人深感严肃性、公平性、公开性不足。例如：

（1）合格线。2004年第一次和第二次考试，每次考试前均公开通知成绩合格线为每科60分，考试后公然变为每门45分；2005年第三次和2006年第四次考试，考试合格线再变为每科60分，后来又变为50分，将来不知还要变成多少。

（2）有效期。2004年考试时通知，成绩有效期1年，2005～2006年考试时通知，成绩有效期变为3年，后来又说长期有效，前提是参加培训云云。

（3）考试费。2004年考试费200元（共两门科目），2005年变为800元，临考前突然变为460元（国家司法考试和注册会计师考试费用共计200元左右，考试科目均为五门），虽然费用有人提意见，目前还是460元，不少人认为偏贵。

（4）业务经历。2004年1月2日，业务经历是指"具备3年以上投资银行业务经历，且最近1年内至少担任过一个境内外已完成首次公开发行股票项目的项目主办人"。同年12月31日，业务经历变为"具备3年以上投资银行业务经历，且最近1年内至少担任过一个境内外已完成证券发行项目的项目主办人"。后来，项目主办人改叫协办人。

顺便说一下，一个项目只许有一个协办人，与实际工作情况可能不符——实际工作中，往往是有个项目负责人，这个负责人才是全面了解项目的。当然，保荐代表人可以是负责人，问题是，规定要求两名保代签一个项目，两个人总得有个负责的，从组织和管理效率需要来讲，一个人负责更合适，不能两个人都负责。

所以，按照现行规定，保代似乎原本就不是负责人，如果保代不是项目负责人，那么这个保荐责任承担起来又有什么依据，难道保荐责任要落在保代之外的人头上？另外，协办人又是什么呢？实际上很多只是为通过考试的人挂名签字而已。实际工作中，项目需要团队来做，除项目负责人外，往往会有些起核心或重要作用的成员。不过，核心成员除负责人外，可能不止一个，这样协办人似乎又不一定是核心成员。

（5）注册条件。首批注册条件非常宽松，可以注册的包括三类人：3年投资银行经历且最近2年（自2002年年初～2004年首批申请前）担任过融资项目负责人（每个项目负责人限一人）；5 年投资银行经历且过去参与过两个融资项目（每个项目参与人限一人）；3 年投资银行经历且担任投资银行业务相关负责人（包括高级管理人员、部门负责人、内核负责人、其他各种名目的负责人，此类人员数量不超过原推荐通道数量的两倍即可，例如，在原通道制之下，如有 8 条通道则可推荐 16 名。试想，哪家券商投资银行业务负责人的数量是按照其推荐通道数量的两倍设置的？有些券商为了报名最大化，把符合该通知前两条的人数确定后，将其他经过利益平衡的员工一概冠以某某负责人的名目而予以推荐报名）。这次注册人数约 600 人，相当部分都是第三类推荐人员。

在此之后，注册条件改为较为苛刻的业务经历要求和考试成绩要求，当然这些要求本身又在不停变化。所以，单就其注册条件来看，过去几年内相关规定过于随意，甚至在不长的时间内对不同的人公然设置完全不同的注册标准和条件，或者对相关条件做出相差悬殊的解释，事实上已对不同的申请人造成歧视和不公，损害规则的严肃性和平等性。

保荐代表人培训时间可以更加充裕，但不能仅"以吏为师"

按照要求，保荐代表人（含通过考试的"准保荐代表人"）必须每年参加中国证券业协会或者中国证监会认可的其他机构组织的保荐代表人业务培训。参加学习和培训固属必要，不过从近年组织的培训来看，培训时间不够充裕，建议可以增加一些，但不必是证监会指定的（似有违《行政许可法》第二十七条规定："行政机关实施行政许可，不得向申请人提出购买指定商品、接受有偿服务等不正当要求。"），也不一定每次都是证监会官员作为培训老师。监管部门在审核方面有经验，可以传授，但业务知识、理论见解等的交流学习，不一定限于这种形式，很多问题平等地讨论一下、在更大范围考量一下，也许对促进整个保荐代表人队伍的学习建设、对于保荐制的改进完善更有帮助。

保荐代表人尽职调查日志和工作底稿要符合实际

目前关于保荐代表人尽调日志、工作底稿等的规定，尽管体现了监管层的一片苦心，但说句实话，这些东西严格来说很难落实，或根本无法落实，这种形式主义、教条主义的后果，不是提高保荐质量，而只会增加保荐机构的无效劳动，只会"逼良为娼"（逼着保荐机构造假）。个人认为，尽调日志、工作底稿等，是保荐工作的基础或依据，这些东西应该有，但一定不是格式化的、形式化的。

工作底稿应以两大内容为主：一是原始资料，即以客观性、规范性资料为主；二是工作过程的客观记录，如访谈记录、会议记录等。除此之外，不宜过多涉及主观内容。现行的工作底稿指引，把大量本应为募资文件内容的"说明""分析"和"意见"等纳入底稿范围，非常不妥。工作底稿是保荐过程本身的反映或记录，而不是对《招股说明书》等募资文件的拆解、拆分、拆细，也不是对募资文件的替代。《指引》规定的尽调文件大致上是对《招股说明书》的分解，这种体系和结构很不合理，是闭门造车的结果，工作底稿应当注重对客观资料的归集。

事实上，如果非要出指引文件，就应该把它当做"指引"或"参考"，要强调保荐机构自己根据实际情况、注重实质来制作工作底稿，因为花里胡哨的形式不管搞多少，并不能代表项目质量，也不能改善保荐工作。

保荐代表人责任应该加重，应该大力提高淘汰和惩戒力度

《保荐办法》修订前，对于保荐代表人的各种复杂、琐细、不痛不痒的罚则规定，让人觉得莫名其妙。修订之后，比原先简化了一些，明确了一些，至少涉及处罚的情况或"冷淡处理"的月份计算没有原先那么复杂，但整体来看，责任仍然偏轻。个人意见认为，保荐制落实，首先要责任落实，责任落实最直接的体现就是处罚或加大处罚。所谓繁而曲则难守，简而直则易达，赏必从宽，罚必从严。所以，建议适当减少、删除那些不痛不痒、莫名其妙的所谓监管措施，比如谈话、关注、学习、警示、说明、认定为不适当人选以及大量的"××月不受理"（冷淡处理）等，简化处罚措施——限制资格（以此取代消极而拗口"冷淡处理"）、取消资格、罚款等几种明确有力的措施即可。至于警告，可以单独作为最低限处罚（警告当然应当公开披露），也可考虑作为限制资格的附加处罚。（按：行政处罚法也仅规定了警告、罚款、没收、停产停业、暂扣或者吊销证照、行政拘留等几种形式。）与此同时，要认真研究处罚的具体情形，要留一些实质判断的余地，但这个余地要尽量小，违法情形如无法尽举，则要依赖于一个透明、高效的处罚机制以及素质良好的审理人员。

（写于 2007 年 12 月，2013 年 7 月修改）

我们需要什么样的发行制度

我们现在实行的是"保荐+审核（核准）"的发行制度，就实际执行情况看，审核环节是关键，保荐只是个"替责"装置，因为只有审核才决定能否获准发行，保荐只是个前置条件而已，出了问题，有决定权的行政机关没有责任，但可以打保荐机构的板子。那么，所谓"核准"制度与"审批"制度有什么根本区别吗？取消或变革"核准"制度就能解决目前发行制度面临的现实问题吗？

所谓审批，就是可以批可以不批，任由行政机关自由掌握；而所谓核准，是指对照某些条件来决定批或不批。形式上，核准多了些条件，但鉴于这些条件本身多由行政机关自己规定和掌握，如果规定本身不明不白，内容又可以随意调整，解释上基本不受约束，而且是否按照条件进行对照、如何对照所谓的核准条件，完全也是行政机关内部的事，行政相对人以及相关服务机构——包括承担保荐责任的投资银行——无由置喙，主要都是行政机关说了算，这不是审批是什么？

所以，叫什么并不重要，重要的不是"主义"，而是"问题"。即便我们宣称实行"披露制""注册制"等，如果具体而微的操作规则和行为方式没有变化，那也不能真正解决问题。实际上，目前我们在发行制度上面临的问题，主要是规则性积累和操作性经验不足（而不是整体制度名称或性质问题），其背后则是时间性的局限和观念性的障碍。就规则积累、操作经验而言，在尽职调查、信息披露、核准细则、承销规范、上市条件、追责机制等方面都有非常大的制度构建、优化空间，也需要大量的实践予以佐证、支持。这方面的不足主要是"时间性局限"

造成的，也就是说，这是我国资本市场所处的成长过程决定的，而未来的发展主要靠观念性力量去驱动，如"市场化""公平性"、轻"管"而重"理"等基本观念。

我们看到，舆论观点经常是矛盾的，他们要求监管部门必须把关，他们又抱怨监管部门管得太多。问题是，难道有证监会或保荐机构"把关"的企业都是好企业吗？投资者真的需要证监会或保荐机构为发行人背书吗？非也！没有任何一个个人能比市场更加聪明，也没有任何监管机构能够比投资者自己更关注投资者利益。但是，监管部门的确有制定规则、细化规则、公开规则、解释规则、执行规则的任务，保荐机构确实有合理调查、审慎判断的责任。如果我们认可这一点，那么，促使各方"归位尽责"大约就是发审制度改革的核心，我们努力的方向就是要避免市场各方角色的错位和责任的失衡。

最近在创业板发审制度改革的讨论中，有许多似是而非的意见。比如有人提出，在发审委中增加行业专家非常好，理由是行业专家更有能力识别发行人是否属于"自主创新"企业、更能判断企业的行业问题和技术问题。这种观点完全与过去那种以为找些法律专家、财务专家进发审委，就能对发行人法律和财务问题把关的思维如出一辙。道理很简单，既然几个法律专家、财务专家把关，仍然无法保证企业在规范性和盈利前景方面不出问题，同样，不管发审委增加多少行业专家，他们也无法对天底下所有发行人的行业和技术问题做出权威结论。我们看到，卖方有发行人自身及其保荐机构，买方有机构投资者和大量中小投资者，至少，机构投资者本身的研究人员不比发审委的所谓专家学者外行，更不比证监会的那些内部审核人员外行，发行人好坏以及风险大小涉及的是投资者切身利益，没有任何人能够代替、代理、代表投资者自己的判断和偏好。

当然，问题本不在于在资本市场的准入上做到绝对正确，不在于准入筛选上能够长前后眼，而在于按照市场标准讲实话，监管者持正守中，发行者自主，保荐者自觉，投资者自愿，风险自担，最后发现欺诈和不尽职时，责任自负。无论买方、卖方、中介和监管机构都应"责任自负、风险自担"（各自承担自己的行为后果或履职风险）。任何市场的核心都在于形成一个优胜劣汰的机制，它无法保证每个市场的进入者都冰清玉洁、完美无瑕，它能够做到的是让企业在公平的规则中竞争、代谢、正常进出。

所以，一个比较理想的制度模型应该是卖方根据实际情况予以推销（保荐），买方则根据自己的标准独立判断，监管机构的作用主要是维护规则和秩序——应该诚实地披露发行人证券的投资价值和风险,对于欺诈行为予以严格惩处。多少年来,舆论上似乎都在呼吁市场化改革(有人总结为6个市场化——审核市场化、保荐市场化、发行定价市场化、发行数量市场化、发行时机市场化、发行对象市场化),审批制度似乎千夫所指,但资本市场是以无形的"信息"活动为中心,它的规范发展很大程度上依赖于一整套不断完善的规则体系,而很难通过简单的放任自流而了事。大部分人自认为的所谓好的东西、应该的东西,也就是拿来说说而已,离付诸实际距离尚远,离见诸实效距离更远。

(2009年4月)

注册制改革意味着什么

A股市场成立以来，新股发行经历了八次行政性暂停。每次暂停短则几个月，长则一年以上，走走停停，停停走走，成为我国股市见怪不怪的一大"特色"。不是没人愿意发股票，众多等待发行的企业俨然形成了蔚为大观的"堰塞湖"；也不是没人愿意买股票，我国社会资金数量庞大而居民财产性收入不足，不少投资者缺乏足够的投资渠道和品种，但是股票作为一种很寻常的金融产品有时却不能发、不让发。

换句话说，暂停发行并非理有可据（法律没有规定什么情况下暂停新股发行），而是情不能堪，监管部门迫于种种客观情形或主观考量，对于发行股票的申请不受理、不审核、不批准。暂停发行的结果是股市投融资功能紊乱，社会上意见纷纭，发行人徒唤奈何，管理层也承受了不少压力。从过去的情况看，多次暂停和修修补补，并没能让市场真正走出为人诟病的"政策市"怪圈，也没能真正根除新股发行中"三高""炒新"以及中小投资者"受伤的总是你"等顽疾。

最近，在历经史上最长的新股发行暂停后，管理层第八次重启IPO，发布了《关于进一步推进新股发行体制改革的意见》等相关文件。这一次改革的最大亮点恐怕就是"市场化"，因为监管者在现行保荐加核准的制度条件下，郑重其事地推出了十八届三中全会提出的"注册制"改革举措，而所谓"注册制"，核心就是"市场化"。"注册制"改革意味着"市场化"改革，反过来说，就是要在相当程度上纠"行政化"或"政策化"之偏,就是摆正市场和政府的关系,就是"归位尽责"——属于市场的,归还给市场,由市场说了算,而政府该管的,一定要负责任地管起来。

例如,在合法合规的情况下,是否发行股票、何时发行股票、发行多少股票、发行新股还是老股、发行价格的确定、发行对象的选择、发行数额的分配、募集资金的用途、企业盈利能力、股票投资价值等,都是市场决定,即发行人(往往协商其保荐机构和主承销商)或投资者决定,监管部门不再进行干预或"指导",理论上监管者应当谨守自己的审核范围(合法合规性审核)和审核期限(自受理之日起3个月)。这次新股发行改革,对于审核环节实质判断(发行人持续盈利能力)的放松、对于发行环节发行价格(窗口指导)和发行节奏(批文时间)管制的放弃,显然是最大的进步。

具体来说,"市场化"对于市场主体一方面意味着自由和自律,另一方面意味着风险和责任。

在审核环节,招股文件受理之后即预先披露,任由媒体和社会监督,监管部门不再劳神费力地去管文件制作质量,不再帮忙找错和要求修改,不再等到几番修改润色、在完成反馈回复后或召开发审会前再行披露,看起来自由不少,但如果文件内容出现问题(信息自相矛盾、前后表述有实质差异、涉嫌虚假记载、误导性陈述或重大遗漏等),包括发审会前抽查底稿中发现问题,或者未能明示重大风险因素(如上市当年利润大幅下滑或出现亏损)等,那么在新的审核与稽查联动机制下,发行人、相关中介机构及相关责任人即会受到严厉追究,轻则暂停或取消相关资格,重则承担已发行或已转让股份回购、民事赔偿乃至刑事责任。

在批准环节,发行批文在特定审限届至后即发放,领取批文后即可自主发行,监管部门不再左推右阻、瞻前顾后地迟迟不予审核或不予批准,或者刻意、曲意地管控发行价格、发行节奏、发行价格等看起来可以自主掌握,甚至在发行新股时完成老股套现也悉听尊便,但是发行价格却与锁定期和减持价格挂钩,上市6个月内股价走低达到一定标准,则控股股东和高管股票锁定期自动延长,而且在锁定期满后两年内不得在发行价以下减持股票,另需准备上市后3年内股价破净时的稳定股价预案。

在发行环节,主承销商具有自主配售权利,似乎自由操作空间很大,但是这种权利也受到禁止关联方配售、高价排除、报价家数、网上网下配售比例和回拨机制、优先配售对象等的限制，即不得向发行人和承销商及关联方配售股票，预先排除至少 10% 的高价申购，网下有效报价投资者应为 10～20 家（大盘或特大盘可增加至 40 或 60 家），网下配售比例不低于 40%～60%（在网上认购比例达到 50～100 倍以上时，可以从网下向网上回拨 20%～40%，即网上最高配售比例可达 70%～80%），网下至少 40% 优先配售给公募基金和社保基金，配售条件和结果公开披露，自主配售中的价格操纵、暗箱操作和利益输送等违规行为将会受到严处，等等。

类似这样的安排，是"市场化"导向的治本要求，一定程度上也是出于现实的治标需要，其着力点一是审核环节，二是发行环节。审核的着力点在信息披露，要求做到真实、准确、完整、及时。最重要的则是财务报告或经营业绩的真实性问题，发行的着力点在发行定价，要求去"三高"（高发行价、高市盈率、高募集资金）和防"炒新"。

本次改革为此还采用了其他一些配套性或技术性措施，如推出优先股，允许在审企业发行公司债或以股债结合方式融资，准予存量发行以增加股票供给，借壳上市条件与 IPO 标准等同，不允许创业板借壳，网上申购与二级市场持股挂钩以平衡价格中枢，改变新股上市首日开盘价格形成机制、新股上市初期交易机制和上市首日停牌机制，进一步细化分红条件和强化股东回报等，这对于疏导现实问题、顺应前述改革方向也会产生积极、辅助的作用。

经由标本兼治、主辅结合的"市场化"改革，有望最终解放市场的手脚，增强市场主体的自主能力和责任意识，同时也可以卸下政府身上不能承受之重，转而担当起监管执法的责任（从过去经验来看，监管部门至少有两点责任不能偏废，必须加强。一是立规，以保护投资者利益为中心；二是追责，以打击违规行为，整饬市场秩序为要务），所以"市场化"也就是"法治化"，这是一个问题的两个方面。

总之，"市场化"改革共识告诉我们，股票市场是整个市场体系的组成部分，同时又是一个很特殊的组成部分。说是市场，因为股票市场最终也要讲究交换关系和供求规律，所以要尊重市场原则；说它特殊，因为这里的交易对象极其广泛，交易过程高度集中，交易标的似乎"无影无踪"，能够体现出来的无非是登记在电子系统的一些"数字"而已——这个市场交换的不是普通的商品或服务，而是面向不特定多数人的一种信息组合或合同安排，以及由此形成的价值判断和投资预期，所以不能听之任之，造成垃圾遍地、诚信缺失、欺诈盛行与过分投机。这个市场既要建立基础市场制度，又要强化特殊监管措施。

同时，我们也认识到，"市场化"改革是渐进的，目前发审会未变，核准制还在，在审核环节，监管者对于是否"合法合规"的审核毕竟不同于形式判断——现有法规本身即含有自由裁量与实质判断的余地；在发行环节，现有措施能否彻底根治 A 股市场的痼疾沉疴也不无疑问，而除新股发行外，在上市公司再融资、并购重组以及其他证券期货活动领域还有不少权力赘生或制度错配问题；从外部来看，股票市场发展难免受到现行经济、社会、司法等环境条件制约。

改革是个进行时，关键在于正本清源，在这个意义上，新股发行制度叫注册制也好，叫其他什么制也罢，只要我们死死揪住"市场化"这个改革的"牛鼻子"，有决心认认真真积累经验，有勇气实实在在解决问题，那么股票市场就有可能在理顺市场运行机制的基础上，走出多年来"政策市"怪圈，回归其作为市场应有的本来面目。

（2013 年 12 月）

壳价几何

目前市场低迷，买壳上市的事情似乎多了起来。由于新的证券法以及相关重组法规允许了股份支付形式，所以操作起来更加方便，也就是找一个壳公司，发行股份购买重组方的资产，实现后者借壳上市，这种方式目前占据主流。

实践中，重组方客户常常关心一个问题：买一个壳得多少钱？接下来的一个问题：多少钱买一个壳是值得的？

所谓"壳"，也就是上市公司的控制权，一般以30%左右为基本标准。（这可能是一个经验数据，其后亦有制度因素强化——上市公司收购的标准线定为30%。）按照最简单的模型，假定上市公司为净壳[⊖]，即没有任何资产、负债和权益，而30%控股权对应股份的市值为1亿元，又假定重组方以市值取得该控制权股份，则壳价就是1亿元。理论上，没有权益（或权益为负）则市值为零，所以1亿元的价格不是资产或公司的价值，而是纯粹的壳价。

实际情况比上述模型复杂，不过，大致来说，壳价的计算主要取决于如下几个因素。

（1）卖壳方（出售控制权一方）的所得：实际取得多少对价（资产、现金、股权等）。

⊖ 净壳一般分两种：完全净壳，即无资产无负债；干净净壳，即资产负债都非常清晰，特别是负债非常清晰，没有不明的或有负债或复杂的历史问题，如何处置可以明确协商。这里净壳指完全净壳。

（2）卖壳方的所失（放弃的价值）：实际放弃多少对价（资产、股权等，一般不会放弃现金。这其中包括卖壳方对控制权的出让）。

（3）卖壳方所得或所失对价的价值（尤其是其原有股权、所承接的原上市公司资产、由于重组导致的其原有股权的增值等）。

（4）买壳方（取得控制权一方）的所得：实际取得多少对价（多指受让原上市公司股权，或综合考虑其以资产认购的股份，等等）。

（5）买壳方的所失（放弃的价值）：实际放弃多少对价（主要指现金或综合考虑上市公司发行股份认购的资产部分等）。

（6）买壳方所得或所失对价的价值：尤其是其注入资产的价值。

从最近几家壳公司的意愿来看，壳价大致在几千万元到两三亿元之间，壳价的形式主要是现金，或者"现金+股权"。

案例1：大股东承接全部资产、负债，甚至还留下几百万元现金（对应相应权益），但保留原有股权。壳价即该部分股权，其价值取决于注入资产后且原股权可以流通时的公司股票价值。

案例2：大股东承诺接受原有资产，重组方承诺注入其他资产，转让原有股权时重组方支付了上千万元对价，重组尚未完成，在此中间阶段，壳价支付千万元以上。（不过，原有资产并未退出，并非净壳。）

案例3：目前也处于中间阶段。重组方已向上市公司贷出1亿元，用以偿还重整债务，另拍卖原大股东部分股权，支付2 000万元左右，取得的是约30%股权。原有资产还在，壳价在于所入与所出的价差。（关键看现有公司资产如何，以及原大股东及地方政府的有关土地等利益承诺兑现程度。）

案例4：只要3亿元现金，原资产负债等全部拿走，原股权也不要。

案例5：大股东可以承接全部资产负债，但原资产中约一半为无形资产和商誉，基本没有价值；负债中母公司部分，除了欠四五家银行的债务外，大都是欠大股东自己的。大股东的"底线"是最终留下2.5亿元左右的现金或"现金+股权"。

（2008年12月）

再析壳价

在关于壳价问题的讨论中,一种意见认为,壳是有价格的,或者说壳的价格是可以确定的;另一种意见认为,壳没有价格,或者说壳的价格不易确定。究竟怎么看这个问题?我觉得,壳理论上无价值,实际上有价格;壳的价格不能笼统确定,但可以具体确定——在不同买壳方式和不同的案例中,壳的价格是可以计算出来的。

所谓壳,就是上市资格。对于买方来说,掌握一个上市公司的控制权,就是买了一个壳。典型的情况是,一个上市公司没有任何资产,也没有任何负债,股东权益为零,这就是一个纯粹的壳。

照理来说,公司或股权的价值,主要取决于其盈利能力,或未来回报股东的能力。一个上市公司如果没有资产,也就没有任何价值了。可实际上,购买一个上市公司(取得其控制权),至少意味着获得一个重要的融资渠道。除此之外,买壳还省却了IPO的程序和成本(尽管买壳本身有成本),且很多买壳方在买壳的过程中同时实现了自己非上市资产的证券化,获得了一块较大的估值溢价(主要因为流动性或综合的证券化效应)。所以,壳在实践中是有价值的,至少国内资本市场一直如此。

那么,壳价怎么计算呢?我们可以假定以下几种情况。

(1)购买净壳。又分绝对净壳和相对净壳两种情况。绝对净壳(完全净壳)就是无资产无负债。壳价就是其控制权的对价。假定股本1亿元,控股股东持股

3 000 万元，股价 2 元（之所以股价不是零，因为有重组预期），买方花 3 000 万元受让全部控股股东股份 3 000 万股，即每股 1 元，比市价折价 50%。这种情况下，壳价就是 3 000 万元（包含 30% 股份作为控制权本身的溢价因素）。如果是相对净壳（干净净壳），权益不是零，而是负数（包括若干情况，比如作为目标公司的上市公司有资产也有负债，负债大于资产；或者上市公司尚有部分或有负债、或有若干银行债务、职工债务、税收债务等应予清偿；或者原控股股东等购回上市公司原有资产的同时，没有相应转移债务，或者原有资产置出上市公司之前，计提了较大金额减值准备，原控股股东以较低价格购回上市公司原有资产，原有资产减值的损失由上市公司承担；或者上市公司累计了大额负的未分配利润；等等），假定这些负债、或有负债是非常清楚的，买卖方承诺予以偿还或提供担保，又假定承担上述责任的代价为 1 000 万元，其他条件不变，那么，这种情况下，壳的价格就是 4 000 万元。

（2）购买净壳+注入资产。没有资产的公司是无法存在的，所以上述净壳情形仅限于假设。实践中，买壳的时候，要么形成上市公司收购，即保留或部分保留上市公司原有资产，继续原有业务，要么对上市公司注入资产，开展新的业务或重组原有业务。假如新注入资产（当然主要是买壳方的资产）采用以资产认购上市公司新增股份的方式，新注入资产公允价值为 2 000 万元（假如评估值为 2 500 万元，考虑到非上市资产的流动性折扣因素，公允价值减值按 8 折即 2 000 万元确定），又假如新增股份价值为每股 1 元（当前股价或阶段均价为 2 元，协商确定增发价格或公允价格为 1 元），其他条件不变，交易后买壳方持股 5 000 万股（3 000+2 000），总股本为 1.2 亿元，买壳后控股比例为 41.67%。

如果如上所述，新增股价定价和新注入资产定价都是公允的，那么上述交易中买壳方不曾为买壳支付额外对价。假如不公允（买壳和卖壳方往往自认为如此），则不公允的部分（比如增发股价过高或过低，或者资产定价过高或过低）即为买壳方额外支付的买壳对价或节省的买壳对价，假定为正/负 1 000 万元，其他条件不变，则壳价为 3 000 万元（4 000-1 000）或 5 000 万元（4 000+1 000）。

除了上述典型模式外，实践中还需考虑买壳方支付其他额外对价或潜在对价，比如交易费用，以及得到的额外利益或潜在利益，如税收、土地、技术、市场、协同效应等。从客户角度，可能还会考虑借壳成本与 IPO 成本的差别。

（2009 年 3 月）

借壳与 IPO 谁合算

借壳与 IPO 谁合算？在这个问题上，一般来说压倒性的意见似乎是二者没有可比性，或者说，显然 IPO 合算，之所以选择借壳，是因为无法 IPO，不够 IPO 条件。

之前在操作重组项目中，曾有人提出过这个问题，我在前文中也算过一笔账，结论是显然 IPO 合算。但基于 IPO 时间成本更高、不确定性更大，且借壳存在潜在收益，主要是税收优惠，地方政府基于拯救本地壳公司而做出的土地注入或变性承诺，行业并购的战略意义等，因此借壳仍然具有吸引力。

最近与某资深投行人士谈及借壳问题，他提出，为什么 IPO 比借壳强？实际上借壳更合算。他的逻辑是：比较二者谁更合算，关键看大股东日后的持股市值谁更大。假定利润一定，市盈率一定，则市值一定，与盘子大小无关。在借壳情况下，大股东可以持股 90%（假定总股本超 4 亿元，社会股份占 10% 即可）——比如不管原先股本多少以及是否回购，新增股本 90% 为重组方所有，原先资产负债不留，则等于重组方以牺牲 10% 份额（给原有股东）为代价，换来所持 90% 的市值。在 IPO 情况下，大股东持股 75%，即以牺牲 25% 份额为代价，换来持股 75%。这里说的似乎是借壳可以把盘子做得更大，因而可以利用公众持股比例要求方面的差异，以对自己更有利。（问题是，社会公众持股同等情况下不易比较。）

举例来说，重组方资产净利 10 亿元，按 20 倍市盈率，则市值 200 亿元。假定社会公众股（原有股东）重组后持股 10%，则等于把 200 亿元市值中的 10% 给了他们，这就是重组方付出的代价，重组方得到的是剩余 180 亿元的市值。

如果 IPO，则上例中的社会公众股股东持股 25%，等于把 200 亿元市值中的 50 亿元给了社会公众（大股东以外的别人），自己剩下 150 亿元，与重组相比少了 30 亿元。当然，IPO 会导致现金进入上市公司，但一来这个现金是上市公司的，最终所有人是全体股东，而不是大股东自己，相比较而言，持股对应的市值则完全是股东自己的，是真正属于自己的财产；二来即便说现金在上市公司，实际控制人为大股东，所以可以理解为现金亦为大股东持有。但 IPO 现金融资一般也就几个亿，远远少于由于融资方式不同导致的上述 30 亿元差额。

假定原有股本 1 亿元，增发 9 亿元注入重组方上述价值 200 亿元资产，则借壳后，总股本 10 亿，每股收益 1 元，股价 20 元，大股东市值 180 亿元。在条件相同情况下，假定大股东资产 IPO 前折股为 7.5 亿股，发行 2.5 亿股，摊薄后每股收益 1 元，则股价 20 元，大股东市值 150 亿元。上市公司现金融资为 2.5 亿 × 1（摊薄每股收益）× 15（假定发行市盈率 15 倍，低于二级市场市盈率 20 倍）＝ 37.5 亿元。如果发行市盈率为 20 倍，则融资规模为 50 亿元。这个数恰巧就是大股东付出的市值代价，这实际上就是等价交换。

这么算来，IPO 大股东有 150 亿元市值，公司获现金 50 亿元，注入上市公司后与大股东置入的原有资产一起运作；借壳大股东有 180 亿元市值（按 75% 比例也仅有 150 亿元），公司没有获得任何东西，还是大股东原来的资产而已。所以，还是 IPO 合算。问题出在哪里？大约因为立论的基础不同，结论的可比性受了影响。

（2009 年 5 月）

怎样理解公司债

债在法律上就是人与人之间的一种关系，或者一种权利和义务。有人说，债的本质是请求权，就是一方具有请求另一方做出某种行为的权利，对于相对方来说即为相应义务。我们是做实际业务的，关注的主要是两个方面：一个是把握债券工具的特点，另一个是进行债券项目的开发。前者偏重专业知识，后者则偏重实际运作，二者互相联系。

公司债是债务融资工具的一种。广义而言，资产负债表的右列上半部分负债项，都可算作"债务工具"，大致包括20来项，包括短期借款、交易性金融负债、应付票据、应付账款、预收款项；应付薪酬、应交税费、应付利息、应付股利、其他应付款；一年内到期非流动负债、其他流动负债；长期借款、应付债券、长期应付款、专项应付款、预计负债、递延所得税负债、其他非流动负债等；按照会计准则，至少应该列示10来项，包括长期和短期借款（对银行）、应付和预收款项（对客户和供应商）、应交税金和应付薪酬（对政府和员工）、应付债券和长期应付款（对公众和专门机构，如融租机构、按揭银行）、预计负债和递延所得税负债（跨期调整债项）等。

当然，这些债务在性质上还是有区别的。如果从债权方来划分，对于供应商和客户的债务属于经营性质，可以归入贸易性融资，包括预收款、应付款、应付票据等；对于政府和员工、关联方的债务，可归入行政性和内部性融资，包括应交税费、应付薪酬、其他应付款等。剩下来的，至少还有两大类：一是通过银行的间接融资，包括短期借款、长期借款等；二是面向社会公众或特定对象的直接融资，包括应付债券、交易性金融负债等。其他项目，比如应付利息，是银行间接融资派生的；应付股利，是权益类融资（资产负债表右侧所有者权益部分）派生的；长期应付款，如上所述，往往针对融租机构或按揭银行，大致可以归入间接融资；专项应付款，可能对应银行（专用贷款）或政府（专用拨款），要看具体情况；预计负债、递延所得税负债都是针对未来的；其他一些项目，如其他流动负债、其他非流动负债、一年内到期的流动负债等，大体都可以归入某个具体门类。

我们所要研究对比的，主要是直接融资的长短期借款（及其派生品种短融、中票），与间接融资的公开发行公司债券或私募债券（以及各种派生品种）。整体而言，不管什么债务工具，都是融资方以一定对价来或长或短地获得投资方或资金提供方的资金使用权，是一种信用活动。

所谓"卖什么就吆喝什么"，常见的债权工具或结构化产品里，国内券商目前不能做信贷、信托、短融、中票等（部分券商有短融、中票承销资格），可以做的主要是企业债和公司债，另外还有金融债、次级债、可转债以及分离债（暂停）等，但主要还是公司债。现行《中华人民共和国公司法》规定，公司债券是"公司依照法定程序发行、约定在一定期限还本付息的有价证券"（第一百五十四条）、"公司发行公司债券应当符合《证券法》规定的发行条件；有关行政许可的规定为："发行公司债券的申请经国务院授权的部门核准后，应当公告公司债券募集办法"（即间接规定"国务院授权部门"核准制，并未确指某个部门）、"上市公司发行可转换为股票的公司债券，应当报国务院证券监督管理机构核准"（即直接规定证监会对于上市公司发行可转债的核准权）。

结合《证券法》的规定"公开发行证券，必须符合法律、行政法规规定的条件，并依法报经国务院证券监督管理机构或者国务院授权的部门核准"（第十条），可以看出，核准制度的设置仅针对公开发行（主要指针对200人以上或不特定对象、采用公开劝诱和广告方式的发行），核准机关为证监会或国务院授权部门。关于公开发行公司债券的条件，《证券法》规定的条件主要是5个：资产规模（股份公司净资产至少3 000万元、有限责任公司净资产至少6 000万元）、债券余额（40%）、盈利能力（最近3年年均"可分配利润"即净利大于债券年息）、利率水平（不超过国务院限定的利率水平㊀，当然，最根本的，司法解释本身的法律效

㊀ 目前国务院并无规定，实践中执行1991年最高院司法解释"不得超过银行同类贷款利率的四倍""超出部分的利息不予保护"，这里所谓"同类"而非"同期"，"贷款利率"并未确指"基准利率"，超出部分"失法"而非"非法""违法"，可以视为"自然债权"。

力不无疑问)、募资投向(符合国家产业政策)。

从业务角度看,券商公司债市场主要面临银行的竞争,因为银行可以做信贷、短融和中票,这些品种与公司债直接冲突,相互竞争。银行有传统优势(历史和观念原因),主要是国家信用、信贷差保护、庞大的产品池和客户池交叉、连通、"暗箱"运作等。从制度层面看,国家20世纪90年代以来对于债市(以及股市)总体抱有机会心理和怀疑态度,2007年前后,银行间市场抓住机会很快通过短融、中票做大,而证监会在政策导向和制度创新方面存在瑕疵,一定程度上造成公司债交易所市场的发展滞后。

从客户角度,由于传统依存关系的约束,由于维护银企关系的需要,由于银行方面给予的信贷延期与利率优惠、短融连续发还周转、而且中票发行相对宽松与便捷,可以形成短期与中期多种产品覆盖,加上网点和其他配套服务优势,这对客户有较大吸引力。当然,目前我们推广公司债业务,也有相当的便利和优势,总结起来,主要是以下几个方面(包括与股权融资方式相比)。

首先是资金成本,综合成本或低于可比银行贷款和中期票据。大致而言,目前AA及以上评级公司债券较同期银行贷款节约15~150bp(不同时期不同个案有所不同),如果考虑信贷调控和利率上浮因素,公司债利率更有优势;目前AA评级及以上公司债券与中票相比,在可比情况下利率可以节约20bp(不同个案和窗口期有较大区别),综合考虑承销、托管等费用因素,公司债市场化程度,综合成本或有优势。

其次,发行条件宽松、审批简单、募资投向不限,产品设计和发行方式非常灵活。1个月过会、2个月核准、6个月内发行50%,而且可以自主调整首批发行时间和比例。

公司债发行条件宽松,对发行人资产规模、净资产收益率、现金流净额以及3年连续盈利等没有特定要求,主要条件是3年盈利平均覆盖年息即可,而且对募集资金投向没有特别限制,没有专户管理要求。比较而言,发行公司债券融资比公开发行股票再融资以及企业债、中票等融资方式更为宽松。

公司债券的发行审批程序简单高效,发行周期短、前期投入少。产品方案可以根据利息(浮息或固息)、多种期权(赎回、回售、利率调整等选择权)增信措施以及利率调换、保底等条款进行创新,灵活多样的设计可以满足公司个性化融资需求,并有利于降低发行人的融资成本。

公司债券可以一次审批，分批发行。首次发行在审批后 6 个月内（其余在 24 个月内分期发行完毕），首期发行比例通常为 50%，但也可以根据市场情况申请延长首发期限和降低首发比例，相比中票 2 个月的窗口期、1 年内发行完成更为灵活、有利，发行人可以根据对市场利率水平判断和资金需求状况，适时选择发行时机，有利于降低融资成本。

再次，财务规划方面期限灵活，便于优化财务结构和做好资金规划。目前的银行贷款以及短融、中票主要属于中短期性质（期限方面正在不断创新），理论上公司债时间可以更长、更加灵活，便于资金规划及融资成本锁定。目前已发行的公司债券期限多为 3～10 年，债券存续期内现金流出可以预计，有利于保持财务稳定。发行人可合利理用债券的不同付息方式，较长期限的公司债在一定程度上具有权益资本或次级资本属性，有利于安排财务计划，做好资金规划。

最后，关于控制权影响，不会分散大股东的控股权和损害公司价值。用收益和市场价格关系衡量，公司债券融资方式比普通股票融资成本低，股票价值更多依赖公司成长性，而不是股息分配，所以股息支付较好的公司，其市盈率往往较低。

公司债券具有税盾作用，利息作为费用在缴纳所得税前扣除，股息则属于净收益的分配，在所得税后列支；在股市低迷时，股权融资将以较低价格稀释大股东控制权，有损公司价值；在行业整合加剧的环境下，债务融资有利于保持现有股东的控制能力，不会对现有股东控制权造成潜在威胁。

（2012 年 2 月）

公司债市三重门

最近本人连续跑了成都、郑州、沈阳、天津等地六家分支机构，宣讲推广公司债业务，有的地方讲了不止一次，实地拜访十来家上市公司。其中，对于分支机构，除了口头讲解，还提供给他们若干业务推广辅助材料，上市公司方面在业务演示的基础上，有针对性地提交了建议书，不过内容详略不一，观点深浅不等。到目前为止，只是初步发现了一些业务线索或机会，尚未形成实际的业务合作。总的看来，效果还未显现。当此之时，如何评价和反思我们现在开发公司债业务的策略呢？我们定下的开发策略有什么问题没有？我们关于组织、人员的安排有无问题？放眼公司债市场，在开发项目上我们究竟要解决什么问题，要克服什么障碍？我的感觉是，公司债市场发展，尤其我们实际业务发展，必须突破三重门。

第一，投入之门。投入是指要真正有人员和时间的投入。整个公司层面暂且不论，就投行业务部的项目开发来说，实际情况是，组织和人员方面存在不足，开发意识有，开发行动也有，但是基本上只有少数人在跑，没有什么组织，没有什么团队，剩下的人困在几个 IPO 项目里，无法实际投入开发行动，甚至安排人员写个建议书都很困难。原因何在？主要原因是，投行传统项目以 IPO 为大头，项目周期很长，人员占用厉害，不像企业债券承销业务，尽调、质控、材料准备、应对监管机构（发改委）以及发行承销、持续督导等都比较简单，这样可以腾出大部分时间跑项目。同时，传统投行项目都是通道性质、牌照业务，尤其前几年业务好的时候做不过来，投行人员习惯于坐等项目，项目来了还要挑挑拣拣，不像企业债承销没有什么通道保护，必须自己觅食，否则就要挨饿，所以不可能挑食、偏食。

企业债开发有句名言"项目是跑出来的！"没有人，没有时间，不往外跑，不去拼命找客户、找市场，肯定开发不出什么项目来。所以，要在现有情况下，想尽一切办法投入更多的人员、时间去跑项目，这是第一道坎。具体办法就是压缩原有项目人员占用，增加工作强度，提高工作效率，一人多项和一项多人，项目穿插和人员交叉，挤出人员和时间，适当增加人手，从内部调剂或从外部引进部分骨干，投入到公司债开发中来。

第二，资源之门。俗话说"众人拾柴火焰高"，又说"大树底下好乘凉"。当务之急是全面发动和利用各种内外部资源，以我为主，为我所用。根据经验，主要是想尽一切办法取得三个方面的支持，即内部支持、高层支持和外部支持。内部支持方面，关键要用好分支机构和研究力量，要广泛地跑营业部，还可以组织相关人员召开现场、视频或电话会议，大家都来参加、讨论、思考和行动，真正把各条业务战线从思想到行动全部武装起来。高层支持方面，包括部门领导和公司领导，尤其是联系市场较多的较高层面的公司领导。必须清楚，真正的资源都在高层，而且公司债业务有规模上的客观限制，实际上只有净资产额较大（如10亿元以上）、有资金需求、有发债条件的上市公司才有机会，这个范围内的客户争夺不是只靠简单的专业服务，很多时候必须靠资源积累。如何利用公司高层资源，形式比较灵活，这方面要靠策划，多想、多跑，要善于铺垫，善于牵线搭桥，善于做局，等等。外部支持方面，就是要想尽办法取得外部中介和政府部门的支持，比如有效利用合作银行的力量。

第三，市场之门。公司债市场究竟有多大？按照证监会的想法，当然是越大越好。但目前公司债市场客观上有些制约条件，我们要看清楚，要面对现实。现实是什么？在中国债市上，交易所事实上面临银行间的做大和竞争，后者抢先占有并在不断扩张其市场份额。据说，2004年前后，本来由证监会牵头，与发改委、央行（银行间）组织发展债券市场，但监管部门似乎更多关注"统一监管"问题以及"加强监管"问题，而不是在部门利益争执不下、高层意见难以协调时先把事情做起来、把市场培育起来、把债市发展起来，主事者或许没弄清楚，不是名至而实归，是实至名归。当然，也有可能因为央行更有办法。另有消息人士回忆，当时虽然中央有意让证监会主持债市发展，但主事者担心信用风险影响社会稳定，害怕自己承当不起，不妨由央行去做。

总之，2005 年短融市场由央行操刀率先发展，银行间已经蠢蠢欲动。2007 年公司债开始起步，但由于认识上的问题，大致按照股权融资审核思路严控公司债融资，兼以其他原因，公司债市场发展非常缓慢。其间，短融品种涉嫌行政许可规范性问题被法制办质询，央行于是将所属金融市场司改头换面，到民政部注册成立兼有"半官方"的交易商协会。当年征求各部委意见时，央行派人专门给发改委做了思想工作，实际上中票等品种当时直接冲击的是发改委的企业债，但发改委似乎没有太多精力、也没有多少专业人员着意于此，所以半推半就地同意了，证监会这边意见很大，为此此事搁置了好几个月，后来协调的结果是"不明确表示反对就行"。最后被签批放行。

交易商协会成立后即带头搞了注册制，大力发展所谓"债务融资工具"。2008 年至今，银行间几乎从零起步（当然在制度上自始即有高起点），在短融基础上相继推出中票、超短融、集合债、定向中票等品种，短短几年做到 3 万亿元的规模（这些业务被早期央行指定承销商独揽，包括具有承销商资格的 22 家银行以及具有联合主承资格的个别券商，比如 2011 年工行一家承销短融、中票等债务融资工具达 2 000 多亿元）。而这一时期，证监会还在审核制度上徘徊，在公司债是否去银行间流通的问题上陷入纠结，直到 2011 年才放手发展公司债，推行实质上的注册制。从 2007 年的首只公司债到目前为止，公司债余额约 3 000 亿元，只是银行间非金融企业信用债市场（2011 年年底余额为 3 万亿元）的一个零头。

可见，不管"债务融资工具"究竟是不是公司债，也不管公司债与企业债怎么区分，不管银行间是不是场外市场、是不是私募方式、是不是有损债券市场统一监管、是不是与交易所市场之间关系复杂难解，目前中国的非金融企业债券市场事实上是以银行间为主体，这个市场的基础是各类银行资源，它的背后则有中央银行的影响。目前来看，在交易所市场中银行等重要机构缺位的情况下，交易所与银行间债市无论分立和融合，对于各自而言似乎都不是最好的选择。所以，除非国务院确有倾向和决心，债市多头管理、共同发展的局面暂时恐难改变。预计相当长时间公司债市场（交易所市场）仍与银行间市场（场外市场）并行，它的主要领地是较大规模的上市公司，未来还可能包括纳入证监会监管范围的非上市公众公司。再往前看，如果不同市场上发行主体范围逐渐放开乃至完全重合，最终市场就有可能实质上融为一体，这样也就契合了不同债务工具或融资方式的共同债性。

至于私募债市场，按照银行间的观点和做法（如定向中票），当前我国监管高层对于风险的整体容忍非常有限、社会对于风险的整体偏好亟待培育，实体经济中能够承受相当规模（这是构成中介业务的必要条件）、更高成本的私募债券发行人为数不多，资本市场上愿意承担较高风险的投资者更是鲜见（尤其国有投资机构缺乏激励机制，资金性质均明显厌恶风险，包括保险等在内的相当多的机构投资者明确限定只能投资较高评级债券），中小企业以致整个社会信用文化不发达，在这种情况下，发展私募债券或许注定比较艰难。

也许因为非常清楚这个缘故，银行间近些年对于发展私募方式的"债务融资工具"比较谨慎，主要在具有很大规模的发行人和投资者之间定向发行和募集，或者针对风险较高的中小企业的债务融资工具，专门拉进地方政府进行增信和担保，例如所谓为区域绩优债成立的"地方债务融资发展基金"。所以，银行间认为，私募债不是证监会的首创，甚至认为银行间的债务融资工具本来就是私募形式，整个债市主体就是银行间，就是场外市场，而不是交易所。显然，私募债券领域与普通公司债一样，必然都会面临银行间相关品种强有力的竞争。

以上所述，只是为了说明公司债在市场上面临的格局，也是为了帮助我们认清形势，不是说公司债只能无所作为。就券商来说，机会仍然存在，假定 1/3 的上市公司可以发债，按每 5 年发债一次、净资产平均 10 亿元以上规模、共计 1 000 家来算，简单测算每年可发 200 家/期、融资可达 800 亿元以上，佣金可达 8 亿元（1% 费率），假如 40 家券商参与，每家平均约 2 000 万元收入（当然，实际上发债家数、规模以及承销券商、佣金等都不是平均分布的）。这只是个保守估计，实际情况可能比这好。2011 年公司债募资过百亿元的券商有四家，国泰、平安、广发和中信，分别为 164 亿元、158 亿元、156 亿元和 105 亿元，佣金收入应该都在亿元以上，2012 年以来发展势头更好。无论如何，必须突破市场之门，才能看见更广阔的天地。

（2012 年 3 月）

我们该怎样做私募债业务

私募债是近几个月兴起的试点融资品种，全称是"中小企业私募债券"，它借鉴了国外的垃圾债券或高收益债，但又有很大不同。私募债的发行人目前限于非上市的中小企业，最近监管部门似有意突出其私募性质，而不强调是否为中小企业。本来，发债就是借钱，什么人容易借到钱呢？大企业、有钱人容易借到钱，因为一般来说企业大则信用高、风险小，人们自然愿意把钱借给它们。问题在于，大企业、有钱人不一定缺钱，而真正需要钱的又不一定是大企业和有钱人。所以，债券投资人或资金出借人要找到合适的发行人（举债方）把钱借出去，而且在取得合适的资金使用费后还能把钱顺利地收回，或者中途以合适的价格把债券转让出去，关键在于根据自己的风险偏好与收益预期，平衡收益与风险之间的关系。对于承销商而言，重要的是开发那些真正需要钱且能还钱的客户。

从 2012 年 6 月初第一批私募债试点企业发行以来，这个市场经历了销售方面的很大考验，但目前已经发行的约 40 亿元规模的债券实际信用风险如何，尚待未来时间进一步的考验。从销售来看，目前主要是券商自营或资管计划、部分公募基金专项产品、借助信托渠道的银行理财资金以及部分私募资金在购买，但参与面仍然不广，参与度仍然不深，原因主要是投资者似乎认为利率定价不能充分反映债券风险，或者对于这种新品持观望和试探态度，即认识不足，或者由于某些显而易见但暂难解决的制度障碍，比如券商资管投资双 10% 限制（投资单只债券不超过该只债券规模的 10%，且不超过资管产品规模的 10%。小集合和定向资管正在放开限制），非上市银行的理财产品不能在登记公司直接开户，投资债券的利息收益不能像银行存款利息那样享受免税，等等。

从风险来看，最重要的是信用风险（或违约风险）与流动性风险。目前私募债券（考虑增信）信用评级大致在A级以下，不能达到交易所市场质押式回购的条件，交易所的交易平台（沪市称"综合电子交易平台"，深市称"综合协议交易平台"）投资人少，没有做市制，交投不活跃，几乎没有什么流动性可言，债券持有人大多只能持有到期。以上问题是发展私募债的两大难题。

对于我们做私募债承销业务的机构来说，针对上述问题需要有自己的应对措施，或业务思路。目前大致包括以下几个方面。

（1）定位。与私募债竞争的主要是银行信贷与信托产品，私募债的主要优势是担保宽松、备案简单。信贷附加条件多，而信托则收益要求高，私募债大致介于二者之间，似乎应该有相当大的空间。实践中，客户发行私募债的需求比较强烈，在做到风险预期可控制和可管理的情况下，我们为什么不做？正如历史上曾有过的股权分置改革、中小板、创业板等所谓"新业务"一样，必须敏感、主动、抢先、坚决行动，才能把握先机，甚至弯道超车（例如，业内一般认为，国信等券商大致是抓住中小板、创业板的机遇而促进自身发展、提升行业地位），因为新业务可能意味着重大机会，在看不清的情况下只管摸黑朝前走，等大家都看清了也就没有什么机会了。总之，私募债应当作为一种创新型、战略性重点业务，它是一种重要的基础产品，这种产品不但本身可以盈利，而且可以带动投行其他业务（如新三板、IPO）以及经纪业务（服务客户）、自营和资管业务等发展。

（2）立项。究竟什么项目可做？由于私募债业务完全不同于传统的"通道"业务（保荐业务），一方面监管部门没有详细的指导规则，无法像传统业务那样照章办理；另一方面这种业务开展的结果很大程度上是风险自担——一旦发生违约风险，损害的是我们的客户，同时也损害我们的品牌、声誉，如果履职不当，比如信息披露违规，我们作为承销商甚至还要承担法律责任。以满足风控需要而言，立项应当从严，而为了鼓励业务发展，还是应当持开放、切实、发展的态度，也就是说，确能控制违约风险即可。刚开始我们立项主要有净资产（3 000万元）、净利润（1 000万元）和负债率（发行前后分别不超过70%和80%）等指标，后来我们加上利息保障倍数（发行前后分别大于3倍和2倍）、对外担保余额（发行前小于净资产30%）。

除了这些硬指标，还有些原则要求，比如规模上限于中小企业；行业上禁止金融、地产企业，回避周期性、过剩性行业，鼓励战略新兴产业；增信方面要求提供外部增信措施；评级要求达到 BB 级以上（投机级别的最高级，指外部评级或本公司内部评级）。此外还有业务量占用净资本比例等要求（集中度要求：同时承销规模不超过净资本的 3%；已承销未兑付自有项目不超过净资本的 100%）。

实际上，总起来看，我觉得主要看三个方面：一个是自身信用，也就是企业怎么样，所处行业、自身历史、资产与负债、收入与利润、现金流、成长性等是什么情况；一个是外部增信；一个是个人诚信。除立项标准外，还有立项流程的问题。目前，私募债立项与内核一体化，先搞适销性评价，但不作为能否提交立项前提，立项召集人通过后经部门协调人同意，然后形式审核人员审查，部门行政负责人批准即可申报。其中协调人的角色是否必要不无疑问。

（3）尽调。这是一个非常复杂的问题。证券业协会至今已经起草了三稿尽调指引，多次征求券商意见，但似乎还远不如人意。目前私募债业务盈利模式尚未成熟，盈利空间相对有限，这决定了券商不太可能像 IPO 业务那样投入时间、精力、人员去做尽调，而且没有传统业务那套相对成熟的尽调样本、审核要点等，尽调似乎难以下手、难以到位。不过，回归到私募债本身的私募性质、债券性质，我觉得调查的重点还是比较明确的，大致来说，前述所谓立项所看重的三个方面，就是调查的重点，即企业信用、担保增信与个人诚信。

根据近期我们组织的几十个项目的立项情况来看，关于企业经营（自身信用）主要关注：①主要股东和对外投资；②业务模式与市场排名；③资产方面的固资与存货明细、应收账款与其他应收、预付前五或大额明细；④负债方面的长短期借款明细、应付账款与其他应付、预收前五或大额明细；⑤收入方面的产品（服务）收入贡献或收入结构、收入前五客户或主要客户明细、关联交易明细、订单及实现情况。

关于信用担保（外部信用）主要关注：①对外担保和资产抵押；②银行授信及使用情况；③本期债券担保方（如有）背景、实力及外部评级；④还款来源和还款计划；⑤后续融资计划（含 IPO、新三板）与资本支出。关于个人诚信方面的调查，主要在于通过不同方式了解、认识、判断实际控制人、主要股东、主要管理层的个人诚信或个人风格，是不是属于那种很讲信誉的人。

（4）销售。券商一手托两家，一方面要为发行人融资、借钱；另一方面要为投资人投资或理财找到合适品种。实际上，私募债销售的主要是承销商的信用，或者是私募双方之间业已形成的信用。前已述及，销售是私募债两大难题之一。在公司内部会议上，销售部门多次指出，必须认识到私募债销售困难其实是一个常态现象、长期现象、正常现象。这话说得很有道理。在私募范围内，让投资人了解、认识、把握、接受某只债券，的确不是一件容易的事。

销售难，除了前面说的认识原因、规则原因等之外，根本上还是市场原因。实际上，不仅中小企业发行的私募债难销，中小企业贷款、信托等也都不那么容易。说白了，毕竟是中小企业，信用条件总体不好，我们要想从万千企业中找到适合发行私募债的主体，又要说服投资人去认购私募债券，可谓责任系之。我们的责任，就是要创造出好的私募债产品，帮助投资人实现满意收益，帮助发行人取得必要资金，而要真正负起这个"责"，担起这个"任"，关键在于具有很强的平衡风险与收益的能力。

长远来看，除了通过现有的券商自营、资管等渠道外，私募债的销售应当主要销给社会，而不是券商自己。比较理想的模式或许是，在私募债发展到相当规模时，通过分级设计，比较灵活地在券商自身的资管产品和外部资金之间进行配置。一方面我们要大力发展资管业务，把社会上的闲钱募集过来，管好，用好；另一方面要充分地利用已经发展起来的银行理财等重要外部资金，学习信托那样，把银行理财资金合理地、有效地吸收到我们设计的私募债品种中来。尽管券商对于私募债不能像信托那样做到实质保兑，也不能像信托那样几乎专做地产、矿产等高收益行业，但中小企业的面实在太大了，而且将来或许不限于中小企业，只要是非上市公司即可，甚至上市公司也可以做私募债（债券本身在很大程度上都是私募性质的），所以私募债未来的发展空间还是值得期待的，这里面有大量的工作可做。

（2012 年 9 月）

银行间债市发展启示

我国从改革开放后的1984年开始有企业债，到现在信用债市场历史不足30年，这当中，真正的发展主要是短券推出、特别是2007年银行间市场交易商协会（以下称"协会"）成立后的事情。因为2005年有了短券，当年发行规模（1 400多亿元）即超过企业债（600多亿元），协会成立次年推出中票，当年发行中票1 700多亿元、短券4 000多亿元。2012年，发改委的企业债发行6 000多亿元，协会的中票、短券各8 000多亿元，另有5 000多亿元超短融和3 000多亿元私募债（私募中票）等。证监会的公司债从2007年100多亿元起步，到2012年发行2 000多亿元，与自己比较似乎发展很快，不过整体占比仍然很小。

从存量上看，各类信用债（含发改委企业债、证监会公司债、可转债、分离债、交易商协会的各类债务融资工具以及铁道债、汇金债——后两者为政府支持债或政府支持机构债）共计7.4万亿元，其中，债务融资工具4.2万亿元，企业债2.3万亿元，证监会系统公司债等6 000多亿元，其他为政府支持债等。可以看出，债务融资工具占比超过50%，是绝对的大头。目前我国债市规模居世界第三位，仅次于美、日，如果考虑到我们债市发展所用时间，这不能不说是个很大的成就。

银行间债市发展的经验是什么？特别是与证监会系统的信用债相比，其成功的原因何在？我想至少有以下几点。

第一，市场化。协会真正带头搞了注册制，不搞所谓的审批、核准等行政管制。协会 2007 年成立到现在，不过几十人的团队，做了这么大的一件事情，发展了这么大的一个市场，并不是自视甚雄地认为这只是他们自己的功劳，他们了解市场，相信市场，并且利用市场去发展市场，这是关键。协会制定的规则不过就那么几十个，规则的内容大都很简单，有的甚至寥寥数语，简直可以说是"无为而大治"。

第二，尊重债市规律。用时文朝的话讲，就是"品种的个性化，决定交易非标化，进而决定市场的询价式和场外式，进而决定投资人为适格者，即具有风险识别和承担能力，进而决定在发行制度上应当放松管制和实行备案即可"。近几年时间，银行间推出的超短融、私募债、集合票据、资产支持证券等具有创新色彩的品种，实际上也是从债市规律出发做的努力，有的已经卓有成效。

第三，让了解市场的人掌握注册、配售等权力。对照证监会发审委，银行间的注册会议或有值得借鉴之处。注册专家有 100 多位，名单公开，但每次开会都随机抽取并按规则确定最终人选，关键是这些专家主要来自承销商，而不是像证监会的发审委那样主要来自律师、会计师，竟然没有承销商人员，把最了解市场的人排除在外，可以想象，审核方向必然趋于纯技术化（法律和财务技术）、教条化，甚至可能越来越偏离市场。

第四，把握信息披露实质。注册制核心是信息披露。协会搞了"表格体系""孔雀开屏"，一目了然，便于操作。但是，信披不是没有节制地什么都说，否则就是信息泛滥。协会还分成不同行业组评议申报材料，对于规律性的信披内容予以提炼、总结，减少重复披露，简化篇幅，突出重点，提高信披质量。

第五，完整贯彻公开、透明原则。申报文件报出后即网上公布，所有的修改、反馈等中间稿，全都原封不动地进行公开，让公众了解修改情况，以后甚至专家会议都可以网上直播，全部透明。当然，据说这种做法演化下去也有问题，水至清则无鱼，我们的银行间债市比美国等市场还要透明、高效，以致信息几乎完全对称，这样对交易是不利的，做市商很难有什么作为了，因为交易的基础恰恰是信息不对称。

（2013 年 1 月）

项目篇

积渐与危情

投行项目开发是个过程,这条路上有缓坡,也有急弯,上下坡的时候要能跟得住,左右拐弯的时候要能拐得过来。TL 项目集中开发过程长达 5 个月(不算此前与项目开发相关的积累与准备时间),其间有坡也有弯,有缓也有急。

TL 项目开发之起始,在 2012 年 2 月中旬。记得 2 月 16 日(周四),偶然机会与同事谈及相关行业可能存在融资需求,且研究发现或有明确业务线索,顿觉紧迫兴奋,遂拟电话介绍并面见企业,当日即布置建议书事,约定 2 月 20 日(周一)抵 P 市,后略延后。据"周记":"原拟周一至 P 市与 TL 谈公司债事,但建议书着实粗糙——W 于工作不甚得力和用心,而 C、Z 则力有不逮,此为带队伍之常事,又订票不成,暂作罢。"

2 月 29 日在 S 市与 X 见,初步沟通并了解企业实际想法,因之确定整体开发策略。"周记":"周二下午坐火车抵 S 市,晚住 JY 酒店,次日上午约见 TL,谈一个多小时,知其意在非公开发行,而非公司债,之后关键在与管理层接触,研究具体方案,同时,须与控股集团 GB 相关部门建立联系,得其认可。"在完善具体方案基础上,3 月 26 日递交正式建议书。"周记":"当日傍晚与 L 坐动车至 P 市,夜 11 点住 HJ 宾馆,周二上午见 TL,谈两小时——本次提交非公开发行建议,X 认为方案难点在大股东原有债权如何转股以及拟注入资产范围之确定与手续之报批;另外,公司希望年内完成非公开,时间方面亦有挑战。中午与 X 共餐,下午 7 点多返京。"

后经反复邀约，由 L 安排、经 I 介绍与 GB 相关人员共进午餐，重拾既往业务联系，意在逐渐密切合作关系。4 月 12 日，首次与主管人员正式会谈，此为得悉情形日迫之际，催逼相关负责人率然与主管领导电话联系的结果。不过，局面并不明朗。（"周记"："是日下午与 L 至 GB 见 G、Y，谈合作事，此系本人力推且心急之事，G 似对于前期另一项目推进及安排不以为然，如促进 TL 及 GB 整体合作尚需艰苦努力。"）之后，特意组织 Y 等四人，就 GB 整体资本运作事撰写专题报告，为此搜集国内外相关信息资料，就报告思路几番讨论。

4 月 20 日，在京与 X 见，沟通进展与动向。（"周记"："周五中午与 X 见，商下一步工作推动，L 参加。"）4 月 28 日，经之前几次电话联系和诚意邀请，得与相关经办人员见面深谈，颇受启发。（"周记"："周六午后约见 Y，于 HY 茶厅坐 3 小时，D、H 陪同，就《GB 近况与战略运营浅析》（提纲草稿）征求意见。他以为宜从业务点、从现实出发，更切合 GB 需要，方式可以包括：①中外体制比较（历史负担、政府采购等）；②行业机制比较（加成定价）；③企业资本运作发展阶段总结（从案例出发）；④专题性或个案性分析、建议；⑤深入跟踪旗下某个具体行业，解析其发展机会与并购策略等，提出前瞻性、引导性资本运作建议。他指出国内投行服务能力不足，关键在对行业和企业战略、运行的深刻、透彻把握方面。"）后组织人员大幅修改原有建议稿件，其间，因 GB 邀请 L 于 6 月底左右给下属公司做培训讲座，于是结合讲座要求再次组织相关材料。（但实际未安排汇报机会和正式确定讲座日期，相关文件迄今未定稿。）

在与 GB 联络期间，某次向公司高层汇报相关情况，公司拟就相关工作做出安排，以求上下联动、玉成合作。5 月 15 日，GB 与我方中高层共进晚餐，相谈甚洽，使合作关系渐趋明朗。（"周记"："是日晚在 XG 共餐，双方谈兴甚浓，晚 11 点多归家，唯饮酒事亦需据实检点也。"其后一周又记："TL 方面暂无进展，但有关密切合作关系事不应放松：安排月底或下月初 GB 下属上市公司培训材料事（由 Y 等四人参与，资本市场部 Z 等协助）、联络综合办办理所提杂事、催促咨询业务资质事，等等。"

至 6 月初，据悉 TL 已正式启动中介遴选工作，Z、G 及我方入围。按照规定，聘任中介的程序为：先确定入围中介范围，上市公司在该范围内自主呈报合作对象，报经上级确认。6 月 6 日上午，经再次会谈，初步确认合作意向。8 日往 P 市，集议方案内容，拟全面开展现场工作。15~16 日，经与 TL 高层见面讨论，基本确定此次融资进度安排。

6月25日，TL方面申请股票自次日停牌。项目组经周末短暂休息再赴现场。停牌首日，发生一件特别事情，即TL方面决策人物"突然决定"考虑启动公司债发行。后据了解，上市公司董事长当日找到W，盖谓某人介绍券商或其他中介建议发行公司债，或中票。W和X坚持，中票不合适，确实要发行可考虑公司债。至于中介，L所提中介不在GB备案范围，碍难选聘。从省时（一家券商尽调等工作可结合非公开进行）、省力（一家券商协调免于接待、申报、发行等环节的协调之累）、省钱（一家承办两项业务综合取费更低）计，建议仍选我方为公司债承销商。

当日，上市公司、GB方面与我反复、急切联系、商量以非公开发行停牌而实际启动公司债如何操作，初拟同时启动，分步进行，即现在同时公告两项融资，7～9月完成公司债，9月底或10月待募投环评就绪，召开股东会并申报非公开发行，二者可以兼容不悖。（"周记"："是日反复与X、Y及G、W通话，议TL非公开间以公司债之可行性，初定二者同时推进，但企业对于中介方面有无特别考虑尤值关注。"）因有事安排在先，无法即刻亲赴P市商量公司债事。

三天之后（6月28日）经S至P市，鉴于公司债融资决定本身及中介选任仍存不确定性，断夺宜速，当夜即与TL方面商量，放弃原定的非公开公告并复牌一周后再公告公司债的方案，决定次日公告公司债，即在非公开公告前即公告公司债。（"周记"："6月28日午后至浦东机场，傍晚5点抵S市，7点半到P市，晚与W、X商公司债与非公开同时启动之方案细节，至晚上11点半。""6月29日下午与项目组议公司债申报各事，即日公告董事会决议。按企业要求，初定7月6日提交内核，12日内核会议，17日股东会，18日申报，力争8月20日之前召开发审会，9月20前取得批文，9月底之前发行完毕。时间紧张，务须各方高度协同，全力推进。"）

事情安排停当，公司债及非公开预案先后如期公告，项目现场昼夜不分，衔枚疾进。我于30日返京后忙于别的事务，其间与公司汇报工作动态时，略有欣慰之感。然而当此之时，殊不知，螳螂捕蝉，黄雀在后。一直潜伏在深水黑暗中的巨鳄Z券商，借着我方主导的公告信息的亮光，开始向岸上缓慢而沉重地移动其庞大的身躯。在辨清方向、找准目标后，便不顾一切地进行反扑，大有直欲"断其喉、食其肉"，直至"代其位、享其成"之势。

7月3日，TL股票复牌（停牌5个工作日，连续公告3次董事会决议，即股权收购以及债券、股权融资公告），7月5日，接到Z券商突袭的消息，在震愕之余，连续通过电话弄清事态。Z方面经人介绍4日晚到TL现场，一行四人，大有拟在现场直接开展工作之意。事后得知，5日上午的正式接待活动中，Z借机推销自己，同时贬低我方，他们提出：两种方案任由TL选择，要么取代我方，要么联合承销，其凌人气势，匪夷所思。陡然之间，情形万分危急！

于是，仓促之间，我方反复与相关方面电话沟通、汇报情况，但具体情形或明或暗，不得其详。经紧急分析磋商，此次行事最大失误在于缺少一个关键环节，当合作意向甫定时，即应及时安排梳理相关环节工作，由于中间没有打通，导致节外生枝，进劝无门，造成如今极大被动！痛定思痛，开发项目不仅要上下联动，而且要打通中间工作环节；不仅要内部工事稳固，而且要时防外部偷袭；不仅不能轻言轻信，不可自鸣自喜，而且要提防煮熟的鸭子又飞掉了。

事已至此，只能亡羊补牢。当即决定，下午或晚上飞S市，次日面见相关关键人员。能否见面，一时无法确定，相涉情形又极端紧急复杂：一是TL方面尚须协商综合部门并须抓紧寻着适当机会禀知有关人员；一是我方人员尚在深圳，预计下午1点半钟返京，最早5点或6点到首都机场，而班机经常晚点，实际起飞时间无法确知；三是S方面机票非常紧张，此时未必订到合适时间机票；四是我本人当日下午需同时处理其他若干紧急事务：下午1点半参加某IPO客户中介协调会；之后电话确认某项债券发行认购结果；履行某已申报项目投诉核查意见的签批流程；安排人员参加次日某债券业务承揽活动；跟踪某IPO客户当日下午开会讨论确定券商的情况；安排人员参加次日拟申报项目的走访活动以及次日证券协会召开的座谈会；联系确认某再融资项目的财经公关工作进展……在外出开会的途中、会上及会后，手中电话不停；4点多钟会议现场出来，迅速打车拟取行李后去往机场，途中让秘书确认L行程及机票。

为赶时间，决定中途改坐地铁，同时通知家人急送行李至另一地铁口，随即从秘书处得知"今天航班只有18：00的，明天最早的航班也是晚上22：00的，其他都没票了"。（短信时间16：28）随后接连收到短信："你也赶紧定吧，18：05的国航，刚放出来的。"（16：33）"等等，太难抢票了！"（16：34）"订完了，18：00，南航。"（16：36）"如果不晚点，肯定来不及，南航是二号航站楼。您刚才说L落地是3号航站楼。"（16：38）"您赶紧订18：05分的国航，我给L订了

这个。"(16：40)"南航和国航都没订上，仓位没有了。估计今天和明天都没戏了。"（16：47）

当秘书着急问我除了6点其他时间已经没票怎么办时，我犹豫片刻，还是狠心让她订6点的票——此时已经4点半钟，我在离开会场的出租车上，L在深圳回北京的飞机上，而且明天能否见到想见的人亦未知。我冲进地铁后告诉家人我直接赶往机场，不去约好的地铁站了（其时家人已经赶到该地铁站附近了），接下来便拼命给携程打电话订票，地铁信号不好，每次通话未完即断线，而接线小姐非常执著地向我声明所有注意事项，否则拒不下单，我在能够通话的间隙反复指令，让她把唯一剩下的票"先订上！""先订上！"……结果是，我好歹订上了6点飞机，L则没有订到当天北京到S市的任何航班的机票。

快轨列车先到三号航站楼后好不容易拐到了二号航站楼，从机场线下车后，离办理乘机手续截止时间仅有不到5分钟时间，我一分一秒地计算和等待着上行电梯，出门即飞速冲向自助值机柜员机，老天有眼，终于成功打印登机牌并加塞安检（遭人白眼）、登上飞机。直到飞机起飞时我仍在抢着编发短信或接打电话，下飞机后更不得不如此，甚至在去往P市的接站汽车上，我不得不打开电脑上网处理待批急件，晚上约10点钟达到HJ宾馆。

现场紧急分析、商讨敌情与对策，同时与L多次通话商量其当晚是否驱车来此——当时各种可能的交通方式都考虑到了，P市及周边城市的飞机、火车都买不到票，后拟安排司机当夜送L至P市。协商结果：L留北京，次日协调北京方面相关事务；我次日找机会见TL当面陈情。我们分析了各方可能的态度及其结果，也对最坏的结果做好了准备。晚上11点半，L再次来电，沟通了解Z券商相关情况。

7月6日，我在TL办公楼坐等与相关负责人见面。其时，Z券商方面也在加紧跟踪TL态度和决策。我们得知Z券商当日有人去GB游说主事者，另外，他们正在寻找、创造机会在京与TL相关负责人面谈。北京方面，经L积极协调，从GB反馈的消息来看，似无明确进展。根据当时情形，GB相关部门的支持成为各方必争之所在，而TL方面的态度则是成败之所系。

一直等到11点多，我被告知相关负责人整个上午都在开会，虽经邀约，第一次回复会后再说（毕竟未事前约定），第二次说时间来不及，另有重要安排。我颇感失望，但也无可奈何，只好故作镇静地与办事人员闲聊约20分钟。好在天无绝人之路，在我若有所失地离开之际，抬头正好撞见另一主事人员Q，我之前见过一面，此时灵机一动，顾不上那么多即上前打招呼，看见他前行走进自己的办公室关上门，我略微整理了一下思路便上前叩门。

Q礼貌而严肃地把我让进屋，我简单陈述来意，之后着力介绍项目推进情况和公司投行优势，言谈之间展露对于我方专业服务的信心，同时诚恳表达对其支持的感谢。大约10分钟之后，他脸上的容色渐渐和悦起来，竟主动向我讲述了此次融资决策的背景，虽有偶然因素，但实则谋划已久。这一番专业分析让我生出几分敬意，我们之间的谈话气氛愈加投合。Q最后表态三点：①本次合作对象肯定是我方；②Z券商是否参加，尊重我方意见；③建议适当考虑一下各方情形并予安排。

当时已经是午饭时间，虽然另外准备有午饭，且送站车辆正在楼外等候，但我还是"应邀"与Q一起到公司食堂吃工作餐。席间，又遇公司其他相关负责人员，一起攀谈约半个小时，彼此因之更加熟络。抓住这次失而复得的面陈和午餐机会（尽管没能见到相关负责人，但却意外见到或许同样重要的支持者），使我悬着的心放松了许多。

接下来的工作重心是，如何落实Q的意见。企业方面提出了妥协性方案，如名义联主等，不过我们心里碍难接受。这一天下来，尽管有GB和TL方面的侧面"表态"，但情况究竟并不完全明朗。之后的周六日两天，我们加紧与企业沟通，准备相关合同文本，跟踪各方动态，继续承受着忐忑不安的煎熬。

在这种模糊时刻，我们坚持了自己的判断，认为进一步沟通不能作罢，因为没有标志性、确定性进展就难言定局。由于7月9日早，L飞赴G省参加一个重要商务会议，最早周二飞S市，所以我们指望周三能够再到P市拜访。其间，我方分别向TL及GB方面联络、沟通事情进展。周二晚上，北京暴雨滂沱，到了机场，得知航班全部延误且无起飞时间，候机楼人满为患，地面上横七竖八全部都是滞留下来的旅客。我担心航班取消，在漫长的等待中终于得到起飞消息：暴雨暂停，原10点多飞机12点半可飞。

凌晨2点半到S市，机场酒店的班车在大雨中缓缓驶来接站，上车后发现只有我一个人，车辆前行十几米，突然有人在雨中向我们招手拦车，我在想："嗨，谁比我还晚？"车门打开，上来的不是别人，正是自G省晚点飞来的自己人L，我们相视苦笑。凌晨3点多休息，迷迷糊糊却难以入睡。接站师傅6点即到，我们早上7点左右接上随行的GB相关人员，到达P市时已雨过天晴。

我们先由企业安排参观厂区，后在办公楼遇相关负责人，简单寒暄约一刻钟，即见另一主要负责人，双方都很健谈，而且相谈甚洽，从经济形势谈到自身沿革、经营状况、合作诚意以及目前项目推进情况等，意在强调和确认当前合作关系，而只字未提Z券商参与其事。至此，可谓大局初定。午餐时，在短暂紧张而又轻松热烈的气氛中，双方举杯表达相互间的信任、感谢及祝愿。当我们带着些微醉意匆匆踏上回京的路程时，望着窗外阳光下碧绿耀眼的田野，心情为之豁然，因为我们知道，我们正与客户企业一道走上了"希望"的田野，并期待着更好的明天。

（2012年7月）

拿单的态度

GK 公司 IPO 是原由 S 业务部承做的项目，年初申报立项时，认为问题较多，且项目人员与企业沟通当中也存在一些问题，于是该项目就被搁置起来，其他券商则乘虚而入。近期，H 业务部的一位负责人员通过 GK 公司战略合作伙伴相关线索，拟再度争取该项目。本人受邀参与了现场谈判工作，前后几天下来，对于项目承揽过程中我方不同人员的态度和判断简单记述如下，以备查考。

上次立项时，项目组提出了若干问题（大意），主要是并表 DK 公司存在一些争议，可能影响上市的进度安排。"DK 公司"系 GK 公司与 FD 公司合资，股权各 50%，董事席位各半，2010 年年底 GK 方面董事比例增加，DK 公司因而纳入合并报表，会计师并未按照同一控制合并追溯调整至报告期初，从现有报表看，2010 年利润主要来自投资收益，2011 年年底之前尚不符合 IPO 相关申报条件，同时，对合并性质的不同判断会导致不同后果——如认为属于同一控制，则现有会计处理可能无法解释；如认为不属同一控制或非同一控制，则可能被认为发生重大重组，相应会大大延缓申报进度。

除此之外，原有生产资质方面或存在瑕疵：原下属广州 CR 公司具有改装车资质，所购上海 YZ 公司具有整车生产资质，DK 系用 FD 公司的整车资质和公告目录，本次 GK 方面拟在申报扩产项目备案时一并申办 DK 公司自己的资质，原有生产是否完全合规或存在疑问；土地权证办理存在不确定性：生产经营用部分土地权证尚未办理，仅有投资协议，亦未正式使用；FD 公司零部件业务与 GK

公司可能构成同业竞争：FD 公司的下属四级公司亦有部分零部件业务，与 GK 公司相关业务形成竞争关系。

在口头沟通中，S 业务部负责人提示，GK 公司问题主要在于独立性方面，大意为：①DK 公司能否并表，GK 方面拟通过协议方式将 DK 公司纳入合并报表，且认为属于同一控制合并。此等会计处理违反目前会计准则，现场会计师亦持否定意见。②DK 公司的整车资质和商标系 FD 公司授权使用，FD 公司无法把上述核心无形资产转让给 DK 公司，致使后者业务独立性存在缺陷。③FD 公司曾以三款零部件设计专利的无形资产向 DK 公司出资，但该等资产难以用于生产产品，可能存在出资瑕疵。④其他问题：生产经营的土地权证不完备；下属子公司上海 YZ 公司厂房虽已建好，但缺乏资质不能生产，因此形成闲置资产。

在 GK 公司现场参观后，结合所了解的项目情况，我向企业负责人分别谈了对于相关"技术"问题的看法。整体上，我觉得生产资质、专利商标、土地权证、业务竞争以及股份支付等都不是大问题，不会形成申报障碍，但合并事项"兹事体大"。我倾向于认定为自始控制（以往年度进行差错更正），或作为同一控制（追溯至报告期初，但从共同控制到实际控制多认为属于分步实现控制，属于非共同控制范畴）。当然，就风险来说，GK 公司所处行业目前政策不利，短期盈利情况或受影响；在申报当中，预计认定同一控制需要做些论证、说服工作，因为这是明显容易扯皮的问题。

在企业现场项目组内部讨论时，同事分别表达了对于若干技术问题的担忧，以及某些或左或右的意见。会后，公司综合有关信息认为，发行人方面已有更换券商的意思，主要因为近期原券商投入不足或重视不够，特别是相关领导及保代等面临人事变动，项目后期可能存在执行风险；同时，企业或许尚未下定决心（尽管当天晚宴上企业董事长分别向我们表示有意合作），因为临近申报而更换券商，必然涉及后任券商能否有效接续相关工作、原有券商及有关人情如何交代和妥善处理等问题，对此难免会有顾虑。

公司决定并答复企业三层意思：①如有机会我们非常愿意做；②以 GK 公司自身利益为重，不必因为更换券商造成不必要麻烦，即是否更换的主动权在 GK 方面；③建议董事长与现券商领导沟通并确认，能否保证人员、通道（保代）、进度等，如能保证则不换亦可，不能保证则换，进一步来说，即使我们仅被作为 GK 公司的备项或底牌以督促、改进现券商工作，我们也能完全接受。三层意思，层层"递退"。显然，公司的意思是在两可之间，或许考虑到前期本公司一度介入且小有不快，而项目本身或存在若干问题和相当难度，公司不想因为过于主动争来项目而给双方后续工作带来压力。

在我看来，企业本有合作初念，亦有某些顾虑，我方这样的表态显然会使企业为难，乃至担心——既然我方并非信心充足、态度主动，企业何苦还要折腾自己？要知道，现任券商还有数量超过我方人数的队伍仍在现场工作，而该券商领导据说是一个极主动、极负责的人，在企业董事长按照我方建议去求取其口头承诺时，在项目进展到目前这个程度，在看出企业董事长心有动念之时，难道对方会拒不承诺、或仅做出明显留有余地的承诺、乃至干脆把企业推到我们怀里来吗？可能性不大。

我的担心随着时间而增加，后来发短信给身在国外的主要同事商量："GK公司进展情况：昨与六人到企业详议各问题，对方表示有意合作，内部讨论后公司答复两条意见：如有机会我们愿做；同时让企业负责人与原券商近日确认人员、进度等保障，如对方积极则不用更换，是否更换此事由企业负责人定夺，即公司意思并非志在必得。我个人感觉在这个阶段如果我们有所松懈，企业估计很难决定换券商。我拟明日回京，待GK公司表态后进场。目前情况微妙，不知你意如何？"很快得到回信，意思有些举棋不定。我似心有不甘，给企业联络人和负责人分别打电话、发短信，对方回应很慢，进一步印证了我的担心。不过，得到这个反应我倒坦然了，因为这意味着这次投机性的项目承揽工作或许到此结束了。

事情的发展完全出乎我的意料。在我再次发短信跟踪并传递积极态度后，过了大约两个小时，突然接到对方短信："我们会很快与贵公司确定双方合作关系，可着手安排项目人员，尽快进场！一切拜托！"事后得知，上次见面后，企业负责人即亲赴上海见原券商负责人，得到的答复大意为：人事变动不太确定，但如企业另选券商，他们能够接受；如果不易找到合适券商，他们愿意继续完成。于是，企业负责人当即通过战略合作伙伴表达更换之意，再后来即相关人员之间的电话和短信联络、确认。

企业负责人向我公司表达合作意向时，同时提出尽快准备签署合作协议和确定项目现场人员。我公司尽管开始表态有所保留，但对方确认选择我们后，公司高层即极端重视、极端负责，要求把每个细节——前前后后和方方面面——都考虑到极致的程度。另外，企业负责人要求国庆假期不休，这给我们安排人员方面增加了不小压力，但公司高层自始至终坚持以客户利益为重，要求节日不休息（企业的人也一样）。

从这件事或许可以反思对于拿单的态度：正确的态度应该是有张有弛有度、有利有理有节，最终做到各方总体利益之平衡，以及各自暂时与长远利益之平衡。

（2011 年 10 月）

"争 球"

曾国藩的"日课十二条"之七为"养气",梁启超《时务学堂学约》十条之二为"养心"。曾氏"养气"谓"气藏丹田,无不可对人言之事";梁氏"养心"谓"静坐之养心"与"阅历之养心",而"静坐养心"又分为"敛其心"与"纵其心"二法。我以为,项目争揽属于"可对人言"之"阅历",运用得当,也是可以养气和养心的,而不会"伤气"(伤人和气)和"伤心"(自伤内心)。仅举近日GZ公司债项目以证。

大约数周以前,有M业务部同事打听BZ集团相关客户关系维护问题。我们当时比较详细地沟通了前期相关项目的客观情况和背后原委,这件事情也就过去了,也就是说,我方丝毫没有想到这与GZ公司债项目有关,更不要说去争去抢什么。11月16日晚,我在新疆出差时,突然接到BZ集团电话,称GZ拟发行公司债,目前正在选聘券商,需要提交有关竞标材料,BZ集团已经告诉上市公司,让其董秘与我方联系。

17日,上市公司并没有联系我。18日,我先后通过集团两个人联系上市公司董秘,但并没有直接电话联系,当时的想法不过是跟踪事情进展,以对集团要求做出礼节性回应。19日(周一)上班时间(18日晚回京),我与董秘通话得知,竞标材料已经提交,想必是公司内部其他业务团队所为——是有意还是无意为之,我不得而知,亦不便追问。当日公司讨论意见认为,以当时的形势,如果企业方面不明确指出我方内部业务团队之分,则恐发生内部困局。

20日,我在BZ集团约见相关主管负责人,阐明原委,对方告诉我一个重要情节：我方内部 M 业务部不久前经人介绍而专门拜访 BZ 集团相关主管负责人，见面时谈到境外发债云云，主管负责人当时搞不明白其拜访目的所在，至此才知道其意为争揽 GZ 公司债项目，但或许碍于原先尚无直接业务关系，而具体经验相对欠缺，所以没有明言而已。

当日下午，再与上市公司董秘联系投标进展，并表示拟即日赴企业现场洽谈，对方答复暂时不用来现场，开标结果很快就出来。果然，下班前后即得到电话通知，我公司已经中标，随后接到 M 业务部短信，主动告诉我中标结果，大约因为从企业方了解到我方经由集团主管负责人介绍而在联络此事。

当晚，在电话沟通中，内部双方约略表示拟共同推进本项目，同时双方又"各不相让"。投行业务部一方的理由主要是：①集团直接的主管部门对口证监会系统相关业务，前期若干项目皆与之联络、对应；②集团直接主管部门主动安排我方介入此事，希望我方牵头负责；③从公司债项目经验以及与集团合作经验、对客户端服务能力和服务质量来看，投行牵头协调更为合适。M 业务部理由：①在公司层面上，M 业务部也有资质承接相关业务，而且也有信心做好；② M 业务部最先联系企业而且递交标书；③已经通过集团原有客户基础设法进入邀标范围。当晚 M 业务部将内部意见报告给公司，拟由公司高层讨论决定。

21 日早，公司内部讨论后，表示内部可以而且应当合作。当日我出差天津，未能按公司提议下午专门开会商定此事。同日，应上市公司董秘要求，迅速组织人员拟定和提交项目时间计划，当晚，接集团主管部门电话，明确告诉我方，已经通知上市公司由我们来牵头负责本次公司债项目。22 日早，原定 8 点半召开的内部协调会议临时取消。当天 GZ 董秘来京，我方项目人员中午与之见面，商量、安排后续工作。下午至晚上，投行业务部与 M 业务部相关人员反复沟通，由开始时似乎根本无法谈拢——双方都展示了"高超"的沟通技巧，"搅""压""哄""装"等，无所不用。最后的局面是，大家和和气气，各取所需，各得其所。

23 日，项目启动会正常进行，昨晚半夜里还在内部燃烧的战火与硝烟好像不曾有过一样。项目组达成共识，业务部门之间有时难免"兄弟阋于墙"，而且，在争取业务机会面前"当仁不让"也是应该的，大家的积极性都是可嘉、可爱的。

一旦事情已经开始做了，内部各方一定都要高姿态，一定要搞好内部团结。就像篮球赛场上一样，都是一家人，在打球争抢中，两方都上手了，都够着球了，起初大有互不相让之势，最后通过公平争球或主动和解实现共赢。以球传艺，不亦乐乎。

（2012 年 11 月）

角色和经验

项目人员的经验以及现场投入的程度,尤其是具体负责人的项目角色是否明确、经验是否充分,对争取项目而言是个重要因素,有时甚至是决定性的,这是我们在 HF 项目上的"经验"。

HF 是华南地区的一家公司,主要从事镀银铜线的生产和销售,在该细分领域居领先地位。过去三年(2009～2011 年)的销售收入分别为 1.3 亿元、2.5 亿元和 3.5 亿元,净利约 1 000 万元、3 400 万元和 4 800 万元。3 月 29 日晚上七八点接到 W 的电话,称 PE 机构推荐一个 IPO 项目,特种导体领域,业绩尚可,建议面谈。

次日(3 月 30 日)下午,我带着项目人员去往华润大厦与投资机构相关负责人面谈,交流一个小时左右,当晚 9 点半发短信给 W:"下午与投资机构见面,谈一个多小时,介绍项目情况和我方看法,约明天中午与企业代表面谈。"此前,我已订去往某城车票,拟与家人利用清明节休息数日,此时决定退票留下来见企业,实是尊重 PE 意见、体现合作诚意且以工作为重的选择。

那时家人各方早已准备就绪,甚至老老小小六人已经准备好了行李、站在车站等我一起启程,临时变化引起家人不悦,但终究还是争取到家人理解,让我留了下来。31 日,单位已经放假,项目组前往公司组织了一份《首次公开发行并上市服务意向书》,彩打两份,12 点再次去往华润大厦,与投资机构及 HF 代表共进午餐,面交"意向书",更为详细地交流项目情况,明确对方要求。

4月1日，我在某城时（退火车票后改31日晚飞机），W再次过问进展（"昨天谈得怎样？"），我短信回复："交流还不错，对方要求明确现场人员不能动，昨天提交了一份初步服务建议书，我准备商量好人员后发给项目人员介绍。由于前次券商变动，导致他们这次很慎重。项目本身还有待了解，初步觉得亮点还要挖掘一下。"之后，反复与若干项目人员联系、整理简历材料，当日晚间好不容易凑齐。但是，最难办的是保代现场安排问题。

考虑保代人手阶段性不足的实际情况，于是求助相关部门，经反复商量、协调，拟采用三人穿插牵头现场工作的方式。由于简历资料尚不齐备，且人员安排尚须斟酌，当晚给企业短信："某某您好！原准备今天发您项目成员简介，考虑到贵公司实际情况和沟通中您强调的现场人员安排，我今下午和晚上分别与我公司相关负责人W、L及拟签字保代分别反复磋商并初步确定：X及M、Z（投行经验10余年）共同牵头现场工作，因放假影响工作流程，具体方案上班第一天确定后发给您。请谅解。"同时短信知会W。其间，W通过个人渠道，再次协调相关人员，努力促成合作。

4月4日晚，向企业提交了《关于项目团队成员的补充说明》。次日（4月5日）上班时间，电话与企业沟通，阐明邮件内容：项目服务团队包括项目协调人、项目负责人、保荐代表人、项目现场执行人员，X为项目整体负责人兼现场工作牵头人员，M、Z拟作为保荐代表人和现场工作牵头人之一。关于现场工作，"初步拟定由X、M和Z牵头现场重要工作，主要现场人员包括Y、H和L，A及B配合做好现场工作"。4月5日上午，企业和PE反馈，对项目现场安排不太满意。W与我紧急协商，建议由X全面负责现场工作，事已至此，大势不利，再行争取实际上已经非常勉强。

我与企业和PE电话、短信沟通，试图解释说明"穿插安排"以及现场人员的实际经验问题，并表示本人可以根据需要组织现场工作。不过，企业方面仍旧担心现场工作不力，其时已经另有所钟。傍晚，接W转发的其个人渠道得到的反馈短信："企业给我打电话，说你们提交的名单中保代不能盯现场，其他人员缺IPO经验，股东还是有意见，经综合考虑，他们选了另一券商。请知晓。"

W很快另给我发短信："这事有我们需要总结的地方。"似有责怨和失望之意。我于是在电话中与W交换个人意见，不过意有不尽，当晚8点半短信给W："HF项目没能合作，我个人感到遗憾和抱歉！确实像您说的，应当总结。我初步认为，主要原因在于我们没有充分理解和较好地满足对方要求，尤其是要求保代和有 IPO 经验的人盯现场；客观上项目人手也存在困难，所谓穿插安排实是与 L 几番商量后不得已为之，后经您提示调整，看来对方已有考虑。所以，这个结果有偶然也有必然。我还认为，更重要的是，类似情况对我们是个检验。感谢您对我工作的支持和帮助，恳望您能理解我们的情况，在您一如既往支持下共同面对现实，相信会有更好局面。谢谢！"该短信同时抄送 L。W 回复说："这个项目没拿到是很可惜，但及时总结经验和教训更为重要。我们争取把坏事变好事，后续要适当调整争取项目的策略。另外，人手不足也是大问题。"L 回复："好，没事。"

（2012 年 4 月）

步步为营

8月12号的时候，在保定出差途中，一位律师朋友L电话告我，其券商朋友P正在投标某个IPO项目，鉴于该券商实力有限，朋友自觉很难胜出，有意推荐我所在公司竞标。我大致了解相关背景，立即表示有兴趣参与，并希望告知详情。8月13日，朋友补充相关信息，约定周六回京面谈。

据了解，KT公司是T研究院与K集团等合作投资的公司，T研究院方面的具名股东包括T研究院及下属F公司，合计50%，K集团方面的股东包括K集团公司、K股份公司，合计34%，另外还有一家股东，是行业协会下面的一家公司，持股16%。KT公司于2007年成立，主要生产铁路扣件（以扣件系统中的弹条为主）、PC钢棒，辅以大量外协加工，其扣件年产能500万套，约占高铁扣件细分市场10%份额。目前国内市场的竞争者主要就那么五六家，处于一种有限度竞争或保护性竞争局面。

若干年前，国内高铁紧固件为国外垄断，铁道部购买时不得不因此支付垄断高价，铁道部于是倡导自主研发，后来就研发出了国内自有技术，该技术已许可给国内若干厂家使用，由此把扣件价格完全降了下来（如原来1 000元一套的扣件现在仅卖到200～300元）。KT公司具有依托于研究院股东的技术研发与行业地位优势，2008年至今（2010年为预计），销售收入分别为8 000万元、3亿元、9亿元，净利为500万元、5 000万元和8 300万元，发展很快，规模尚可。初看起来，利润率下滑较快以及持续增长空间有限，使整个项目质量受到影响。

我周五（8月13日）晚返京，与公司商量项目人员及撰写标书事宜，逐一联络同事 W、D、G 三人组成项目组，当晚将朋友转发过来的招标要求电子文本发给各位。8月14日，在海淀一家咖啡厅与 L、P 洽商细节，请二人一起午餐，下午赶往单位与另一项目组讨论和安排项目工作后，即就 KT 项目组招标文件提纲，提出要求和思路。8月15日在公司起草另一项目相关文件，直至中午未见 KT 项目组人员露面（除 G 9 点左右到位外），心里甚急，下午项目组两位同事来公司，我因其他项目离开公司去往机场时向 KT 项目组再次强调标书质量。

当日，分别与 S、C 汇报项目概况并请求支持。8月16日早7点，C 即短信询问 KT 项目相关情况，主要是企业高层及股东方的相关人员的情况，当日下午返京直奔公司，与项目组人员详细讨论标书内容，晚上与行业研究人员讨论，分头组织材料、加工细化，加班至凌晨。次日（8月17日）早7点即埋头项目"竞标书"和"建议书"整理、修改，一直工作到傍晚7点左右，终于打印完成五份标书文件并盖章密封。8月18日驱车至 KT 公司，见到企业联络人，递交标书文件后，交流约一个小时，言谈甚洽。此为第一阶段，完成标书提交和初次接触。

递交标书后5个工作日（8月25日晚），KT 方面电子邮件通知，要求我方补充相关资料，包括书面回复问题（8个问题）并承诺调整报价。我方起草了相关文件，及时予以详细回复，8月27日完成用印后转为 PDF 版发给 KT。其间，C 了解了企业股东 K 集团方面情况，并通过他人了解股东 T 研究院情况，另外还通过其他线索了解若干辅助信息，并与企业联络人保持经常联系。此为第二阶段，提交回复文件。

经多次与联络人邀约，终获应允9月1日（周三）下午在 KT 正式会谈。当日上午与 S 向 C 汇报和商量应对问题，下午两点与 C、S、D 等赴 KT 公司现场，先和评标人（5人）面谈两个小时，主要由 C 应答，我和 S 补充，之后与企业高层见面，会谈约半小时（同时面交回复文件原件）。离场后至当日夜晚，C 多次电话要求和提示务必了解竞标背景情况，经多方联系，费尽唇舌，才算大致弄清。

两个工作日后，9月6日（周一）下午，KT 公司评标组五人来我公司回访，C 去证监会而未出面接待，项目组邀 Y 出面，Y 的健谈使见面效果增色不少，项目组多人出席，并演示和解释了项目建议书的相关内容。此为第三阶段，双方互访。其间，C 联络了 K 集团，K 集团作为股东表示支持，周末（9月4日、5日）我们分别联系接近消息人员 Z 和 X，邀请吃饭，了解情况，6日与企业相关负责人通话,就相关情况向 C 进行通报,建议加强与企业负责人沟通工作。当晚 C 编辑短信发给企业负责人,次日得到回信,但倾向不明。这个阶段,前景扑朔迷离,颇受煎熬。

6 日评标之后,继续向联络人了解情况,掌握进度。我们综合判断,此时不必邀约强求与企业负责人吃饭,该做的主要工作都做了——标书、面谈、合作意向、侧面沟通,竞争对手是谁也都清楚,现在暂时只有"等等看吧"。6 日晚,对方通知我们,以承诺函的方式明确预计筹资规模和具体收费情况。次日(9 月 7 日)项目组商量后,起草了文本,完成用印并转为 PDF 发给对方,原件办理了特快邮寄。在承诺函中,我们表示了极大诚意,并做出了一定让步。

提交承诺函后三天,9 月 10 日(周五)得到消息,评标结果我方排位前列,企业原定周五召开的董事会因股东方面程序原因延至下周召开,且下周"肯定"召开,董事会召开当日即确定券商。局势似乎对我们有利,但仍无把握。

9 月 13 日,得悉企业董事会再次后延(仍然因为股东方的内部汇报程序),何时召开则不得而知,或者下周,或者下下周,可能国庆节前,也有可能节后。夜长梦多,一来不知相关决策者的态度变化,二来不知竞争对手的近期动态,这两方面都会使承揽后期风险增加。当日,电话并短信催问情况,但没有进一步的安排。

9 月 14 日,电话拟邀企业负责人见面,答曰会按程序推荐两家券商上董事会,董事会时间未定,面谈可在董事会后考虑。一如前次短信回复语意,企业负责人在上次短信和本次电话中没有流露任何倾向——没有正面的意思,似乎也没有负面意思,但我有种直觉:我们面临的不确定性在增加,或者至少没能通过我们人为努力使不确定性减少。怎么办?

中秋假期(9 月 22~24 日)的最后一天,突然接到对方联络人电话,根据企业负责人指示,咨询我们关于报告期高管变化的影响(据称本届董事任期早已届满,部分人员可能发生变动),次日上午即发去咨询意见。原与联络人约好中秋节前(9 月 18 日,周六)或中秋假期面谈,均因故取消——开始时对方推脱,后来勉强接受,却又临时改变主意,再后来本人亦觉意义不大,便不再强约。

直至国庆假期后上班的第一周已经过了两天(10 月 11、12 日),经电话联系,得到的消息是对方还未开会,而且开会时间似乎仍无法确定,看来事情可能还得长期等待下去。我们担心,时间一长,大家都有些淡忘了。我们甚至怀疑,这个项目是否到此为止，无疾而终。

不过，我们的信心终于经受了最后的考验，又过了没有任何消息的两天时间，10月14日（周四），下午下班后约6点半钟，我偶然心里一动，打电话给KT公司联络人，答曰："正在开董事会，还没结束，但结果已经出来了，你们中标，详情晚上再联系！"我颇觉欣慰，从8月12日获悉项目信息，已经两个月又两天，项目开发至此终于取得初步成功。回头来看，从竞标、沟通、回复、互访、等待，直到最后柳暗花明，可以说是稳抓稳打，步步为营的结果。我把消息告知C和S，C回复短信："祝贺！一定要做好。"

（2010年10月）

我能上市吗

想上市的企业很多，能上市的企业很少。有的企业会问投行："你就告诉我，我们企业能上市吗？"尽管这个问题一两句话说不清楚，不过在上市之前做些初步评估还是可行和必要的。以下以 CB 公司为例，说明在初步接触一个拟上市企业时通常考虑的问题。

CB 公司是华中地区的一家民营企业，主要做针织内衣，企业老板叫 M。20 世纪 70 年代，M 从村里的大队长干起，后来在镇里做了机械厂车间主任、灶具厂副厂长，1982 年开始担任镇针织内衣厂厂长。1989 年该厂与一所大学及一家央企合资，成立保健织品总厂，1995 年设立目前公司的前身保健织品有限公司，2001 年公司由集体性质改制为私人企业，2009 年变更为股份公司，即现在的 CB 集团股份有限公司。（期间，公司准备剥离部分资产上市，与某创投公司等成立了控股子公司"CB 股份"，不同于母公司"CB 集团股份"。）

从渊源算起，CB 公司到现在差不多有 30 年历史，主要业务没有什么大的变化，一直是内衣生产相关的纺、织、染、裁、成衣、销售等业务。截至 2009 年，资产 4.39 亿元，归属母公司所有者权益 2.02 亿元，收入 5.45 亿元，归属母公司所有者净利 4 200 万元（2007、2008 年两年的收入都是 5.7 亿元，净利分别为 3 200 万元、3 300 万元）。公司在针织内衣这个细分市场上有一定的竞争力。

我与同事去企业现场调查过两天时间，根据收集的资料和访谈的情况，大致分析了这个项目前期要关注和沟通的主要问题，这也是初步判断一个企业是否适合上市应当考虑的主要方面。

（1）行业前景与企业优势。以内衣为主的相关市场属于日用消费品领域，其中女性文胸、内衣等则属于时尚品。大致说来，女性时尚品靠品牌竞争，而大众消费品则更主要靠规模，所以后者的渠道、成本等在竞争中显得比较重要。

目前，高端品牌主要做文胸等，以境外老品牌为主，例如德国的黛安芬、美国的雅芳、日本的华歌尔，此外还有我国台湾地区的欧迪芬、我国香港地区的安莉芳（H股）也不错，内地也有一些势头较好的品牌，例如深圳的曼妮芬、北京的爱慕等。与CB公司同在针织内衣细分市场上的竞争对手主要有三枪、宜而爽、铜牛等。由于门槛较低，各种山寨产品泛滥，行业里的竞争很激烈。

CB公司目前的规模（利润、收入、资产规模）、份额（市场占比）在细分市场上比较靠前，但就整个内衣市场乃至更大的服饰、纺织市场而言，公司的市场地位还不突出。目前能够看到的相对优势，可能主要是公司在细分市场（针织内衣）的行业基础（时间久）、产业链（链条长）、生产基地（成本低）等，不过总的来说，优势还是不明显、不突出、不稳固。

（2）公司管理与发展。CB公司已有近30年历史，从上规模、上档次、上台阶来说，尚须付出努力。现阶段比较突出的问题是，组织架构要扁平化，减少子公司数量，减少管理层级，集约化、集中化管理以提高效率；人员结构要专业化、职业化、年轻化，也就是逐渐减少管理层中不适于公司发展要求的家族人员，下大力气引入职业经理阶层；股东结构要社会化，引入适当的战略投资人，在渠道发展、品牌建设、产业链整合以及其他行业管理经验等方面提供支持。

（3）历史沿革或主体资格。2001年改制过程尚须事后的规范、确认，主要是个人资金来源、付款凭证、债权债务关系证明等，需要取得相关依据，而且还须省级部门最终确认。另外，旗下四个合资公司的外方为香港WT公司，WT公司原为个人境外投资企业，没有履行有关手续，后来把WT公司的股权全部转由LX公司持有，后者为CB公司在越南投资的全资企业，对外投资相关手续齐备。这种情况是否有不合规或不合理的地方（WT公司设立过程、股权转让过程、中外合资享受税收优惠的资格），不无疑问。（参考近期上市的尤夫股份，类似问题——个人境外投资后补办手续并返程设立中外合资企业——并非上市障碍。）

（4）财务表现和其他问题。公司的经营业绩尚可，但无论规模和效率都不突出，其财务规范性有待核查。公司生产有印染环节，且跨省、跨国经营，须进行环保核查；募投项目，包括湖南扩产、研发中心和渠道建设等，尚须论证；技术含量或品牌认知方面还须塑造，股本设置也要结合盈利情况等综合考虑。

总的来说，这个企业要上市的话，还要努力创造一些条件，特别是管理要提升，需要一个过程。同事向我提到一个思路，那就是将资产注入上市公司，证券化之后公司董事长等的股权就可以变现，假如他的根本目的不是继续控制、经营这块资产而是上市变现的话，假如他们家族确实后继乏人，而且目前企业质量确实还不足以很好地支撑其单独上市或独立借壳的话，那么这条路不失为一个比较理想的选择。当然，资产注入上市公司，关键是要找到合适的平台（同业相关上市公司），并且能有一个比较合适的价格。

（2010年6月）

开 方 子

投行在接触拟上市企业后,大多有个初步尽职调查,这种调查的目的是尽早判断企业上市的可能性,即是否存在重大的、实质的障碍。如果没有根本性的障碍,不是"不治之症",接下来的工作就是提出上市需要解决的问题——投行认为这些问题可以解决,并且像医生一样开出"方子"。

最近我实地走访了YH公司,与公司董事长以及其他管理人员进行了访谈,其中与董事长J谈得较多,约有五六个小时,对企业情况整体上有了大致了解。这家公司位于武汉,总部最近准备搬到天津。公司2005年成立于上海,主要做些小风机业务,后来聘请罗兰·贝格咨询公司做调研,认为小风机全球不过5亿美元市场容量,不值得做,原来的主要股东悲观起来,有意放弃这家公司。此时,J作为公司早期跟投股东,有意无意地转而关注风光互补路灯市场,并且逐渐发现,小风机如果应用于路灯等离网型风光互补供电系统,或许倒还很有前景。

大约2008年年底,J通过增资等方式控制了这家公司,之后公司业务范围慢慢扩大,目前公司主要业务包括风光互补路灯(城市路灯、高速路灯、乡村路灯、景观用灯等)、无电户供电系统、用户侧并网发电或光伏地面电站,另外计划开拓森林防火供电系统、城市安监供电系统、虫害防治供电系统等方面的业务,业务运营方式主要是离网或非离网供电系统的建设,同时也在考虑提供供电系统运营服务。初步判断,公司上市似乎不存在明显障碍,为了摸清情况,我们指派项目组进行了前期尽职调查,提出了上市相关问题及处理建议。

（1）主体方面。股权转让以及增资次数多、人数多，这里可能涉及的问题包括：控制权和管理层的稳定问题（进而影响对企业整体经营管理和发展前景的判断）、有无股份代持、股份纠纷乃至不当利益输送问题、股份转让和增资作价依据及支付是否清晰合理、2008年年底左右J作为控制人进入时相关股权转让过程中名义价格的涉税问题、相近时段外部股东与员工或管理层入股价格不一导致的股份支付会计处理问题等，尤其股份支付问题，可能影响报告期利润，乃至影响发行条件。

此外，前期股东所持部分股权的性质（国有或民营）、控制人、主要股东和管理层的背景、适格等问题也须关注（例如，不少股东都有其他投资，或曾作为被吊销执照的公司法人代表，不排除涉及合规问题的可能），总之，需要核实股权转让过程中公司控制权的变化以及控制力的强弱（控股比例等）、是否存在股份代持、股份支付、是否涉及国有股权以及是否履行批准程序、董事、监事和高级管理人员的增减变化等情况。

（2）业务方面。公司目前相对成型的业务主要是路灯、无电户、地面光伏电站以及森林防火监控的相关供电系统建设和维护，部分领域提供运营服务，比如，路灯的托管、无电户用电或用户侧并网发电的合同能源管理、光伏地面电站的运营管理等。从消极方面看，主要问题是，市场空间有效性或业务来源稳定性、经营模式或商业模式的成熟度、业务领域范围及公司定位战略、技术的先进性等方面尚须斟酌。用公司的话讲，目前处于客户关系主导型阶段，或处于向产品主导型过渡阶段，最终目标则是市场主导型。不仅电站业务，甚至相对成熟的路灯业务，市场开发主要靠公司主动运作、劝诱。例如，努力通过相关渠道找到业主，然后努力让业主认识到风光互补路灯相较传统路灯的优势，或认识到用户侧或光伏电站的建设于己有利，同时公司还要努力帮助业主获取相关批准或政府补贴。

关于公司业务范围、定位或模式，例如，是强调离网电源，还是兼做并网电源？是强调风光互补，还是兼做单纯光伏？是做BT、EPC，还是兼做EMC？等等，类似问题不明确，从发行上市角度看，就是投资故事不清晰，相应地，公司投资价值判断受到影响。公司宣称，自身优势主要是关键组件或部件（风机、控制器）以及集成方面，另外售后、托管、资源（融资租赁）等方面也有优势。单就技术而言，公司所持的专利技术风能利用效率优势还须确认，而且可能已经不是客户关注的重点,换句话说,技术优势并非市场制胜关键。当然,总的来说,公司业务涵盖"节能、减排、环保"概念,或者"新能源"概念,行业属性和趋势应为市场看好。公司在坚持市场导向的同时,也要兼顾上市审核规则,据此对公司业务进行合理定位。

(3)财务方面。公司股本8 000万元,2010年年底总资产5.65亿元,净资产(归属母公司所有者权益)2.46亿元;2009年收入1.3亿元,净利996万元;2010年收入2.3亿元,净利1 230万元;2009年年底和2010年年底,存货分别为2 800万元和1.12亿元,应收账款分别为7 300万元和1.76亿元,经营现金流分别为净额-2 900万元和-5 000万元,营业成本、销售费用和管理费用较高,其中营业成本2009年和2010年分别为1亿元和1.5亿元,另外还有不少财政补贴(据说每年300万~500万元,2009年和2010年营业外收入分别为530万元和310万元,如以该数据进行简单税后扣除,则2009~2010年扣非后净利只有400万元和900万元左右)。

整体来看,财务表现方面问题主要是:收益不高,应收很多,现金不好。以目前的总资产、净资产(2010年年底2.48亿元)、股本计算,总资产收益率、净资产收益率、每股收益都比较低,2010年扣非、摊薄后分别为1.6%、3.6%和0.11元/股。作为新兴、成长行业来说,这样的收益水平明显偏低(统计显示,目前创业板公司上市前一年平均净资产收益率为29%,最低的如大禹节水、金刚玻璃等也在14%以上,一般公用事业或专业服务类公司则在30%以上。另外,即使按照上市公司再融资净资产收益率在6%以上的标准,YH公司的收益水平仍然偏低。实际上,据证监会会计部公布的数据,2010年全部上市公司平均每股收益人民币0.50元,平均净资产收益率14.44%;2009年全部上市公司平均每股收益人民币0.40元,平均净资产收益率14%)。存货和应收两项资产2009年占总资产的比例为36%、占流动资产的46%、占净资产的58%,2010年占总资产的50%、占流动资产的60%、占净资产的116%。另外,现金与利润进行比较,经营现金为负,且金额远远大于净利,收益质量很有问题。

如果按照常用的财务分析框架,就资产而言,主要看资产构成和现金含量。好在公司固定资产和除土地以外的无形资产较少,货币资金相对较多(2009年和2010年年底分别为9 100万元和1.76亿元),说明由于市场变化、技术进步等原因导致资产减值的可能性小,而且退出壁垒不高,财务弹性较好,不过同时存货和应收很多，说明潜在损失可能发生而且可能损失金额很大，包括存货减值、跌价以及应收账款计提准备和发生坏账。

当然，实际上YH公司存货虽多，但主要由于期末交货验收引起，一般不会跌价和减值；应收对象多为政府机构，账期虽然很长，但发生坏账的可能性不大。目前公司坏账计提比例一年内仅1%，如果提高哪怕一个百分点，公司利润就将受到极大影响。（根据统计，创业板公司一年内坏账比例最低可达0.5%，如冠昊科技，1%的也有若干案例，不过似乎以某些专业软件服务类或医药材料类公司居多。）

就利润而言，收入主要看成长、波动与市场份额，利润主要看成长、波动与毛利水平。YH公司收入成长快、波动小（指避免忽上忽下、不可预期），但是市场份额不明（整体上应该不会太大）；利润增长不好，波动较大（收入与利润增长不尽匹配），公司综合毛利2009年和2010年分别为23%和33%。考虑到公司销售和管理费用较高，应该说现阶段整体盈利空间尚可，只不过采购占款多、客户回款慢等原因客观上导致流动资金持续紧张，如果算上资金成本，利润水平比报表还要低些。

就现金而言，主要看经营现金与自由现金（即经营现金减去维持现有经营规模所必需的更新改造等资本性支出后的现金）。YH公司经营现金流不好，连年都是负数，当然也谈不上自由现金问题（公司所需更新改造支出不多，因为提供相关工程服务的主要部件均为外购，自身制造的主要就是风机，固定资产规模和相关更新需求较少），这也是其业务模式（先集中采购施工，后逐步催收回款）和客户结构（政府相关单位为主）决定的，收益质量因此受到很大影响。

除了上面说到的一些问题外，比较明显的就是募投项目问题。公司不以制造产品或部件为主业，由公司自己生产或委外代工的部分关键部件产能比较充分，所以，募投自己搞建设显然不需要。实际资金需求在流动资金方面，如果全部或者大量补充流动，作为募投项目是否可行尚须论证。

本项目的初步意见在提交YH公司讨论时，董事长介绍目前公司设有公用、民用、系统（森林防火、城市安防）、电源（移动基站）等四个事业部，并提示关注公司内部业务板块或部门划分与公司业务定位、未来发展的关系，或可从"小型民用化"的角度进一步考虑公司定位及其内涵。

（2011年8月）

改制前期三事

"改制"是个宽泛的概念,目前改制上市辅导过程中的"改制"多指有限责任公司变更为股份有限公司。实际上属于公司组织形式的变化,也有些企业涉及传统意义上的"改制",也就是把非公司制(如集体企业、全民所有制企业等)改为股份制公司,是一种真正的"体制改革",往往涉及专门、复杂的程序和内容。另外,实践中也有大量名义上已经改制的、按公司法成立的公司,但是实际上人员、资产、业务以及管理机制等还是老样子,这类公司改起来难度也不小。除此之外,在一个公司改为申报辅导的拟上市公司前期,还会涉及诸多前期事项需要消化处理,这些前期工作情况不一而足,处理时间有长有短,目的都是为上市辅导以及发行审核铺路。近期在 SG 公司 IPO 项目"首次中介机构协调会"上讨论的三个问题,包括组织架构的调整、业务范围的变化以及关联交易的处理,大致属于改制前期事项。

(1) 上市前与其他股东合设三家子公司。目前的主导产品公司仅生产关键部件,该产品应用系统由多种配件(约 20 种)组成,目前主要配件均通过外协加工,公司组装总成后对外销售。这种状况至少存在两个问题或不足:一是配套能力受限,二是议价能力不足,即采购成本较高吞噬部分利润。企业负责人称,关键部件具有较高的工艺和技术水平,公司曾试图弄清主要供应商有关重要部件的成本构成或利润水平的情况,但并无结果。近年公司与有关供应商协商,拟合资设立专门生产相关部件的子公司,事实上作为母公司的配套车间,组织生产三个关重件。讨论初步认为，总体方向可以接受，但应注意几点：①外部股东背景情况以及出资过程应该比较干净；②保证对子公司的绝对控股，实现对部件公司的实际控制；③防止后续生产经营（包括以子公司实施募投项目）对合作方的重大依赖，同时要考虑子公司作为募投项目实施主体时的资金承接方式、募投资金注入对股东权益的影响等；④关注上市前组织结构的变化（由单体公司变为下属三家子公司——且与外部股东合作——的双层级、多主体结构）、业务模式或生产组织方式的变化（由外部配套变为自己配套生产），是否影响业务经营与发展。

另外，项目组其他人员提出两点质疑：①公司陈述的情况尚须斟酌，上市前如引入外部股东设立子公司或涉嫌不当利益安排。尽管外部人不在母公司层面直接持股，但通过交易可能输送利益，上市后将子公司外部股东股权注入上市公司也可能获益。同时，子公司成立后，预计并不能完全满足配套需要，外部股东本身仍为公司供应商，这种状态能否真正达到公司希望的降低采购成本的目的，外部股东能否真正提供核心工艺技术，恐怕不无疑问。②是否构成业务重组。作为非同一控制下重组事项将影响有关业绩连续计算——业务重组包括新设公司等形式。

（2）开展延伸下游的新业务作为未来增长点。公司称，新业务的核心技术为业内首创，系企业主要骨干的职务发明，专利权等拟从母公司转为公司持有。该技术具有现行技术无可比拟的耐久、灵巧、感应等优点，具有重大经济和社会意义，未来盈利空间比现有主导产品还大。公司近期落实了有关前期资金等生产准备工作，可能在明年年初或中期形成新产品收入和利润，并拟作为募投项目之一。初步讨论意见为：①该项业务可以启动，对报告期影响有限，因为预计明年才形成收入，但判断对未来的影响，要考虑是否影响主营业务的认定、是否构成主业重大变化；②不适合作为募投项目，因为技术为全新的，尚无产品、收入，未经市场检验，从发行审核角度，不确定性风险过大（尽管公司或行业专家未必作如是观）。

（3）前期以关联公司名义招标承做业务。关联方J公司在SG公司之前成立，为了应对进口件虚高价格，在相关行业主管部门的倡导下，SG公司的母公司研究开发了相关技术并成功付诸应用。当时，母公司作为科研型事业单位，下属仅有J公司（全资子公司），注资资本仅50万元，为了满足招标时间，抓住市场机遇，新设公司来不及，所以先由J公司代替后来设立的SG公司参与投标，同时启动SG公司设立工作。于是，J公司竞标获得两个项目共计4.6亿元的订单，均由 2007 年年底设立的 SG 公司具体实施。这些订单直至 2010 年年底才逐步落实完成，具体方式是 SG 公司生产后销售给 J 公司，J 公司再卖给招标业主。背景大致如此，从形式上看，有关联交易，甚至有同业竞争，这个问题须在尽调基础上专门解释。

按照现有报表，报告期三年，SG 公司与 J 公司关联交易分别占 2008 年当期销售收入的 100%，之后两年占 30% 左右。考虑到 SG 公司主导产品的专利技术属于控股股东，其独立性问题更应关注。项目组初步意见，是将 J 公司进行吸收合并，但讨论之后，觉得主要障碍或问题是：

第一，合并是否必要。J 公司只是当初名义上承接了三个合同，自始至终都没有实际从事相关业务，现在并入该公司有何意义？

第二，程序比较复杂。J 公司为国有企业，SG 公司以股份公司合并国有企业，涉及国有资产的有关处置事项，包括清产核资、评估报备，乃至进场交易等有关环节。律师意见认为，国有企业应先改制设立公司才可合并，不过，后来查阅相关案例，似乎并无明确的"设立公司"程序，另外，参照央企内部整合有关规定，似乎亦无必要进场交易。当然，总的来说，核定资产、明确产权以及确定价值，肯定是必要的。

第三，即便合并，恐怕未必能够消除该交易事实上的影响，即预计在审核环节仍然不能避免按原貌解释。而且，如果笼统合并纳入 J 公司不相关业务，则涉及业务范围的变化，以及为了消除因吸并引发的同业竞争问题，而不得不进行控股股东下属其他类似 J 公司业务的继续整合。

项目组和其他中介（律所、审计机构）反复讨论后，在公司内部进行了再次讨论，主要意见是不予整合，按实际情况进行说明或备考。对于直接按业务合并或合同控制的实质进行会计处理的做法，多数人持谨慎态度。

事实上，关联方 J 的确在 SG 成立后将所承接的大额合同全部转由 SG 执行。在该合同的承揽及执行过程中，除了以 J 公司名义投标和签约外，涉及该合同相关业务的具体经营管理均由 SG 公司全面控制（其中，投标和签约事项由后来成立的 SG 公司的管理层实际主导和操作，合同执行包括生产、安装、技术服务、客户维护、货款回收等均由 SG 公司直接面向终端客户实施），且 J 公司在承揽该合同之前或之后均不拥有从事该业务的相关生产设备和人员。在执行业务过程中，SG 公司名义上对 J 公司签约供货，J 公司按合同金额 2.5% 扣除相关费用（主要是有关人员费用或经手费用）后将合同收入转归 SG 公司。

在会计上，SG 公司原始报表按 SG 与 J 之间关联交易处理上述事项，并以扣除 J 方收取的 2.5% 相关费用后的合同金额确认销售收入。审计会计师提出：按实质重于形式原则，SG 公司为该业务合同的实际投标和执行主体，或者说，SG 公司对上述合同或业务形成控制，SG 公司实际销售对象应为终端客户，相应地，SG 公司对 J 公司形式意义上的"销售"不应作为关联交易进行披露，而应直接披露相关终端客户，以免造成报表使用者误读。相关会计处理调整为：SG 公司按全部合同金额确认销售收入，支付给 J 公司 2.5% 相关费用计入管理费用。

以上调整意见是否合理，就此我们向证监会有关审核官员和发审委员进行了咨询，得到的反馈是，在证监会正式审核前，这类问题实际上不可能有明确答案。证监会官员的口头回复是，对于关联交易原则上要"从严认定"，意指如果可能认为是关联交易，就应认定为关联交易。项目组经过讨论，基本决定按关联交易披露，然后据实进行解释，需要的话考虑备考说明（实际上备考多基于重组事实）。这样，从首次中介协调会上提出的据实解释原则，到提出主体吸并建议、业务合并建议或实质会计处理建议，再到据实解释，走了一圈，又"返璞归真"了。我们预计，在审核环节，这将是一个比较"纠结"的问题。

（2011 年 1 月）

审核预判二则

L公司是杭州的一家珠宝商,老板是东北人,20世纪90年代后期进入珠宝行业,相继推出若干细分品牌,运作比较成功。2006年公司在家族企业基础上引入四家外部股东,经过若干次股权调整,目前外部投资人持股33%,余下由老板家族和管理层持有。公司在上海、广州、成都各有一家全资子公司,目前共有店铺约200家。2011年年底公司净资产约6亿元,净利润近1亿元。

考虑到这个公司所属的消费及消费升级概念,主体沿革以及规范运作等方面问题不大,财务表现较好,行业地位也有,募投主要用于门店扩张或许有经营效益和市场消化的问题,其他就看审核政策导向和项目申报质量了。L公司曾经向中国证监会申请IPO,但由于前任券商变故而终止合作,现准备更换保荐机构再次申报。经由前期项目组对行业和企业的了解,结合与企业、中介、监管部门沟通情况,我们需要对两个关键问题进行"技术性"预判——这些问题通常不属于政策性或实质性障碍,而是可以在事实分析的基础上进行专业解释,解释通了,也就不是问题。

首先是存货问题。珠宝行业的惯例是存货高,原因主要是近些年乃至历史上通货总是处于膨胀状态,而黄金、钻石、翡翠等珠宝由于其稀缺性,总体是可以保值升值的,不像一般的工业品几乎可以无限地制造出来,更不像通货可以毫无节制地印发。稀缺的东西,如可用土地、稀有金属等,只要社会存在需求,一定程度上可以对抗货币贬值,所以客户愿意购买、使用、收藏、投资,商家自然愿意尽量备货，反正基本不存在跌价损失问题。从财务角度看，存货过多，可能引发几大方面的质疑：一是是否有跌价风险，假如市场环境变化导致存货可变现净值减少，这种减值损失直接影响损益。即便说珠宝相对保值，但宏观经济与行业环境未来究竟如何，谁也难有绝对的判断；二是会计政策是否谨慎，如果存货很多而不计提减值准备，是否具有合理性，是否具备谨慎性，需要解释；三是影响经营效率，存货多则周转慢，如果显著低于同行，或者与会计常识接受的周转水平相比差别很大，可能预示经营周转能力不佳；四是提示市场风险，存货水平很高，特别是如果逐年增加，越来越多，或许说明销售不畅，市场有问题，或者管理、销售或竞争能力有问题，进而说明未来盈利能力有较大不确定性；五是鉴于珠宝特殊情况，其存货体积小、价值大，常人从外观上不易弄清其品质和价值，存货过多和价值过大，在真实性方面亦须确证。过去3年，L公司年末存货分别为4.4亿元、7.2亿元、6.8亿元，更前一年是2亿多元，大致来说，2009~2011年报告期比2008~2010年要好些，因为2011年存货增长得到控制，甚至略有下降，这是在收入、资产大幅增加的情况下实现的，趋势是好的。

  根据L公司前次申报的反馈意见，关于存货的问题是：①需要解释存货余额和占比较高、余额大幅增长、周转低于同行的原因。②抽盘大额存货，核查、测算、分析、确认存货计价是否准确、不予计提是否合理、是否存在滞销风险、发出存货计量方法。③核查存货的会计核算和内部控制并出具专项核查报告。

  2011年被否的42家IPO企业中，涉及存货的有3家，问题主要是存货增加、周转率低和没有计提跌价准备等。其中，斗山锰业被否原因为，报告期销量大致相同而销售费用、管理费用下降、存货增加、现金流为负并远低于净利润、主要产品毛利率下降、募投项目新增产能与发改委备案意见不符，质疑未来盈利能力；维格娜丝时装被否原因是，其店铺和收入大幅增长而销售数量未见增长，存货大幅增长、存货周转率低且未计提跌价准备，募投新开自营店铺85家而申报前一年关店46家，新开店铺盈利需要相当时间，质疑其财务表现合理性及未来盈利能力；山东舒朗服饰被否原因是，报告期3年新开店铺60、90、200家以上，各报告期末存货大幅增加、存货周转率远低于同业，产品产销率和直营店销售平效逐年降低，募投新开380直营店，质疑持续盈利能力。

  对照L公司的情况，其存货价值可以通过评估来佐证，说明不提减值完全可以站得住脚；存货增长已经得到控制，报告期末的情况趋于好转，未来或有较好预期；

周转率 2009～2011 年分别是 0.64、0.56 和 0.57，行业内 H 股周大福 2009～2011 年（财年截至 2011 年 3 月 31 日）分别为 1.68、1.85、1.87，A 股潮宏基 2010 年为 0.97、名牌 2.6、老凤祥 4.9，公司在业内显然处于较低水平，相当于潮宏基的 1/2，或周大福的 1/3，与其他几家也有较大差别。当然这里有一个可比性的问题。

其次是加盟或连锁问题。这与行业情况有关，珠宝的经营主要靠渠道和品牌，其中品牌是关键，渠道是基础，没有渠道是不可想象的，尤其近年（内地以 2006 年取消关税为标志）行业发展迅猛，珠宝商的重要竞争手段之一就是抢滩掠地，开店扩展。

开店过快，尤其是加盟太多，将会引起系列质疑：一是经营模式转变风险，例如，原以直营为主，后来加盟较多，如果模式转变时间短，幅度大，见效慢，未来风险相应较大；二是销售平效下降问题，开店越多、越快，可能导致单店销售规模和盈利水平、单位面积或整体店铺经营效益下降，未来盈利不确定性增加；三是对于加盟店能否实施有效的内部控制，经营运作是否规范，加盟店涉及品牌统筹、质量控制、定价管理、收入核算（如退换货）等问题，管理不善或合作不好，可能影响公司整个内控质量与经营效益，包括联营店乃至自营店也会涉及其中某些方面；四是加盟店与公司有无关联关系或利害关系需要证明，如果加盟店为关联方或间接的利益关系人控制，可能影响交易公允，进而涉及利益输送或操纵问题；五是加盟连锁经营情况能否说明募投合理性、可行性，这个行业的募投项目往往都是开店，如果报告期内已经看出新开店铺效益不好，关店率高，或许说明募投前景堪忧，所以开店与撤店情况、原因等需要关注；六是加盟以及联营、直营财务核算是否真实、合理，如果开店虽多而管理混乱，合同执行和风险防范不力，加上部分主观恶意，可能造成财务造假或核算错误。

前次申报的反馈意见，对于店面方面提了不少问题，包括：①披露直营店名称、地址、面积、开业时间、租金、装修支出、收入乃至税金和净利（后两项不符实际情况）；②披露联营店有关联销合同、租赁协议，核查有关收入确认、货款结算、退换货等事项；③披露加盟店控制人、名称、地址、面积、开业时间、加盟期限、加盟费用及其收取情况，披露公司股东、实际控制人和高管是否直接或间接持有加盟店股份，核查加盟合同有关收入确认、货款结算、退换货等事项，核查加盟店控制人与公司的关系。

参照 2011 年有关连锁模式的被否案例，除了前已提及的两家服饰企业，还有其他几家，比如深圳千禧之星被否，因为加盟店内控问题，其加盟店未使用公司品牌或同时经营其他品牌，导致原申报材料确认的部分加盟店收入在反馈回复中调整至批发收入，2008～2010 年度金额分别为 2.45 亿元、2.24 亿元、2.59 亿元；福建诺奇服装被否，因为持续盈利能力和募投市场前景不确定性，该公司品牌推广和研发费用低于同业，直营为主转为加盟为主时间较短，新开加盟店盈利低于原有加盟店；上海利步瑞服饰被否，因为出口欧美销量大幅下滑、对日销售大幅上升且最近一期单一客户销售占比 60% 以上，主营毛利率及销售净利率显著高于同业，客户依赖性和财务合理性被质疑；华海电脑连锁被否，因为连锁经营扩展和持续盈利能力的不确定性，其 8 家直营店中 6 家属于转租经营，而转租经营门店微利或亏损，门店租金逐年大幅增长。

此外，淑女屋被否，源于店铺扩张及其销售能力与新增产能消化存在不确定性，所募投的服装家纺生产项目两年建成、产能翻番，自主产能满足率为 52%，产能消化以直营店为主；募投的 322 家直营店两年建成，且同期自主扩展店铺 180 家，两年后新增店铺占比 63%；报告期新开店铺平均单店销售与其他店铺有较大差距（第二年达到其他店铺 70%～90%），监管部门质疑其自主扩张店铺能否如期建成、新开店铺能否达到预期销售水平、新增产能能否消化。

总的来说，L 在店面模式、管理、扩张、效益等方面可能面临前述类似疑问，项目组拟在后期工作中，重点核实、分析有关店面的开撤、效益（尤其新店）、收入确认与合同执行、管理控制、有无不当利害关系等。这项工作需要花费相当时间和精力，不过对于顺利推进项目是完全必要的，而且弄清这些问题是完全可能的。

（2012 年 2 月）

历史综合征

我国股市融资行政性中断将近一年。由于缺乏一个长效市场基础机制，采用行政擅断的方式说停就停、说开就开，结果使这个市场更加不健全，更加不确定。这一回，融资重启之后首单选择的是 SJ 公司。实际上，在几百家排队苦候的企业中选择谁来开道并不重要，重要的是能起到开道作用，所以，选中的企业大可抱着中彩的心理。

SJ 信息披露后，其改制过程受到质疑，即国有转民营时资金来源等程序不尽规范。报道称，举报主要是两件事：一是 SJ 公司 1995 年、1996 年、1997 年三年工资总额和实际工资总额不符；二是公司中高层管理人员向 SJ 集团（原国企）秘密借款购股事宜没有披露。举报人向记者展示了加盖 SJ 集团公章的工资证明、SJ 集团催其归还 22 万元借款的通知以及归还"购股借款"时的收款收据等文件。但是，这一次，SJ 命运不同于此前"LL"公司（因为部分股权交易程序上的瑕疵而未能上市，募资后又清退股款），经发行人、保荐机构等补充披露，认为工资披露没问题，购股款项来自自筹等，结果 SJ 被放行上市。

许多人猜测，这是中国资本市场特有的逻辑。何则？SJ 是本次 IPO 重启第一单，作为监管部门与地方政府等的"政治任务"，他们有责任联手，把一般情况下不可能的事变为可能。

最近我所在的保荐机构拟申报的一个项目——KJ 公司——也遇到类似问题。

在内核会议上，KJ公司从事业单位改制为管理层为主的私人企业的过程中所涉个人购股资金来源问题，成为关注焦点。尽管省政府专门出具文件，证明"KJ公司历史沿革及股权演变履行了法定程序，并经部门批准，符合当时相关法律法规和政策规定"。实际上，经查KJ公司通过省工商联向省政府请求确认历史沿革及股权演变合法性的材料，2002～2004年期间有关个人购股过程等细节，恰是当时改制不尽规范或不尽适当的"历史瑕疵"，也正是发行人和保荐机构希望权威部门出面澄清、定性的地方。

于是，内核会议再次召开，重新审议。有人主张政府文件应当包括资金来源内容，或者至少申请文件应当包括这个内容（以便推定政府已知资金来源问题），否则无法确定政府文件的效力——在政府不知情的情况下，即假定政府并不清楚资金来源的瑕疵，政府文件的证明效力要打折扣，甚至可能无效，政府可能事后以此为由否认文件效力。作为保荐机构，除了通过尽职调查弄清事情原委并如实披露之外，还要判断有关情节是否合法合规，具体来说即资金来源究竟有无瑕疵以及瑕疵的具体影响。

相关文件主要有这么几个：原经贸委、财政部和央行1999年发布的89号文《关于出售国有小型企业中若干问题意见的通知》，规定"不得以所购买企业的资产作抵押，获取银行贷款购买该企业"等；2003年国务院办公厅转发国资委《关于规范国有企业改制工作意见的通知》（国办发［2003］96号），规定"不得向包括本企业在内的国有及国有控股企业借款，不得以这些企业的国有产权或实物资产作标的物为融资提供保证、抵押、质押、贴现等"；2005年国务院办公厅转发国资委《关于进一步规范国有企业改制工作实施意见的通知》（国办发［2005］60号），规定"管理层持股必须提供资金来源合法的相关证明，必须执行《贷款通则》的有关规定，不得向包括本企业在内的国有及国有控股企业借款，不得以国有产权或资产作为标的物通过抵押、质押、贴现等方式筹集资金，也不得采取信托或委托等方式间接持有企业股权。"

其他比较重要的制度还有：《企业国有资产监督管理暂行条例》（国务院令第378号）、《企业国有产权转让管理暂行办法》（国资委、财政部令第3号）、《关于印发〈企业国有产权向管理层转让暂行规定〉的通知》（国资发产权［2005］78号），等等。

有意思的是，2009年3月24日，国资委出了个文件，《关于实施〈关于规范国有企业职工持股、投资的意见〉有关问题的通知》，第一次规定了对于违规改制行为的纠正办法（主要针对国有持股单位中层以上管理人员所持改制而来的股权），对于向原企业借款和以原资产担保的情况，"改制为国有控股企业的，改制企业的国有产权持有单位中层以上管理人员违规所得股权须上缴集团公司或同级国资监管机构指定的其他单位（以下统称'指定单位'），其个人出资所购股权按原始实际出资与专项审计后净资产值孰低的价格清退；持有改制企业股权的其他人员须及时还清购股借、贷款和垫付款项；违规持股人员须将其所持股权历年所获收益（包括分红和股权增值收益，下同）上缴指定单位。改制为非国有企业的，国有产权持有单位参照上述规定进行纠正，也可通过司法或仲裁程序追缴其违规所得"。

像 KJ 公司这种情况，如果比照"改制为国有控股企业"，则管理人员股权应上缴（个人未交钱，含股权和利得）或清退（个人已交钱，按原始出资和现在审计净资孰低），非管理人员应交钱（个人未交钱，应交股款和利得）；如果比照"改制为非国有企业"，则要么无法操作（因为已经没有所谓的"国有产权持有单位"），要么进入司法或仲裁程序（问题是谁来做原告——原国有产权持有单位或相关部门，这一点也不甚了了）。

严格来说，2000 年前后，并没有直接适用于 KJ 公司这种事业单位改制、涉及资金来源等操作细节的法规（直接依据有：中共中央、国务院《关于加强技术创新、发展高科技、实现产业化的决定》（1999 年 8 月 20 日中发 [1999] 14 号）以及企业所在地方省委、省政府《贯彻中共中央国务院关于加强技术创新、发展高科技、实现产业化的决定的意见》、省政府办公厅《转发省科技厅等部门关于全省科研机构改革转制工作的实施意见的通知》等。这些规定都没有涉及资金来源等操作细节）。如果参照《关于出售国有小型企业中若干问题意见的通知》，理解上可以认为，以购买对象的资产提供担保筹集购股资金显然不适当，但能否影响交易本身的效力却是另一回事。就 KJ 公司的情况而言，可以看出整个申报过程能够说得清楚、也能经得起推敲。

我在内核会议上说，这些问题都是渐进式改革与转型的后遗症（当时不是问题现在却是问题）、并发症（原本是这样的问题，却引起那样的问题）和综合征（不仅是自身的问题，而且是社会的问题）。改革以来，部分国有资产的产权在改革过程中是无法弄清的，此一时彼一时。我个人的看法，要尊重历史，而且要面向未来，只要不是恶意侵占国家财产，如果客观上推动了企业发展，总体上没有什么利益失衡，或者于人无害而于己有利，就应该肯定，不应该较真，更不应该以"今人"眼光苛求"古人"，拿现在的法规衡量过去的事情。

（2009年6月）

谁在控制公司

由谁实际控制一家公司,这种控制关系的认定是IPO项目的一个基本问题,实践中有时看起来事实似乎很清楚,但实际控制人状况却不易判断。我们接手GK公司IPO项目后,用了差不多半个月的时间主要考虑DK公司应否并表的专业问题,其中的关键在于对控制关系的判断。项目组通过查阅书面材料、访谈公司高管、与会计师现场交流以及项目内核负责人专题讨论、咨询相关中介机构和监管部门意见等方式,反复梳理有关事实与理论,并且提出自己的观点。

关于DK公司实际控制问题的事实,主要包括出资情况、经营场所与发展渊源、高管人员、公司章程、股东陈述等方面。

DK公司于2004年8月20日登记成立,注册资本1亿元,其中FD公司以专有技术等无形资产出资2 000万元,FS公司以实物出资3 000万元,GK公司以货币出资5 000万元。2009年11月,FS公司将股份按出资原值转让给FD公司。同年12月,DK公司增资至8亿元,以DK公司截至2009年11月30日税后可供分配利润5.7亿元转增,FD公司和GK公司各货币增资6 500万元,合计增资7亿元。

DK公司的主要经营地在华南地区,2010年年底,原GK公司相关零部件资产整合进入DK公司,目前除华南地区外,DK公司下属各家分子公司经营地均在华中地区。(另外,经营地在河北保定、安徽六安以及四川成都的若干子公司并未正常经营,在DK公司体系内不具有重要地位。)华南和华中地区分别是合资双方FD公司、GK经营事业的主要发祥地。DK公司设立之初，2004年4月15日、5月13日有关当时投资项目的两份重要会议纪要显示："FD公司持股占50%""华中生产基地的处理是合资公司成立的关键/原有分公司注销""资产交接之前，现有的零部件经营继续由FD下属公司维持"等，即公司发展初期的资产、业务、技术、商标等依托于FD公司。

2010年年底前，董事共6人，双方各占3席。之后，董事共7人，GK公司占4席，FD公司占3席。FD方面的董事最初包括L（FS总经理）、W（FS公司副总经理）、C（FD公司计划处处长），2010年4月改为Z（FD公司总经理）、Y、C三人，2010年12月改为Z、H、P三人；GK方面的董事为X、M、F，2010年4月F变更为A，2010年12月增加董事S。DK公司董事长（法定代表人）先后为L和Z，监事包括W（FS公司总会计师）和O（FD公司审计部部长）以及B等人。总经理自公司成立至今均为X，财务负责人为T（原FS公司人员）。另外，从始至今，DK公司总经理（X）依据授权实际行使法定代表人部分职权。

2003年章程规定，股东按照出资比例行使表决权，董事会决定须过半数董事同意，监事会决定须半数以上同意，章程还约定了财务负责人职责的特别条款："财务副总经理（兼财务部部长）协助总经理工作，在总经理违背董事会关于财会管理决议和违背公司制定的财会制度时，财务副总经理可停止办理并向总经理陈述停办理由，同时及时向董事会汇报。"

2010年章程修订后，减少股东会两项原有权限（"决定经营方针和投资计划"和"批准年度预决算方案和利润分配或弥补亏损方案"）、改变董事会组成（GK方面增加1名董事）、增加董事会权限（包括上述股东会所减少权限以及批准股东股权转让或股权质押、对外担保、资产转让、长期投资、组织变更等）、取消原"特别条款"（改为"财务副总经理协助总经理工作，分管公司财务工作"）、增设党委书记（FD公司推荐）、固化合作关系（①GK公司承诺零部件业务全部纳入DK公司；②FD公司是其零部件业务唯一合作伙伴；③GK公司不再单独或与其他伙伴合作发展相同业务）、明确商标使用（FD公司承诺使用相关商标的零部件业务仅在DK公司开展，FD公司及其关联企业不得在相同零部件产品载体上单独使用相关商标）。

根据FD公司的书面说明，2004～2010年年底，GK方面"全面负责DK公司的经营和管理""在DK公司的战略部署、发展规划、分红派息、经营（包括采购、生产、销售、研发、财务等)、财务预决算、对外投资、高管提名和任免等重大方面起主导作用"。FD 公司方面对于 GK 方面主导提出的董事会提案,"只要有利于合资公司的发展,我公司均予以了支持,从未否决过 GK 公司提出的议案","DK 公司的分红派息是根据 DK 公司的现金流及 GK 公司的资金需求情况确定的,在 DK 公司的现金流能够保证正常经营管理的情况下,我公司一贯支持 GK 公司关于分红派息的提议"。

同时,FD 方面认为,其合资的目的主要是"实现投资收益",推选财务负责人的意图在于"控制投资风险""起财务监督作用""保证国有资产保值增值"。根据与 GK 公司相关高管的交流,GK 方面认为,DK 公司自始即由以 X 为主的管理层和 GK 公司实际决定公司全面运作,DK 公司的实际控制人为 GK 公司。

目前,律师出具的法律意见认为,GK 公司在 2004 年～2010 年 12 月 31 日构成对 DK 公司的实际控制,会计师则认为其间 DK 公司处于 GK 公司与 FD 公司共同控制状态,2011 年 GK 公司对于 DK 公司始实施控制,相关会计处理为:以 2010 年 12 月 31 日作为合并日,按非同一控制下合并对 DK 公司进行了合并报表,以相关资产负债公允价值(评估值)合并资产负债表,不合并 2010 年度利润表(体现投资收益)。

上述事实还需结合"控制"与"合并"的相关规则与理论进行讨论。一般认为,"控制"与"合并"的概念可在不同意义上使用,例如,法律上、会计上以及实务当中,不同场合其含义或有不同。以下讨论主要基于我国现行会计准则以及证监会有关"实际控制人""主营业务是否发生重大变化"等相关规则或者政策要求。

按照会计准则的定义,所谓"控制",是指"有权决定一个企业的财务和经营政策,并能据以从该企业的经营活动中获取利益";"共同控制"则是"按照合同约定对某项经济活动所共有的控制,仅在与该项经济活动相关的重要财务和经营决策需要分享控制权的投资方一致同意时存在",区别于"共同控制经营"与"共同控制资产"规定。

会计准则规定的企业合并,是指将两个或者两个以上单独的企业合并形成一个报告主体的交易或事项。企业合并分为同一控制下的企业合并(参与合并的企业在合并前后均受同一方或相同的多方最终控制且该控制并非暂时性的,为同一控制下的企业合并)和非同一控制下的企业合并(参与合并的各方在合并前后不受同一方或相同的多方最终控制的,为非同一控制下的企业合并)。

可见,会计准则规定了"控制"的定义,但同时使用"最终控制"概念,"最终控制"概念与法律上的"实际控制人"(虽不是公司的股东,但通过投资关系、协议或者其他安排,能够实际支配公司行为的人)或证券监管规则中使用的"公司控制权/公司控制权人"是否等效,尚不清楚。另外,《企业会计准则第20号——企业合并》规定的"企业合并",是指控股合并,不涉及法律上讲的吸收合并或新设合并,不包括合营合并(两方或者两方以上形成合营企业的企业合并),也不包括合同合并(例如 VIE 或协议并表,仅通过合同而不是所有权份额将两个或者两个以上单独的企业合并形成一个报告主体的企业合并)。

根据证监会有关证券期货法律适用意见,"公司控制权是能够对股东大会的决议产生重大影响或者能够实际支配公司行为的权力,其渊源是对公司的直接或者间接的股权投资关系。因此,认定公司控制权的归属,既需要审查相应的股权投资关系,也需要根据个案的实际情况,综合对发行人股东大会、董事会决议的实质影响、对董事和高级管理人员的提名及任免所起的作用等因素进行分析判断"。"如果符合以下情形,可视为公司控制权没有发生变更:(一)发行人的股权及控制结构、经营管理层和主营业务在首发前3年内没有发生重大变化;(二)发行人的股权及控制结构不影响公司治理有效性;(三)发行人及其保荐人和律师能够提供证据充分证明。"⊖ "律师和律师事务所就公司控制权的归属及其变动情况出具的法律意见书是发行审核部门判断发行人最近3年内'实际控制人没有发生变更'的重要依据。"⊜

关于业务重组导致主营业务发生重大变化问题,相关重组方式"包括但不限于以下方式:(一)发行人收购被重组方股权;(二)发行人收购被重组方的经营性资产;(三)公司控制权人以被重组方股权或经营性资产对发行人进行增资;(四)发行人吸收合并被重组方。"对同一公司控制权人或者非同一控制权人下相同、类似或相关业务进行重组的情形,按照规定以及相关解释,应当比较重组双方的资产总额、营业收入或利润总额情况,并且根据相关比例决定符合申报条件

⊖ 此处虽然针对发行人控制权问题,但不妨参照用于判断 DK 公司 2010 年前后控制权是否发生变化。

⊜ 此处规定虽然针对发行人实际控制人是否发生变更问题,但是在发行人下属公司的实际控制人问题的认定上,律师意见对于监管部门或应具有类似意义。

的时间，比如非同一控制权人下业务重组，相关比例超过100%则须持续经营三年后才可申报。假定DK公司2010年年底的合并事项被认为属于非同一控制权人下业务重组，相关指标如下表所示。

（单位：万元）

	资产总额	营业收入	利润总额
GK公司①	339 323.15	344 915.78	46 030.22
DK公司②	420 051.92	506 225.23	42 239.57
②/①（%）	123.79	146.77	91.76
扣除主要关联交易后			
GK公司③	—	125 152.72	—
DK公司④	—	406 816.16	—
④/③（%）	—	325.06	—

注：暂时无法取得扣除关联交易后的资产总额、利润总额相关数据，故未予计算。

需要注意的是，根据2010年8月证监会相关非正式解释意见，会计上"同一控制"的概念与实务中"同一实际控制人"的概念有所区别，会计上的控制（同一控制）应符合会计准则关于控制的定义，而"同一实际控制人"则未必，例如，兄弟姐妹、近亲属可以构成同一实际控制人，但不属于会计上的控制，进一步来说，兄弟姐妹、近亲属之间的业务整合在会计核算上不能作为同一控制下合并处理（即作为非同一控制下合并），但此类整合在计算有关业务重组导致的主营业务是否发生重大变化的监管指标时，可视作同一控制下的业务整合来计算。另外，根据个别观点，类似DK公司的情况，鉴于其判断控制关系时涉及的主体为具有公司治理结构的法人主体，而非具有血缘关系的自然人，与上述"近亲属"特例情况似乎不具有可比性。

从理论上来说，会计上规定的"控制"和"合并"等，出发点主要在于明确利益流向与归属，其判断总体上偏重实质，这是会计作为"经济利益"的计量和表达工具的属性所决定的。相应地，合并报表的理论基础是母公司理论，而不是实体理论。法律的属性是"定分止争"，总体上偏重形式，但是具体到作为合并报表主体的公司法人，在公司作为法人实体的理论属性判断上，如"拟制说""否定说"等也具有实质内容。所以，在实质意义上，会计上和法律上的"控制""最终控制""实际控制/实际控制人"等可以相通。

不过，在证监会相关规则和解释中，"公司控制权""同一实际控制权人"等概念主要服从于界定发行条件的需要。例如，发行条件要求报告期公司实际控制人不变、主营业务没有发生重大变化，其目的是以控制权及其体现的经营管理没有变化、主营业务相对突出和稳定为标准要求，尽量保障上市主体未来得以连续发展、持续盈利。正因为如此，前述近亲属之间业务整合的特例，虽不属于会计上"同一控制"，却因其业务属性和血缘联系，或实际上有利于公司未来管控与经营（如减少关联交易、避免同业竞争等），故将其作为同一控制权人下的业务重组。大致而言，在上述概念中，除了证券监管规则适用的某些特殊情况，"控制"含义基本相通，且主要从实质来认定。

根据一般会计准则，判断控制与否应遵循实质重于形式的原则，应综合考虑以下因素：①投资者的相互关系；②公司治理结构；③潜在表决权；④日常经营管理特点。同时，会计准则解释特别指出，"在被投资单位董事会或类似机构占多数表决权"的条款只有在上述机构能够控制被投资单位情况下适用，否则不适用该条款。

不过，在实践中，由于认识上的原因，有关会计控制的判断可能存在种种歧误，例如：①以在股东会、董事会表决权比重作为认定控制与否的决定因素。按照实质判断原则，如果认定某方在投资者相互关系、潜在表决权、公司治理结构、日常经营管理特点等方面存在控制事实，则不能以另一方在股东会或董事会的表决权优势为由，认定后者对公司实施了控制。②以某方有能力控制证明其具有控制权。控制是报告期内业已存在的控制事实，而不是控制能力。也就是说，即使一方有能力进行共同控制或控制，但在报告期内如果该方未运用上述能力，而由对方实施控制，则应认定为对方控制。有能力控制或共同控制，不能成为认定该方在报告期内实施了控制、共同控制的充分依据。③以合营一方实际经营管理该企业反证其不具有控制权。国际会计准则规定："合同约定可能指定一个合营者为合营的经营者或管理者。经营者并不控制合营，而是根据合营者按合同约定确定的并且交给经营者的财务和经营政策进行运作。"如果经营者非但不是来自合约指定，而是合营的控制者本身，或者尽管合约规定一方为经营者，但该方实际控制合营，那么合营一方实际经营管理企业应是其在"投资者相互关系"中明显具有优势的主要佐证，并可以作为其实际控制地位的有力依据，而不是相反。总之，关于会计控制的实质判断，在规则和理论上具有某种程度的解释空间，所以对于同一事实可能存在不同认识。

基于上述事实与理论，可以看出，关于 DK 公司实际控制人的判断，关键在于如何认识2010年年底以前（以下简称"前期"）公司控制状态，因为对于2010年年底董事会结构及公司章程调整后的控制状态，各方认识基本一致，即由GK公司实际控制。以下简要总结前期控制问题的不同判断及主要依据。

（1）认为前期由双方共同控制的依据。形式上的依据包括：①双方股份相同；②双方董事会席位相同；③重要管理岗位方面双方控制程度相当，FD方面担任法定代表人且选派财务负责人，GK方面担任总经理及其他管理职位；④2003年章程规定的"特别条款"，证明了FD方面在财务控制方面对GK方面的制衡。

实质依据包括：①尽管FD方面陈述，前期GK方面在实际经营中起主导作用，但总体上GK方面仅有提议权，而无单方决策权；②事实上GK方面在任何重大问题上均需与FD方面协商一致；③早期合作的有关设计、技术、场地、商标等来自FD，在合作之初，显然FD居于主动地位，特别是截至目前FD拥有的商标对于DK公司的发展仍然影响较大[⊖]；④自成立至今DK公司生产资质沿用FD方面资质，产品目录属于FD名下，在相关行业统计中亦归属于FD系列，业内大多将DK公司相关产品视为FD品牌组成部分；⑤FD方面在行业中具有优势地位，对DK公司管控状态具有潜在影响。

其他辅助或分析性依据：①鉴于前期合资协议、章程以及股东会、董事会会议记录或其他日常经营管理文件主要证明双方共同控制，以股东事后陈述来证明前期GK方面的实际控制，似乎缺乏足够的证明力或说服力；②增加董事、修改章程之后纳入合并报表，比较合理的解释是经过谈判、争取而在形式上增加控制，此后的实际控制恰恰证明前期不属于GK方面实际控制。

（2）认为前期由GK公司实际控制的依据。形式上没有明显依据，不过，FD方面推选财务负责人并约定相关"特别条款"，并不等于FD方面控制了合营公司财务政策，财务负责人只是负责实施公司财务政策，而非决定公司财务政策，相关"特别条款"也仅是财务内控制度的具体体现而已。同时，总经理X长期获得法定代表人的重要授权（根据《法定代表人授权委托书》），可以视为GK公司控制力的辅助依据。

实质依据主要包括：①FD方面对于事实状态的全面陈述：如前所述，FD方

[⊖] 商标不仅影响实际控制的认定，更重要的是，考虑到商标对于有关产品和所处行业的重要意义，考虑到国有资产管理要求、上市公司利益保护的监管理念以及资产完整、经营独立、避免业务竞争等申报条件，商标事项进而可能构成实质影响。

面确认，前期 GK 方面"全面负责 DK 公司的经营和管理""在 DK 公司的战略部署、发展规划、分红派息、经营（包括采购、生产、销售、研发、财务等）、财务预决算、对外投资、高管提名和任免等重大方面起主导作用"；尽管 FD 陈述中，其对于 GK 方面的董事会提议、分红提议的支持通过具有限定条件，但从实质理解，所谓的限定条件，例如，"只要有利于公司发展""在 FD 公司现金流正常情况下"，并无实质约束，总体上可以理解为 FD 方面完全认同 GK 公司前期对于 DK 公司的实际控制；②从公司治理结构、日常经营管理特点等角度看，事实上公司股东会、董事会部分权力重叠，经营层实际履行了董事会相当部分的职能。例如主导了经营方针和投资计划的制订和实施，决定了内部管理机构的设置和调整，决定了聘任或者解聘副经理及其报酬事项，负责制定了公司的基本管理制度，总经理实际行使了法定代表人职权，等等，构成 GK 公司控制的部分事实依据。

其他辅助或分析性依据，主要有：① FD 方面 2010 年年底之前股权一直相对 GK 方面较弱，因为 FS 公司尽管属于 FD 公司"业务单元"，但并非全资子公司；② GK 方面董事、高管的稳定性较强，GK 公司的实际控制人代表 X 身兼股东代表、董事和核心高管三重身份，GK 方面的董事主要为执行董事（FD 方面则为非执行董事），而且在公司股权比例、公司治理结构、日常经营运作未发生变化的情况下，GK 方面增加董事席位比较合理而且比较符合实际。原因是，在董事结构变化之前即已由 GK 方面控制公司，董事席位增加前后公司控制方式并未发生变化；③ DK 公司的核心部件皆由 GK 公司供应，2010 年年底 GK 方面把所属价值约 10 亿元资产（包括下属相关股权和资产）整体纳入 DK 公司，DK 公司下属主要子公司如 YK 销售公司（利润占比约 50%）等由 GK 方面主导运作；④从报表使用目的或体现报表可比性角度，认定前期控制更加合理。

从 IPO 申报的角度，不同的判断可能会影响具体申报工作。

（1）认定前期由双方共同控制。在会计处理上作为"非同一控制下企业合并"事项。其影响是：①可能被认为属于"非同一实际控制权人下的业务重组"，即公司主营业务报告期发生重大变化，最早在 2014 年（合并 3 年后）方可申报；②假定不被认定为上述非同一实际控制权人下的业务重组，由于 2010 年度体现较大投资收益，最早在 2012 年一季度方可申报。另外，目前律师已出具法律意见，认为 DK 公司前期实际控制人为 GK 公司，这与会计处理存在矛盾。

（2）认定前期由 GK 公司实际控制。GK 公司对 DK 公司自成立至今均构成实际控制，在会计处理上将前期权益法核算进行会计差错调整。其影响是：不涉及报告期主营业务发生重大变化或最近会计年度净利润主要来自合并财务报表范围以外投资收益的问题，所以不影响申报时间。

综合上述有关事实、规定、分析观点等，项目组讨论认为：

（1）认定前期由 GK 公司实际控制相对积极，相关会计处理会更加符合报表使用目的。IPO 申报时间不受影响，但从监管审核的角度来看，认定实际控制的依据可能不尽充分。

（2）认定前期共同控制比较保守，鉴于会计上的非同一控制合并并不必然等同于事实上的业务重组。就 GK 公司实际情况而言，并不存在典型意义上的"主营业务发生重大变化"的业务重组情形，因此 GK 公司可在 2012 年申报，但不排除由于前期共同控制的会计判断导致监管部门相关质疑的可能。

总之，就本项目 IPO 申报需要而言，以 DK 公司自始即纳入合并报表为最优选择，但不排除自 2010 年年末开始纳入合并报表作为次优方案而进行 IPO 申报。

（2011 年 10 月）

要不要"认账"

收入确认是投行项目尽职调查或财务核查的一个核心问题,也是财务粉饰、操纵乃至造假的重灾区。会计准则只是笼统地讲,收入确认的标准主要是风险和报酬已经转移,管理与控制不再保留,经济利益能够流入,收入与成本可以计量,或者劳务进度、成本可以确定,等等。实践中,各个行业乃至每家企业都有其具体情况,在收入确认问题上只能具体分析。对于一些"敏感"收入,投行和会计师多从专业谨慎原则出发,不会轻易"认账",而究竟要不要确认、确认多少、确认在什么期间,往往进行一番相关事实的考证与判断。

在 YH 公司前期尽调中,我们曾经建议"核查公司 2010 年相关收入确认情况(如 2010 年 12 月有关光伏电站业务收入),根据实际情况进行调整"。这个建议主要针对下属子公司 YY 公司的一笔收入,考虑因素有:公司整体盈利能力偏弱(利润规模、每股收益、销售利润率以及净资产收益率偏低);2010 年销售利润率与前后年度相比稳定性不足,或者公司业绩波动性过大,2010 年进行股份支付会计调整可能导致亏损,2011 年可能实现较高利润,具有合理盈余管理余地,等等。对此,会计师方面提出了如下担忧。

2010 年 10 月,YY 公司与湖北 HT 公司签订设备买卖合同,合同总价 3 968.96 万元。设备款约定分 3 年四期支付。付款进度如下:

(单位：元)

付款时间	付款金额	备注
2010年12月20日前	3 968 960.00	10%预付款
设备交付满一年5日内	13 907 236.00	30%设备款及当年利息，利率5.6%
设备交付满一年5日内	13 240 451.00	30%设备款及当年利息，利率5.6%
设备交付满一年5日内	12 573 665.00	30%设备款及当年利息，利率5.6%

2010年12月28日，收到买方支付的预付款417万元。

上述设备YY公司均向上海TX公司采购，主要配置情况及2010年12月31日到货情况如下：

名称	销售数量	到货数量	采购单价（含税）
光伏组件	3 600块	3 600块	3 724元
光伏组件支架	3 600副	200副	2 700元
逆变器	4台	4台	275 000元
直流汇流箱	24+4台	28台	4 300/4 400元
直流配电柜	4台	4台	28 800元
交流配电柜	4台	4台	14 200元

设计电站为1.029 6MW，报价清单中包括设备本体3 379.28万元、设计费56万元、运杂费280.50万元、技术服务费48.61万元和管理费198万元等。

合同对于设备的验收约定条款比较简单：设备到达交付地点后3日内进行拆箱验收，验收无误由买方签署书面验收证明。但是根据报价内容、设备的特殊性和安装的专业技术要求等方面考虑，应该由公司提供安装技术指导和初期试运行服务。

对于2010年调整确认为收入，主要有以下几个方面的障碍。

（1）原始财务报表和申报财务报表的差异原因的披露。由于项目签订的条款比较简单，不涉及复杂的交易条款和时间确认上的模糊约定，解释差异原因比较困难。

（2）2010年合并报表的净利润主要来源于YY子公司，1 231万元净利润中YY公司的净利润为949万元，占比为77.09%，如果再把此笔收入调整进去，影响税后净利润增加1 764万元，YY公司实现的净利润占比将超过90%。从企业的盈利能力和业务布局来看，异常程度将会进一步增加。

（3）即使湖北HT公司能够提供到货验收文件，但从设备的正常安装进度分析，可能与设备的实际发电时间存在矛盾。考虑光伏电站投产后，该公司应该减少外部供电需求，支付外部电费的数据应能够查明。

（4）收入确认时间与开票时间可能相差时间太长。现还不清楚开票的具体时间，但应不会早于 2011 年 5 月。如把收入确认在 2010 年 12 月，一个简单的设备销售业务发票开具时间与收入确认时间相差近半年（甚或更长），解释起来也比较困难。

项目组分析了上述意见，同时向公司财务部经理了解有关事实——上述意见（4）提到的"开票时间"，YY 公司给湖北 HT 公司开具的发票，或上海 TX 公司给 YY 公司开具的发票，时间都是在 2010 年年底；上述意见（3）提到的安装进度，2010 年年底已安装完毕并开始发电（所谓"支付外部电费数据"则不清楚），而且，合同规定 YY 公司的"主义务"仅限于设计、交货，辅助义务为"指导安装"，因为客户当时基于安装费用的考虑，要求自行安装，也就是说，YY 公司没有安装义务，交货即完成风险转移。（当然，一般来讲，类似业务包含安装、调试环节则更为完整，否则，可能在判断业务实质上不无疑问——该笔业务究竟是普通的工程服务，还是设备贸易，或是融资租赁服务？）所以，以上两个意见依据的事实不清，不能成立。

实际上，收入确认与发票开具时间没有必然联系，与设备发电与否、发电多少更是没有关联，关键在主要风险是否转移、预期收益能否流入。至于前面两个意见，净利润主要来自一个子公司，这本身就是事实，其他两家下属公司，HH 公司主要做些维修，业务量小，BB 公司尚未运营，没有业务，YY 公司有制造能力、有施工资质，收入和利润主要来自该公司属于正常现象；差异比较问题确实是个问题，但这个问题是会计师的责任，本来不该发生。如果本来如此，也就没有差异了。

另外，我们还特别注意到这笔业务的付款结构和公司类似业务的相关情况。这笔交易付款是"1、3、3、3"结构，首付款确实低，似乎不像是一笔正常工程服务业务。据财务部介绍，除了这笔业务，到目前为止，没有相同的其他业务，这样说来这笔业务的异常性更加明显。（2011 年以来，有较多无电户业务，付款结构主要有三种：一是竣工首付 90%～95%；二是分 3～5 年付清；三是定期付款并付利息。据说，无电户业务与光伏电站业务在付款结构上似乎不太可比。）至于上游部件供应商，付款期限多为半年，如上海 TX 公司和北京 TZ 公司。这么说来，公司资金占用相当突出，商业合理性和业务持续性似乎存疑。说到底，这笔业务是否让人怀疑公司单纯为了做收入、做利润？尽管说本质上只是跨期问题，但这笔收入的确必然带来当期报表上利润、应收大量增加，相应现金流入更显薄弱，或可因之引起审核关注亦未可知。

实际上，相比会计师提出的问题，这个问题及其风险更值得关注、更值得警惕。在提出上述意见后，会计师在是否调账问题上反复再三，最后有关合伙人、企业负责人和我再次专门面谈，会计师提出五点要求，必须得企业同意并实际做到，会计师才可调表。

这五点要求是：单——要求见到运输单、出门单等（严格的工程服务收入确认可能要求材料部门的"发货单"、对方的"验收单"、工程部门的"派工单"、施工部门的"现场日志"，以及财务部门的"收入确认单"等）；物——要求现场必须见到确有存货，特别是近期或最迟年底能够安装、运行，以防引起销售并未最终实现的怀疑（据说某公司被否实际原因就是大量销售仅为发出存货状态，风险、报酬并未实际转移，或者说客户仅为配合企业接受货物，而非出于实际商业需求并实际领用货物去制造和提供自己的产品和服务）；钱——要求客户必须严格按照付款进度支付货款，保证2011年相关应收账款回收；税——务必协商税务部门，使母公司（武汉）和子公司（YY公司）、增值税和所得税、月度税表和年度税表都与调整后的财务报表一致（企业解释，原本报税即包含该项业务收入）；表——鉴于会计所内部原因，希望不要现时直接另出报表，而是等到编制三年申报报表时一并修正。

本人当时认同"税""物"方面的要求，并提出拟安排项目组走访客户和税务部门，了解实际情况后再做决定。过了几天，企业财务负责人直接告诉我，那批货物实际正待发出，YH公司应付上海TX公司的采购款尚未支付——就是说，该笔交易的实质环节，包括YH公司付款采购、上海TX公司收款交货、湖北TH公司收货（安装）付款等，有关流程尚未完成，整个事实目前仅有几个纸面合同（徒具法律形式）。我马上意识到这笔收入或许不是确认到哪个年度的问题，而是是否应该确认的问题，除非现在三方实际执行这个合同（那也只能确认在本年度）。

总结这件事，教训是必须了解事实，兼听则明，要与当事人当面去谈，要到现场亲自去看，古人说的"五到"（身到、心到、眼到、口到、手到），确是做事方法之真谛。我们知道不能造假，但我们更要设法知道什么是真的。

（2011年9月）

上会与备考

根据现行制度,监管部门在前期预审基础上,以召开发行审核或并购重组会议的方式,审核发行人的融资或并购重组申请,企业代表和中介服务机构代表在会上接受发审委(发行审核委员会)或重组委(并购重组委员会)委员的提问(聆讯),业界称之为"上会"。"上会"对于企业和投行来说就像临考一样,考试结果直接决定项目成败,所以"备考"工作很受重视。

HS公司IPO项目,在接到通知准备"上会"期间,我们从早到晚,照例进行了材料阅读、提纲复习、模拟训练等大量工作。虽说准备得很认真、很细致,但直到"上会"前一天夜里11点多,准备上会的人员心里似乎越来越没底,最后汇总问题(在全面熟悉的基础上明确重点,类似"押题")时,大家对于业务前景、技术优势以及收入确认、毛利变化等关键问题仍存疑虑,项目组和企业负责人颇为担心。尤其是企业董事长,也许太过在意、太过紧张,最后几轮模拟问答时几乎语无伦次,不知所云。后来只好带着问题,各自回去准备,估计当晚很多人都没有睡好。我自己重点回顾了9个问题,手写了回复要点,以备次日参考。

(1)收入确认。符合会计准则;符合经营实际;金额在100万以上的合同及前五大客户核查情况。

(2)2010年上半年应收账款占比(与收入比)。纵向比较(报告期3年一期,分别为55%、77%、90%和75%);横向比较(8家同行业公司应收账款占比从53%到175%,平均110%,其中最可比RX公司110%,SY公司80%)。主要原因在于：付款结构与结算时点、客户结构与相关比重。

（3）毛利提高。同业相比（RX公司47%～51%）；产品结构（高毛利之设备毛利27%～44%、销量13～72台/年、毛利贡献占比47%～64%）；成本下降（主要材料元器件占比42%，报告期平均下降15%～20%，如IT产品等，同期大宗产品价格走势、同业公司材料价格走势）；技术优势（附加值）。

（4）市场集中与市场份额。历史、区域、产品（非标产品）情况；优劣分析；份额（省内：占1/5，约130亿元采购额；全国：政策导向、经济发展程度、接受意识提高、行业硬性规定。2012年X产品市场空间约80亿元，Y产品约160亿元）。

（5）技术优势。速度（相较SY公司指标，即1毫秒与100微秒）；应用情况；范围（从M系列到N系列）；技术研发（核心产品销售占比50%以上、持续研发能力）。

（6）募投消化。市场容量与份额；现有规模与增长（预计2年建成、5年达产；募投设计为现有产能2～4倍；假定35%复合增长，3年达到现有2.5倍、5年达到4.5倍规模）。

（7）本地客户与供应商（依赖或操纵）。客户：单一客户占比不高，相互依赖（具有稳定好处），客户性质（风险小、无关联、招投标程序规范），逐渐面向省外（目前省外占比20%，包括陕西、广东、云南）。供应商：区域集群，成本低（同期、同业），价格公允（我方掌握主动因素）。

（8）其他投资（影响公司对于原有主业的专注）。业务性质不同；自身并不管理。

（9）后续市场。未来容量；拓展准备（技术、人员、资金等）。

上会当天，发审会问了6个问题，与前期准备的问题有的相关，有的则不甚相关，主要围绕经营合规与风险等方面。

（1）结合产品品种、已销合同、已签合同情况，说明发行人在省内规模；发行人及竞争对手份额；发行人拓展省外市场的主要困难、发行人的主要优势以及具体应对措施；发行人的核心优势是营销优势还是技术优势；发行人应对客户集中风险的具体措施。

（2）说明发行人以投标方式签订合同的产品类别；投标收入占发行人收入比例；发行人是否存在因商业贿赂而被处罚的情况。

（3）针对发行人曾向实际控制人提供无息借款，且存在两次委托理财行为，以及实际控制人在发行人外还投资两家公司，说明借款用途的核查情况，包括实际用途、何时归还、为何免息、内控制度及其执行效果、是否以及如何改进，同时说明发行人是否专注主业、实际控制人其他对外投资的未来计划。

（4）结合发行人毛利率变化（提高）、应收账款规模上升以及产品销售特点、售后质量保证义务等，说明收入确认政策是否合理，对某客户销售毛利在 60% 以上是否正常，对质保金的核算是否符合规定。

（5）说明对四名外部股东入资的核查情况。

（6）根据募投新增产能情况，说明募投实施后发行人生产方式有无变化；发行人现有和未来资产结构（尤其固定资产）与同类企业的比较情况；募投效益预测时是否对比过现有阶段与募投实施后的成本变动情况；发行人销售是否均采用投标方式？如果是，该种方式对发行人未来销售实现的不确定性影响如何？对于发行人投标项目的核查情况。

上述问题（包括追问）主要针对发行人提问，占了一大半。这与一般情况不同，可能是因为发行人业务、财务方面整体不足以给发审会信心，所以关注重点不是保荐机构的核查责任是否落实，而是公司质地究竟怎么样。会上，保荐代表人的表现或者说态度很重要，针对发问以"不知道"或"未核查"（笼统、粗略、不深、不细、不准）作答显然不能过关。个别发审委员指出，招股书应当进一步明确发行人在区域或全国市场的份额、进一步分析发行人有关毛利特别是成本变动的情况。

另外，发审委员根据"招股书"上某句话（经反复查找，原话出自"反馈意见回复"），原文大意是"国内生产上述相关产品名称、型号编制可能存在一定的差异，但运用的技术和产品功能并没有实质性的区别"，由此质疑发行人技术先进性；发行人 2007 年以开具发票为确认收入标准，存在先开发票而未发货、验收的销售，或者反过来，也存在已发货、验收但未开发票而未确认收入的情况，直到 2009 年还有类似情况，约 1 600 万先开发票而未发货、验收（当然并未确认收入，但已按发票发生或履行增值税纳税义务），由此问到发行人内控制度是否有效、提前开票是否违反发票管理制度。不仅发审委员接连追问，甚至连预审员（在发审会前预先审核申报材料并提出初步意见的人员）也站出来指定保荐代表人回答问题。不过，这个项目终获发审会表决通过，可谓有惊无险。

（2010 年 9 月）

配股四问

BZ公司2008年7月刚刚完成可转债发行,此前则是2007年9月完成吸收合并,现在准备申请配股,预计12月即年底前就申报材料。从时间上来说,因为2006年新老划断后出台的再融资政策(主要是《上市公司证券发行管理办法》)没有对再融资间隔时间提出硬性要求(原先要求间隔一年以上),所以在上次再融资完成后不足半年即申请又一次再融资的做法与现行规定并不冲突。

从基本条件来说,如财务指标(3年盈利)、分红要求(3年现金分红累计为3年平均可分配利润的30%)、合规要求(3年无处罚和一年无谴责等)、发展情况(两年内发行证券而不存在发行当年营业利润下降50%情况)等,都是符合要求的。这些都是大面上的问题,具体分析,初步判断这个项目有可能存在的问题主要有以下几个。

(1)目前的发行环境。全球经济和金融危机冲击,发行已经停止两个多月,30多个项目过会未发,300多个项目排队待审,经济形势严峻,项目滞压严重。ZB公司刚刚完成可转债融资(2008年7月完成,离现在不足半年),当时的募投项目也是高速公路,前次募投效益尚未显现(项目尚在建设当中,建设期4年,2006年12月~2010年11月。再前一次融资为配股,募投项目之一也是高速公路,建设期5年,2000~2004年,2005年投入运营,预期收费第1~5年为4亿元,实际2005~2007年上半年收入共6亿元,净利4 000万元。这里存在当时预计净利及起算时间问题),考虑到现在的融资环境以及公司的融资频度,在这种情况下,需要解释融资的必要性、可行性,尤其需要说明公司运营高速公路的经验、能力、业绩,包括前次募投的效益情况或公司运营高速公路的能力等。

（2）项目的可行性。了解高速资产上市或再融资申报前应当履行的程序以及履行程序进行到何种阶段，比如签订特许权协议、收费标准批复。在项目可行方面，重点关注车流量预计，在收费年限和收费水平未定前，还应重点关注收费风险。在整个项目的风险提示方面可以考虑：建设、质量、气候、政策、车流、附近的高速及其他道路规划情况、并行道路分流、其他道路分流（如铁路等）、合同执行等各个方面的具体情况。所以，要考虑充分披露政策规定情况、目前项目获批（收费与期限）情况以及具体的风险因素。

（3）财务的稳健性。最近期末（9月）母公司资产负债率为77%，短期借款43亿元，长期借款91亿元，财务费用4.7亿元。（比较：2007年年底短期借款37亿元，长期借款69亿元，财务费用3.2亿元；即2008年前三季度新增借款共28亿元，短期6亿元，长期22亿元，新增财务费用1.5亿元。）

过去3年，公司（按新架构和新准则模拟）并表收入分别为65亿元、93亿元和120亿元，归属母公司所有者净利1.7亿元、2.3亿元和6.1亿元。从收益质量来看，经营现金净额分别为3.9亿元、2.5亿元和2.0亿元，而2008年前三季并表收入129亿元，净利5.4亿元，现金流则为-1.18亿元，与上年同期锐减（-175%）。

从9月的资产表上看，流动资产中，货币资金32亿元，应收账款12亿元，预付账款24亿元（另：其他应收款15亿元，存货64亿元）；非流动资产中，固定资产80亿元，在建工程36亿元，可售金融资产17亿元，无形资产14亿元。总资产306亿元中，流动资产149亿元，非流动资产157亿元。

再看负债项，负债合计249亿元，其中流动负债142亿元，非流动（长期）负债107亿元。流动负债里面，短期借款43亿元，预收款项36亿元，应付账款25亿元，其他应付款17亿元。非流动负债里面，长期借款91亿元（另有近10亿元的应付债券）。

可以看出，公司的财务杠杆存在一定风险——40多亿元的短期借款（一年到期），账上货币资金约30亿元（日常营运资金），经营现金流为较大负值。要说明财务稳健，至少需解释目前的负债结构和近期变化原因（从2007年至今）；说明未来资金周转的安排和风险控制，如还本付息计划、未来的资金需求和财务安排。

（4）政策影响与灾区概念。国家实行积极的宏观政策（财政、货币和产业政策等），公司募投符合经济与产业导向；募投项目所在区域属于国家评估确认的地震灾区，可以考虑证监会相关支持政策。

（2008年11月）

非公开三题

LN公司是2000年上市的一家民营企业，2000年IPO时第一次上会被否，过了几个月再报而获通过，融资大约5亿元，上市后没有进行现金再融资，仅在2008年进行了一次重大资产重组，退出原有的无机化工等业务，加入现有的煤化工一体化相关业务。这次重组也是两次上会才通过的，原因主要是大股东存在竞争性业务，而且对于注入资产的盈利能力存疑，经过解释、承诺等才放行。

2010年，我们开始接触LN公司，启动其30亿元的非公开发行股票融资，募投项目主要是收购DD煤矿的股权以及建设WL煤运及集配基地。从保荐代表人角度，应该说，根据当时看到的项目材料，对于项目风险存在一些疑虑，也有过短暂犹豫，但项目推进客观上要求尽快申报。谁料想，一旦申报就是两年多时间，从2010～2013年，历经4个年头项目才走上发审会。什么原因呢？主要是在审核环节，监管部门认为该项目需要逐步解决手续合规、股东承诺、交易公允三个大问题。

手续合规问题主要包括两个关键手续：一个是国家发改委（能源局）对于DD煤矿的核准，因DD煤矿属于资源整合项目，所需手续即资源整合的项目核准（实际由国家发改委转授地方发改委批准）；另一个是国土资源部对于DD煤矿储量的备案。申报项目的时候这些手续尚在办理中，后来历经反复，分别于2011年8月和2012年5月取得上述手续（实际领取批复和备案文件时间较发文时间晚1个月左右）。另外，土地等相关手续在申报当时也不尽完备。

股东承诺问题指的是大股东在 2008 年重组时做出的承诺履行遇到障碍，业绩承诺与实际情况存在差异，避免同业竞争的承诺在履行当中也存在一些客观困难。比如，2008 年的实际利润与承诺存在差异，但股东是否应现金补偿存在争议，因为按照承诺文义，现金补偿是有条件的（"当年 5 月完成重组"——实际上那次重组到 2008 年年底才实施完毕）。当然，事后来看，除了重组实际完成时间晚于承诺条件之外，问题还在于当年上会承诺内容是否切实可行的问题。

又比如，2008 年股东承诺不再经营与上市公司相同或类似的业务，但是 2008 年后，股东名下原有三家涉嫌业务竞争的公司因故没能及时处理，除此之外，股东新投资了若干家类似公司。尽管实际情况是，股东方所持上市体外相关股权或项目仅为"股权投资""前期建设"而非"实际经营"，甚至有"体外培育以规避投资、法律相关风险"的善意，但在解释上难以为监管部门完全认同。

交易公允问题是指 DD 煤矿的注入方式与评估增值。该矿主体部分原系陕西煤商 2004 年前后购得，后经整合周边煤矿而做大，LN 公司的控股股东以现金从煤商手里受让了 65% 股权。从工商登记等正式资料来看，DD 公司 2004 年年底注册成立，初始股东为 4 个自然人，后来股东分次购买了 DD 公司 100% 股权，其间进行增资，账面投入加上前后缴纳的采矿权价款（整合前资源储量包括压覆量为 3 500 万吨，整合新增 2 400 万吨），前期投入（当然还会有其他投入，包括账外投入）与 2009 年年底该公司股权价值存在较大差异。本次交易过程中对于该股权（主要是采矿权的价值）进行了三次评估，2010～2012 年每年一次，各次评估值略有区别。可以看出，是否公允不仅是指评估方法或评估价值本身，更是指股东先行取得然后注入上市公司这样一种交易方式。

在长达两年多的审核过程中，项目长期处于困难重重、无法推进的状态，2012 年下半年召开初审会后，项目组甚至讨论应否继续项目工作。经过反复商量，发行人同意以股权托管、限时注入的方式"解决"业务竞争问题，其他问题也根据尽职调查情况，进行了详细的回复。2013 年年初，证监会通知项目组报送最后的反馈回复及上会材料，2 月接到通知召开发审会。

会上，发审委员提出了三个大问题要求保代回答：一是关联方和关联交易的披露是否完整、充分，控股股东下属煤化、医药相关同业竞争企业的设立时间（即与 2008 年承诺避免同业竞争的时间先后关系），控股股东投资上述企业以及购买 DD 煤矿是否违背承诺？股权托管协议的内容以及是否具有可操作性，托管协议的实施包括煤运企业的注入，是否增加与控股股东之间新的关联交易？二是DD煤矿2011、2012年经营业绩（收入、利润、利润率等）、主要客户变动的原因？DD煤矿2011年"超采"（实际开采超出核准指标）是否合规？保荐机构对于DD煤矿净利率、经营成本的核查意见？三是LN公司的关联方财务公司（控股股东同一控制下企业）设立的进展情况和业务开展情况，截至目前已有的存贷款情况如何？

显然，发审委的提问主要围绕两个问题：控股股东的承诺履行问题以及DD煤矿的估值公允问题。在全场40多分钟的聆讯中，有一半以上的时间是召集人以及其他发审委员的询问，言辞时而激烈，语气间或强硬。我们坐在聆讯席上认真聆听，据实说明，既不能断断争辩，又不能无动于衷。发审会的结果是有条件过会。

会后我想，这个项目为了解决三个问题，花了将近3年时间，各方长期处于焦灼状态，原因恐怕主要在于上市企业自身。这个过程中，我们关注的不仅是这个企业的过去，恐怕更是它的未来，而让人思考的则是，现行体制下保代的作用如何发挥？保代的自主性如何保障？保代的职业操守如何坚持？企业有企业的难处，市场有市场的诉求，监管部门则有自己的职责，保荐机构如何在规范执业的情况下真正做到与客户、市场（投资者）一道成长和共赢，这恐怕是我们的一个长期追求。

（2013年2月）

股东大会这一关

9月10日GG公司为其非公开发行召开股东大会,这个会议的投票结果将决定项目成败。说来难以置信,GG公司自1999年上市以来至今,竟然没有做过一次再融资。2007年启动再融资,先后多次调整股价、募投等方案内容,却屡次因故中止、退回、延迟或被否,至今已经是第六个年头。

我们前两年开始接触这家公司,正逢GG公司非公开发行股票再被股东大会否决,经接洽,由我们接替原券商担任保荐机构。在前期与客户会商中,达成的共识是,项目焦点为股东大会,大股东全额认购非公开发行的股份,关联交易需非关联股东2/3通过;历史上GG公司经营不太好,回报投资者不多;前几次失败经历,主要问题即缺乏理性机构,抱有误解的散户太多。

我们提出,决胜股东大会的关键在三点:一是诚意沟通,通过公司、中介(券商及财经公关)认真拜会、联络各主要投资人和尽量多的散户,争取理解;二是加大宣传、网络配合以及机构路演推介、见面说明,树立正面舆论,争取机构进入;三是培育具有投票意愿的支持机构,无论公募或私募机构均可,要之确有意图投票赞成。第一条是基础,第二条是辅助,第三条是根本。

股东大会当天,最终结果是90%以上的赞成率高票通过,但客户和我方均经历了此前长时间的煎熬,以及投票前几天(9月5日登记日后的三个交易日、五个自然日)的巨大反复与挑战。总结起来,至少如下几点堪为经验教训。

(1)真诚的当面拜会与沟通,确能取得相当效果。"人怕见面",见面沟通,中国人平常多会给些面子与人情。见面或电话沟通关键在态度诚恳，用心端正。GG公司的人和项目组的人先后跑了上海、苏州、重庆、揭阳、贵阳等地不下10次，与相关投资人多次见面，每次都是根据行踪飞抵对方见面，多的四五次，少的也有两三次，对于主要投资者，公司高层分别出面沟通、解释。与券商分支机构散户的沟通，成效也比较显著，这需要有组织、人力上的保障。

（2）媒体和推介亦有作用。开始我们不大相信这种方式，没想到果真能有效果，两次重要媒体宣传效果虽不明显，但对于散户和舆论可能有些积极意义。由基金销售部门组织的、GG公司相关领导亲自参与的面向基金等机构的正式推介说明会，一定程度上也吸引了机构介入，可以说是意外收获。

（3）争取主要投资人投票支持有些成效，但这方面的经验教训也值得总结。实际上，投票前明确表示支持的投资者较少，票数有限，项目组和上市公司整体上处于被动状态。比如，有的投资者开始说好赞成，态度表现相对积极，后来其情况生变，投票前又临时改变主意，公司及券商等不得不紧急恳求支援，委实艰难备至。投票当日还出现了这种情况，即投资者突然意外地口头应承下来，但很快就变了卦，前后反差极大，GG公司方面几乎崩溃，在电话中向我们发了火。好在下午两点半临近收盘前，大势几乎难保，公司方面仍然坚持，最后阶段保持与投资人的沟通，据实陈情，争取了投资人的理解（实则唇齿相依），及时挽救了颓局。

（4）需要总结的还有GG公司自身的经营管理问题。机构参与度与公司自身经营和投资者关系维护工作密切相关，加强相关工作管理，即可以阻塞工作诸环节漏洞、避免发生失误。比如，在最为关键的登记日前后，原有的某机构投资者出逃，造成股价巨大压力，并且直接导致其他投资者心态变化。据悉，造成这种情况，除了沟通因素外，也有公司内外其他背景原因。可见，GG公司的未来之路，或许在于自身的变革与发展，就像在争取投票最后关头大家得出的共识："天助自助者！"

（附注：9月5日股权登记日，其后数日至9月10日股东大会，由于抛盘压力及部分投资者态度出现逆转，局面空前紧张。以下为GG公司方面与我方若干沟通信息，或可见当时情形于一斑。）

9月6日（股权登记日后首日大盘压力巨大）

X（投行，下同）：预计明天大盘和板块如何？明天决胜。估计压力主要在登记后走掉的某些投资者，只要主要投资者支持问题就不大。

Y（企业，下同）：大盘不给力，股价受打压，实在受不了！

X：明天建议关注股价与沟通股东工作并重。如无胜算，必须立即汇报，双方紧急磋商，务必今晚拿出措施，做好应对最坏的准备！

Y：已经通知，都说有事，估计不行。

X：这个时候不能慌，相信至诚动天，要对前期工作十分有信心！内外部尽最大努力，关键是已登记股东的沟通工作。

9月7日（股权登记日后二日各方信心备受打击）

Y：情况不好！这两天有反对的人一直大量抛盘打压价格，尽管有些投资者事前表示支持，但现在态度也很模糊。我们觉得压力很大，只有最后做好股东争取支持工作，听天由命吧。都汇报了，没有什么办法。

X：收到。坚定信心，尽力而为，看周一情况。我们意见，除非有隐蔽的投资者联合出来反对，普通、分散的投资人不会左右局面！投票不一定光看股价。我们希望很大！

9月9日（股东大会投票前一天做好应对最坏的准备）

X：这几天尤其周四周五压力巨大，感同身受。攻坚时刻，务能亲战。今天股东沟通非常重要，宜明确而恰当！同时，建议明天非常有必要公司保持主动和余地，严防不测，以便蔚成最后局面，望商公司定夺……

X：今日电话已深知您意，前期公司带领大家做了大量艰苦工作，项目进展到目前程度实属不易。前两天有些意外情况，现已到关键时刻。通话后我们召开了电话会议，并一直加紧研究安排，分析各种利弊与可能。在面对现实、主要依靠现有基础的同时，我们会竭尽全力，争取相关支持，做好各种准备，力争最好结果，已让诸同事明早详告。

9月10日（股东大会投票当日严防死守直到最后一刻）

Y：过了，非常高，超过90%！

X：天助自助者！

（2012年9月）

致客户的信

按：CC公司公开增发项目2009年12月28日启动，2010年3月17申报，2010年12月16日获批，2011年1月6日决定启动发行，次日公告，1月11日申购，1月14日发行完毕（全部资金到账）。借公司致信客户之机，代拟文稿，略抒己意。

某某钧鉴：CC公司公开增发12月16日获批，经岁末年初近一个月以来的撑持努力，发行工作现已尘埃落定：此次募资35亿元，其中，集团及其所联络资金20亿元，我方包销10亿元，市场资金5亿元。面对此番结果，对比当初布画，尤其是回想本次融资经受的种种压力、悬念、紧张与焦虑，以及所引致的种种疑惑、误解、怨啧和讥弹，如鱼饮水，如芒在背，而所痛所省，杂陈五内，竟至某夙夜难寐，恍惚不可终日。窃唯心意有所未尽，愿刺心自明，刎颈见志，敢以书对，略陈固陋耳。

某闻：士为知己者用，女为悦己者容。数年以来，不才有幸数度奉教于阁下，而念念所在，唯一"信"字耳。何者？过蒙赏信，恩遇既久，不敢伤阁下知见之明，负公司践履之职也。自2008年运筹资产重组、进行股份回购，2009年结伴HZ集团、整合行业版图，以至2010年启动相关下属公司融资、重组和收购，受命以来，临深履薄，战战兢兢，常以所托为工作重点之重点、核心之核心，而每每自警并反复嘱诫部属，以集团所托各事为"头等大事"，包括方案选择、人员安排、工作推进、问题解决等在内各主要环节和方面，某必诸事躬亲，问之务审，考之务详，行之务笃。

尤忆 CC 公司 2010 年年初论证融资方案之际，某主持召开项目会议，讨论确定融资品种和配售安排，后知可转债提议被 CC 坚拒，又知公开增发优配内容亦遭股东力否，辩说无果，卒从其议。众所周知，再融资自 2006 年（股权分置改革后）即发生重大变革，主事者以过多折价发行损害原股东和市场为由，矫枉过正，强使公开增发价格随行就市（公告前一日均价或前 20 交易日均价），且公告增发两日后方得停牌，便利原股东用脚投票。如此，公开增发仅适用绝对牛市行情，借以获得前 20 交易均价相对市价之些微折扣。（2006 年以来增发 90 余例，采用前一日均价发行者十不及一，其中包销者近半。）

职是之故，论者每喻公开增发为刀头舐血、火中取栗，非有明确大盘和行业预期，选择公增必慎之再四。此外优配安排常为公开增发题中之意（前述近五年 90 余例增发，安排优配者十居其九），以其有含权预期和提振信心之用，且予股东以进攻退守、机动选择之便；如不优配，而兼弱市，则非但原机构股东无由比例配置，而且投机者甚或原股东显有做空寻底套利之驱动。CC 此次融资艰难备尝，其从来有渐，而品种和方案或有不周，某当初剖辩不白，断夺不力，此诚私心所痛者一也。

CC 融资原拟上半年或至迟三季度实施，2009 年 12 月 28 日融资启动（中介进场），仅两个半月后（其间经春节假期）即完成募投准备、材料编制、国资报批及内部程序，2010 年 3 月 17 日正式申报，其初不可谓不速。然审核期间经历两次反馈，第一次逢证监局问难，第二次因商标事受阻，前次回复误时两个月，后次回复亦费时月余。初，CC 乃地方税收、就业之支柱，证监局向以辅弼地方名企为务，何以彼监管纠察之明、服务荐举之功，而不识体要如此？所责募投运用者、费用跨期者、减值计提者、规范运作者云云，有些难坐实。官书达于京城，怨望遍于上下。集团震悚，中介讶异，盘桓逡巡，不得其门，而终赖阁下亲赴调停而事息。其后，商标遗留问题两度横亘于前，先以转让，后以作价，CC 所寄望的"后人智慧"未得监管允认，而内部价格协商亦费周章。

凡此琐琐，某及公司项目人等虽计议于先前、折冲于樽俎，而终不能略施援手，徒令时日迁延，审期渐迫，遂误第三季度大好时机（7 月初～11 月初大盘走势强劲，从 2 319 低点到 3 186 高点，上证综指上涨 37%，行业板块同期上涨 77%，该期公开增发 5 家皆成功实施，占全年实例过半），此诚私心所痛者二也！

CC 融资申报九个月后获准发行（12月16日），当此之时，宏观存通胀紧缩预期，大盘呈急挫震荡格局，上失政策驱引，下乏技术支撑；行业系列政策待明，各方谨慎观望；兼有同业 SS 公司先行融资，揽资百亿，抢用机构配置，或闻相关资金暂告竭蹶。唯融资得半年内择机实施，循例可静待天时，乘势而动。（近五年增发实例，自获批至启动平均等待两月以上，最长间隔五至六月，而一月之内即行启动则属少数。）

其时，会某适台（台湾），为求事成，偏嫌夜梦，特着代表于12月22日赴 CC 集议，于发行时机，谓后市形势变化不虞，或可春节前伺机启动；于发行风险，谓或有包销，而公司情所能堪唯在融资额度"20%左右"，商请 CC 考虑。董事长为推介时间方便计，以1月5日定价、1月6日公告为宜，而集团代表关于额度情事暂未置评。

12月30日，某返京后即面陈阁下，以为公司依例可议暂缓发行，而刻下情势险衅，纵抱赴死之心，公司包销极限唯在10亿，此实公司不忍之情也，望谅裁夺，准拟酌商本次发行时机与风险。而辞或不达，意未尽明，阁下不晓，未置可否。退而思之，人之相交，贵以信义，而朋友之交，积渐相孚，不以孑孑为义、硁硁为信。某素慕阁下高风，以为乃命世之才，怀高世之心，顾自误谓"忠无不报，信不见疑"，故以浅见寡识，不自量度，妄求人知，不意阁下部属另有所解也。

1月1日前后，行业利空新政频出，系列优惠悉数废行，北京出台强施限制政策；1月3日，CC 降低前此业绩预期，1月4日始，节后大盘继续震荡下行，4~6日路演推介反响平平，更觉本次发行有不虞之忧。某亲率投行部、资本部、研究部、基金部、销售部、机构部等全部精要，并借力全国分支与关联单位，发动京沪深各地资源，联络近百家机构，席不暇暖，枕不得安，一日三会，即行即禀；CC 上下亦莫不殚竭精神，内外联动，左突右奔。虽艰辛备至，而难有尺寸之功。

当此之时，敢言发行，确为逆流而动，不可为而为之也！1月4日夜，CC 仍解集团之意为"时间锁定，额度不变"，实则当初共议时间"暂定"云云，原非虚套，而实有未定也！准诸相关规则与历来实践，增发时间断难事先"锁定"，必待前提确定而据实研判，必待条件成就而临时抉择。而执事者意念决绝，言辞切峻，千钧系于一发，形势急于星火。1月5日，某数度电告主事者，恳请面洽阁下，而安排未就，终不得成行。

谚云"不如意事常八九，可与人言无二三"，又谓"谁为为之，孰令听之"。某既实不得面见，而情亦不能坐视，呜呼，其境其心，具难言表！于是仓促之间，冒行不韪，函达鄙意：各方信息，纷至沓来，市场于行业发展、股票估值、盈利成长、送配方案、折价幅度等，碍难接受。刻下遽行不利，特吁请缓图。1月6日，CC决意发行，公司事非得已，迎难而上，卒践其职，遑论其余。

1月7日公告，7日、10日交易继续，适逢央行再提准备金，本地征收房产税，利空迭出，大盘不振，股价终收于发行价以下矣（全天股价原在发行价之上运行，而最后集合竞价三分钟交易118万股，终使股价跌破发行价0.1元），此为A股20年历史之所鲜见！其时，网上路演未止，一时舆论哗然。噫！时机或不当，某恨不能进攻；护盘或不力，某恨不能违规。欲益反损，劳而少功，献曝之诚，徒为人笑，此诚私心所痛者三也！亦所痛之尤者也！

某，"三尺微命，一介书生"，忝列宾座，得奏薄技。从业十有八年，常以疆场士卒自命，而所恃无他，唯"弹药"、唯"生命"。"弹药"者，力气、智慧、资本（资金）也；"生命"者，信誉也。治业之至美，端在"客户满意、市场满意、自己满意"，其至惨，莫过于日暮途穷、弹尽粮绝。然，既为兵弁，虽死如归，非集结号鸣，不言撤退；死不足伤，所伤唯在先以流血，继以流泪。

CC本次融资，幸以阁下畀予重任，某实不敢谩慢。信以此，某自始即排众议、抗强压，敢拼却公司全部准用资本而护驾CC。识者或谓公司原本可以缓图徐行，虚与委蛇，力避风险，唯某不耻。不宁唯是，彼时楚歌哄发，势如洞火，某念念所在，唯信不移。至股价倒挂、巨额包销（A股市场20年来最大包销不过11亿元，公司本次包销达10亿元之巨，已然仅居其次矣），重为天下观笑，某其不悔，而款款之愚、拳拳之忠，所害唯在积怨于内、失信于外也。愿阁下熟察焉！余容续陈。

某谨启。

（2011年1月）

一个 IPO 项目的回顾

如果打个比方,做完一个投行项目的感受,可能就像生完孩子一样,既痛苦又欣慰。一个项目结束后,项目人员自觉不自觉地都会时时回顾,有时作为谈资,有时引为借鉴,对于项目当中一些刻骨铭心的经历和感受总是难以忘怀。尽管投行项目很难做到不留遗憾,不过,终归是自己"生"的,哪怕不完美也有很深的感情。俗语道,黄鼠狼夸自己的儿香,刺猬还夸自己的儿光。

AG 公司 IPO 项目,从 2008 年 7 月初次接触企业,到 2010 年 5 月上市,前后一年又 10 个月;从 2009 年 9 月申报起算,审核到挂牌经历了 9 个月时间。项目主要成员先后 16 次现场工作,做了大量艰苦工作,公司上下全力支持、密切协作,碰巧企业质地优良、市场机遇适当,因此,项目取得了较大成功,甚至在募资规模、项目收入等方面创下了若干纪录,而上市首日几近跌停,则为 A 股市场 15 年来所罕见。如果回顾或总结一下这个项目,不外乎经验和教训两个方面。我相信史玉柱引用过的(据说是段永基说的)一句话:成功的时候总结的经验是扭曲的,失败的时候总结的教训才是真实的。

项目来源与收费

现在回头看,AG 公司这个项目是个较好的项目,收益相对可观。关于项目来源,以下几个因素非常重要。首先是客户资源。该项目是因相关部门介绍而获知最初的项目线索和机会，因而结识 AG 公司董事长并接洽企业。为什么会有这样的客户资源？这是投行多年在业内积累的素养、口碑、人脉等综合的、自然的结果，我们留给企业的最初印象为争取项目创造了先决条件。其次是项目人员的专业素质。同事多人先后到企业现场，对前期问题进行判断和分析，项目人员对于相关行业的认识（此前因为其他项目而对相关行业有所认识）以及发行审核相关专业问题的理解，对于确定合作关系有重要作用。

在项目前期的跟踪与推进阶段，即未正式确定合作关系的项目前期三个多月时间里，项目人员四次去现场，看材料、谈问题、找对策、订计划，与企业沟通，与中介协调，同时安排企业到公司考察、洽商，相关组织与推进工作也有利于合作互信关系的建立，而企业根据其实际情况，亦有选择合适券商的现实需要，合作意愿逐渐加深，2008 年 11 月，双方正式签约。

整个签约过程是漫长的，对方甚至为几十万、十几万乃至几万元的费用反复讨价还价，我们的策略是有耐心、有诚意，兼顾原则性和灵活性。最后，我们在前期辅导费用上做了必要的让步，在保守预计的募资规模上适当让步，结合整体募资约定适当的佣金比例，企业的着眼点主要在预期之内的部分，而由于市场原因，后来项目主要收入由实际募资情况决定，应该说最终结果都在我们的预料之外。

材料编制与价值挖掘

编制申报材料之初，我们项目组就在想两个问题：一是工作效率问题，怎么以较高的效率完成材料形式上或结构上的搭建，以及怎样以较高的效率进行内容的修改和完善；二是"思想"提炼问题，怎么把申报材料做得更实在、更饱满，特别是重要内容如何达到必要程度的准确与深刻。为此，项目人员比较注重分工与配合，注重大量技术细节的交流，注意研究规则、研究案例，研究和理解企业自身。我们尤其强调对企业的认识，就是不仅要在发行审核条件上审视企业，而且要尽量从企业及其核心高管自身、企业所在行业及上下游、企业所处的大环境去"同情"地理解企业，也就是要了解、挖掘、把握和展示企业价值，即一个企业核心的、持续的竞争能力或盈利能力所在。

AG 公司原本是个校办小厂，2000 年成立后，十年生聚，渐成规模。其主要创始人事业发轫则早至本科毕业之初；研究生期间导师指导其选择课题时再度结缘 HY 化学产品；1991 年不幸发生事故，严重受伤，但是初衷不改。创始人和其他核心团队人员，长期在该精细化学品领域摸索、彷徨，尝试经营各个相关产品品种和细分市场，在很不起眼的营业规模上浸淫、迂回、徘徊、坚持 15 年之久，形成了自己的一套产品开发原则、市场经营战略、企业文化理念等。

2005 年以后下游市场兴起和 2008 年以后相关投资拉动，给 AG 公司带来了跃升机遇。项目组经过反复思考、讨论、修改，关于 AG 公司定位的描述强调其主要原料、主导产品、主要目标市场以及公司在核心技术、主要产品产销量等方面的行业地位，把它的核心竞争能力描述为在 HY 精细化工领域的长期钻研与积淀所获得的核心竞争力，尤其是对于行业特点的深刻理解能力、对于专业技术的强大研发能力以及对于市场发展的准确把握能力，具体表现在技术、市场、区位、规模、文化等方面。从后来审核过程以及发行阶段投资者反应（结合前述定位和市场优势来确定路演主题）来看，这个理解还是比较到位的。

申报阶段的环保核查与资产"脐带"问题

AG 公司在积极筹备创业板 IPO 首批申报时，已取得市级和省级（包括企业生产和募投项目涉及的三个省份）环境评价或核查文件，但国家环保总局的环保核查文件尚未取得。按照规定，核查范围、程序比较明确，这一点不成问题，问题是取得环保核查文件的最终时点能否通融，比如发审会前取得而不是申报前取得。从《首次公开发行股票并在创业板上市管理暂行办法》看，只笼统要求"发行人生产经营活动符合国家产业政策及环境保护政策"，此前主板发行部（发行监管函［2008］6 号）则明确要求申报前取得环保核查文件（"申请文件中应当提供国家环保总局的核查意见，未取得相关意见的，不受理申请"），这种要求是否适用于创业板似乎不无理解余地。在是否首批申报问题上，企业和保荐机构的意见不尽一致，企业，特别是企业引进的外部投资者认为应当报进去再说，项目组也有些不置可否。

在这件事上，保荐机构负责人的思考和处理方式真正体现了专业和服务精神：我们在申报前要提前做好申报准备（制作申报材料），因为哪怕只有很小的可能，我们也要为这种可能做好充分准备，否则有负于客户；我们在申报前要明确监管部门的规范要求，通过非正式和正式沟通，已经确认不满足申报条件时就绝不应硬行申报，否则就是与监管部门及其规范对抗，而且是明知实情而故意对抗，或者明知实情而故意隐瞒，而隐瞒与欺诈同义！

我们不能做违反规则、违反诚信的事，我们更不应把如此严肃的事情建立在侥幸的基础之上，即寄希望于监管部门接收材料时的审查疏忽。做事要着眼长远，立足诚信，只有这样才能不失信于人。如果失去了信誉，我们就失去了饭碗；如果损害了信誉，我们就毁坏了饭碗。

现在客户不死心，我们又不同意客户立场，在这种情况下，我们遇事仍然不能推托、不能躲避，绝不应给客户造成不好印象，以为项目人员或公司管理层在有意推诿、有意逃避。遇到麻烦或难以简单说明的事，特别是从对方的角度认为关系重大的问题，最好亲自拜访，现场说明，把方方面面的情况和各个角度的考虑向对方解释清楚，争取客户的同情了解，把诚意真正带到客户心中，把客户心头的阴影完全抹去。后来，我们和企业以不同方式与监管部门沟通，项目人员向企业解释不能申报或不便约请监管人员时也很讲技巧，最终决定取得国家环保总局批文后申报。我们公司坚持了原则，企业也比较理解。

除了环保问题，AG公司初期部分国有出资的产权转移存在瑕疵，这个问题在申报前讨论较多。项目组总体看法是，虽然金额不大，时间既久，但按例应该取得省级政府或国资部门的意见，企业坚持先不启动正式程序，只是做好准备，待证监会反馈需要时，保证尽快办理。考虑再三，我们同意企业意见。

在保荐意见里，我们进行了模糊处理，不提省级确认的问题，只就事情本身曲直予以申说：AG公司2000年的商标出资及2002年相应股权转让未履行评估程序，属于程序瑕疵，不符合相关规定。经查，该出资和转让虽因标的金额较小未经评估，但已获转让方主管单位批准确认，并非出资资产本身存在不实情形，亦非交易双方意思表示存在不实情形。该商标现为AG公司合法拥有的资产，并通过许可使用的方式为公司带来一定的收益，所转让的出资已为受让方股东合法拥有。相关交易行为本身未发现可能导致交易无效的任何情形，所涉资产（商标）和股权已经履行变更登记手续，各方对此不存疑义，相关权属明确，不存在权属纠纷、权属不确定或其他潜在风险，该不规范情形不构成本次公开发行股票及上市的实质障碍。

后来审核过程中，中国证监会当然要求省级国资部门的意见，企业比较配合，很快取得了省级意见。往后的阶段包括发审会上这个问题未再问及，我们的保荐意见里也没有补充省级部门确认意见。

审核阶段的同业竞争与关联交易问题

在整个审核过程中，前期比较顺利，原本在 2009 年年底反馈回复基本完成，审核员意见已经不多，但后来在项目的部务会或预备会上，部分领导认为 AG 公司相关资产没能整体上市，而是拿"萝卜心"上市，存在同业竞争问题，前期回复没有解决问题，如不根本整改则可能直接导致项目被否。于是，很快有了第二次书面反馈，核心问题就是同业竞争以及相关的关联交易问题。实际上，两次书面反馈回复，以及五次口头反馈回复中，中心问题就是这个问题。

事情要从 2007 年 AG 公司改制设立股份公司说起，前任保荐机构设计的改制方案是，把 AG 公司的非核心资产，实际上就是效益相对较差（但总体盈利）的业务，剥离给控股股东（AG 集团），而发行人与集团的业务大类上都属精细化工，不仅部分技术和工艺上存在转换的可能，且相互之间都有部分原辅材日常供需交易。在 2007 年形成现有股权架构（集团公司作为控股股东，股份公司作为拟上市体）和业务结构（股份公司做大宗类、成长性产品，集团公司及其他兄弟企业做其他产品）之前，各项业务原本是一体的，尽管说，剥离出去的并非经营状况很坏，其业务划分不是直接根据盈利状况的好坏，但显然剥离的资产利润相对较低亦为事实，这些业务出去后，客观上拟上市体财务上更好看了。

我们项目组进场时，虽不满意这种做法，但已为既成事实，仅寄希望于解释过关。在写给证监会的沟通材料中，我们对此进行了弥缝补苴式的解释：

2007 年发行人根据发展战略需要将 5 家公司的股权转让给 AG 集团，目的是使发行人业务架构更加明确，同时使业务定位更加合理，这些公司的总资产、净资产、营业收入、净利润与发行人相应项目（合并口径）相比占比较小。其中，总资产、净资产、营业收入三项指标，2006 年 5 家公司合计占比在 20%～30% 之间，2007 年以后占比多在 10% 以下；净利润指标，5 家公司合计占比报告期内均在 5% 以下。整体来看，股权转让前后对发行人影响较小。

同时，需要说明的是，除个别公司未开展业务（后注销）或在个别年份略亏之外，上述 5 家公司过去三年一直保持盈利，且报告期内合计净利润一直呈上升趋势（2008 年净利润合计 206 万元），目前相关公司的经营状况正常。所以，上述股权转让是基于发行人发展战略需要而做出的业务结构调整，是为了进一步明确发行人业务定位而采取的合理的经营措施，并不属于刻意剥离不良资产以美化财务指标的情况。

至于同业竞争，在第一次书面反馈中，主要以"同业但不竞争"来做解释。由于精细化工品类别成千上万，只要在产品、市场方面能够明确区分，就不能仅仅因为同为精细化工业务而认定存在竞争。这种说法，审核员当时比较认可，但部门领导并不认同。细想此事，要说竞争，主要是发行人与5家公司当中的3家之间存在这种关系，它们都以HY化学品为主要原材料，如果原料供应紧张，理论上会争夺原材料；还有，这3家公司与发行人的生产工艺和技术原理大致相同，理论上可以而且技术上也比较容易转而做发行人的业务，从而与之产生竞争。当然，这是潜在风险，或者道德风险（尽管已有避免同业竞争承诺）。基于监管审核的质疑，在沟通材料里，我们的解释是：

发行人主要从事HY化学品的生产销售，三种主导产品均以此为主要原料，生产装置相同，工艺技术类似。与发行人不同，控股股东AG集团及其控、参股的其他公司从事的是不以HY为主要原料的精细化工业务，以及非精细化工业务。

由精细化工行业特点决定，其产品种类成千上万，性能千差万别，用途极其广泛，例如，仅HY精细化工衍生品可达5000种以上，大都是利用其不同化学性能，作为各个领域或相关环节的合成原料或辅助材料。从业务经营的实际情况来讲，一般来说精细化学产品不仅仅因为同属精细化工业务而产生业务竞争，因为不同的精细化学产品在主要原料、生产装置、生产技术、工艺条件、产品性能、客户市场等方面可能完全不同，相互之间并不存在竞争关系。

就发行人和集团下属其他公司之间的业务关系而言，根据目前的产品定位和业务规划，二者之间的边界是清晰的，相互之间的产品和业务能够明显区别开来，各自产品的主要原料、生产装置、生产技术、工艺条件、产品性能、客户市场等方面都是不同的。

AG集团目前有8家下属公司（除发行人外），其中控股6家，参股2家。集团本身无具体经营业务，主要从事下属公司投资。其下属公司的业务分为两类情况：第一类从事精细化工业务，共5家；第二类从事其他业务，不属于精细化工，共3家。

在第一类业务中，又可以细分为两种：一种以HY为主要原料，但具体产品、性能、用途等与发行人产品完全不同，共3家；另一种不以HY为原料，不仅产品、性能、用途与发行人产品完全不同，而且生产装置、主要技术、工艺条件等也完全区别于发行人的产品,共 2 家。

整体来看,集团下属公司与发行人业务之间不存在竞争关系。不过,第一类业务中以 HY 为主要原料的 A、B、C 三家公司,在原料、技术、工艺方面与发行人确有相同或类似方面,为规避相关业务环节(例如对于相同原材料的采购等)的利益冲突或消除同业竞争风险,AG 集团采取了两方面的解决措施:

(1)对相关公司业务的调整与处置:①A 公司经营期限即将届满,股东会已做出决议,在该公司经营期限届满时终止经营,解散注销;②B 公司部分资产和业务对于发行人来说有整合价值,B 公司已与发行人签署协议,将相关业务与资产按照评估价值、并经履行关联交易相关批准程序后出售给发行人,B 公司承诺在该项交易完成后解散注销;③鉴于 C 公司主要资产权属尚待明晰,现未实际开展经营,而相关业务对于发行人来说亦有整合价值,AG 集团出具承诺,在 AG 公司上市后三个月内,将 C 公司全部股权优先出售给 AG 公司,或者(如该项关联交易不获发行人批准)出售给无关第三方。

(2)对于可能的竞争环节的承诺:历史上,国内 HY 化学品供应曾出现紧张局面,但目前国内 HY 商品供应量越来越充足,客观上发行人与关联方不太可能在原料供应上出现竞争。尽管如此,在相关公司业务调整与处置完成之前,从潜在风险来看,发行人仍有可能与上述三家公司在原料供应环节出现竞争情况。鉴于此,AG 集团(和相关公司)已出具承诺,在原材料供应方面优先保障发行人采购需求。

后来证监会大致认可上述说法和做法,包括整体上市的说明、竞争范围的界定、主要处置措施等。不过有一条,C 公司股权转让要求提前,不能放在上市之后,理由是"没有先例"。最终的方案是先行转让 C 公司股权,由此导致发行人下属公司增加,是否相应引起已经终结的环保核查范围的变化及其他后果,这个问题在政策上不太清楚,存在一定风险。好在后来审核过程中,一直没有涉及这个问题,直到项目获发审会通过我们对此才真正释然。

"上会"时的信息披露与核查责任问题

在 AG 公司的发审会上,针对企业的本质问题很少,比如同业竞争、关联交易、股权历史等,涉及不多,难度也不大,解释起来也并不困难。但是,针对保荐机构的问题却很多,很"难"。"难",主要是让保荐代表人有些为难。比较突出几点:申报材料中若干细节没有更新,例如,主债务届期后履行情况以及发行人的担保责任情况、主债务人开具的尚未到期的银行承兑汇票最新余额情况、募投项目的目前实施进展情况等;个别签署页存在错漏,影响申报材料原件和复印件的一致性,比如两次反馈回复文件签署页复印件出现签字人签错和重签问题;保荐代表人回答问题不"爽快",在问及对发行人某主要客户实地调查情况时,语焉不详,说话态度让发审委员不满意。

此外,发审委员在看材料时,还发现了一些数字错误,主要有三处,包括某处涉及的发行人股本、收入增长率以及某子公司实收资本与其他处不一致。实际上,预审员在发审会前一天,也曾发现两个细节披露问题:一个是2009年年度分配方案实施情况未予完整披露,仅披露召开股东大会通过方案,也属于内容没有更新;另一个是董事会、股东大会的决议议案名称中没有特别指明创业板(尽管议案内容已有说明),仅称"首次公开发行股票"而没有按要求表述为"首次公开发行股票并在创业板上市",属于文件名表述不规范。

对于这次发审会上的表现,我事后有几点很深的感触。首先,深觉保荐机构的核查责任重大、任务繁苛:正是由于预审员和发审委员都只是看材料,不去现场,所以,保荐机构的核查工作是否到位非常重要,重要问题没有调查、核实,显然就是失职,关键细节不谨慎、不细致,也是不负责任。其次,深感现行发审制度决定了权力有时会左右态度或乃至"真理":发审委员主要来自中介机构,包括会计师、律师(还有少量官员、学者)。在没有审核权力时,这些人作为中介想必理解中介难处,换了位置,地位悬殊,说话方式、考虑问题角度,都不一样了,"时位之移人",实为理之固然。

再想想现行发审制度,发审委员做事的方式是"形式审",但要达到的效果却是"实质审",他们要从书面材料里发现实质问题,并就文字表述进行实质判断。显然,这种工作方式或制度,包含了一个难以克服的矛盾,即形式与实质的矛盾,这种情况下,要想完全与实际情况契合是很难做到的。

最后,深感项目负责人的责任所系,不仅是材料制作,而且还有"关系"协调;不仅要做"事"的工作,还要做"人"的工作;不仅要解决项目本身的专业问题、项目团队的管理问题,同样重要或乃更为重要的是,要利用个人、公司以及其他内外部资源去组织项目、推动项目、掌握项目、实施项目、完成项目;不仅要搞好客户关系的维护，同样重要的是，必须搞好监管层面的沟通协调。

发行前的负面报道及举报危机

AG公司路演之后，发行之前，5月4日各大财经网站上一篇关于AG公司的负面报道赫然在目，题目更是耸人听闻，如"现金骤降，前景悲观""关联交易频繁"云云。内容主要是三点：一是不看好AG公司面对的下游市场，认为前景惨淡，难以指望；二是认为公司2009年现金流剧降，应收款激增，收益质量恶化，涉嫌故意做大收入和利润；三是关联交易频频发生，规模巨大，有以关联交易向关联方输送利益、侵害中小投资者利益之嫌。

以上内容中，市场前景问题，在金融危机爆发时曾有些争议，但目前实际情况并非如此；现金或收益质量下降则为事实，但操纵收入和利润则没有依据；至于关联交易问题，报告期内关联交易次数确实不少，但经常性关联交易金额和比例很小，而且呈显著下降趋势，而所谓输送利益、损害别人则更是子虚乌有。

项目组与企业商定，对于这种报道，如涉及新的事实发现，那么必须重视和核实，并按要求适时向证监会反映，如没有新的事实，只是以偏概全、混淆视听等，则不必回应，否则适得其反。类似这种不够严谨或不怀好意的舆论情况，上市企业通常采取的直接措施，主要是两个办法：一是聘请财经公关进行交涉处理；二是进行正面说明和宣传，迫使负面报道"下沉"。

5月5日，某财经门户网站组织了针对AG公司的负面专题，内容除了4日文章内容外，增加了发行人股权演变过程中的若干瑕疵，不过，都没有超出已经公告的范围，即没有新的事实。这一次，我们的策略与4日一样。AG公司6日成功发行，这些不攻自破的负面报道其间并没有引起舆论关注，后来很快也就烟消云散了。

就在负面报道出现当日，更大的危机向我们走来。5月4日下午5点多钟，已经是证监会下班时间了，项目组正与企业和财经公关协商媒体对策，突然接预审员电话，告知AG公司被人举报，内容主要涉及某股东（持股5%以下小股东）或存在代持情形并涉嫌利益输送，要求立即去证监会取件。从5月4日下午5点半接到举报通知，直至5月6日上午9点半正式开始发行，我们经历了惊心动魄的40个小时，两个不眠之夜，中间连着一个夜以继日的白天（5月5日）。

我们首先安排项目组和企业，对于次日即须公告的招股说明书需要补白的内容予以确认，并与资本市场部联系，按时向交易所上传；与此同时，安排确认次日下午网上路演团队、致辞内容，即证监会没有明确叫停，我们的发行工作一律按原计划行事。

对于举报，我们先组织各方召开电话会议了解情况，初步判断，需要继续查明涉嫌代持或争议股权的相关细节：过去被代持人数、股数究竟多少、已经解决了多少，特别是，事实上还剩多少没有解决，或者说，经内部转让后目前受让方所持股份里面是否还有代持情形。于是，把核查函内容传真给涉事股东并通过电话初步核实，同时要求其当晚飞企业驻地，必须连夜安排人员准备好相关证据，次日律师赴现场见证，之后立赴北京回复。项目组强调，必须准备两类材料：一是代持原始凭证、征询价格或确认意见凭证、转让凭证和付款凭证；二是代持股权的受让方最新工商登记资料以及受让方的法人股东最新工商登记资料。

当晚及次日凌晨，项目组按照初步情况起草回复初稿过程中，公司保荐业务负责人分别与项目组和企业长时间通话，详细了解事情经过，部署危机处理工作，其中着重提出三点意见。

（1）项目组经验不足，项目在这个时候遇到这样的问题，那就是"天塌下来了"！最值得关注的信号是，证监会要求次日一早回复，这正是在完全核查与顺利发行之间存在矛盾的情况下，证监会给项目的一个生死攸关的机会，必须抓住机会，立即回复，保证发行工作不受严重干扰，所以当事人务必第一时间澄清并回复。

（2）发行人负责人，这个时候也必须第一时间赶赴北京，尽管不是直接当事人，但因为对于箭在弦上的发行工作可能造成影响，所以应该向证监会说明其知情程度，第一时间知悉证监会方面的动态，并与证监会保持密切联系和沟通，争取最好的结果。

（3）项目组这个时候的履职尽责工作不是急于到证监会当面沟通，而是要把人叫过来，把事弄清楚——发行人没有到场，证据材料和相关人员都不在，项目组这个时候到证监会应该说什么，而且又能说清什么。

负责人最后听说发行暂时没有叫停，稍稍宽心，但仍叮嘱决不可有丝毫懈怠。项目组与负责人通话结束后，即与分处华北 L 市、东北 A 市和华东 X 市三地的发行人董事长、律师、保荐代表人（签字）分别联系，要求发行人急命涉事股东飞北京（因为确须股东本人去取相关原始材料只好先飞股东所在企业驻地 H 市），要求董事长本人、律师及保代务必乘坐次日最早航班直飞北京。

5月5日11点半（第一次见面，未提交材料），汇报团到证监会反映进展情况，预审员提出有关核查的要求。18点半（第二次见面，第一次提交材料），自各地汇总正式核查材料和专业意见后，再去证监会见面，证监会认为能否放行明日发行尚待核查落实情况，限令当晚22点前提交补充核查和落实情况。在接下来的三个小时时间里，保荐机构、律师和企业人员一方面组织补充材料，一方面与被代持人进行电话联系，并就股东方就此签署的承诺文件进行反复协商。22点15分（第三次见面，第二次提交材料），再到证监会汇报，预审员经请示上级，再次提出他们的审核意见，对于保荐机构和律师工作提出新的要求。

接下来的工作，除了落实审核意见、进行材料文字调整外，主要就是爆打电话，但时间已近午夜，后来已是凌晨，能够联系上的人越来越少，有的关机，有的没人接，仍然反复打、反复打，直到有的手机被打得没电。即使这样，截止到凌晨两点半，基本没有任何进展，只是补充了部分间接证据（第三方转述）和电话记录。

5月6日凌晨2点半（第四次见面，第三次提交材料），再去证监会，在会议室里足足等了一个小时，3点半左右，审核人员汇报后再次提出审查意见，实质意见集中到一点：不能过关，继续核查！事后知道，主要因为受限于项目组所掌握的信息，能够联系上进行电话访谈的人都没有参与过举报，所以监管部门对于结论依据仍然存疑。这一次，要求我们6点半之前报来材料，因为届时可以留出必要时间（7点半之前）通知交易所是否暂停发行。

离开证监会已经凌晨4点。至此，一切都还是未知的，证监会不仅没有松口，甚至愈趋严厉。想到马上即将开始的认购发行面临如此波折，现场人员心头暗暗涌起莫名的惶惑。在初次和二次见面时，认为有八成以上把握顺利过关的人，现在也表示也许只有50%的可能了。怎么办？电话访谈无法进行，分头再打、再打、再打，还是没有结果。试想，晚上10点多以及午夜12点多已经联系不上的人，难道会在凌晨4点多熟睡期间突然接听我们的电话吗？我们甚至有些绝望，有几个人开始趴在桌子上或躺在椅子上打盹。

约凌晨5点时分，有项目人员睡不着，又开始打电话，心里并无什么指望，但奇迹发生了，竟然有人接听，电话里承认"我就是举报人"。大家立即动手补充访谈记录，修改核查意见。（后来又联系上间接访谈材料的当事人，对方对其股份转让没有异议。）这次终于有了反对声音，终于找到一个举报人，简直不啻救命稻草，我们拼命抓住这根稻草，奋力将项目发行推向胜利的彼岸。

清晨6点半（第五次见面，第四次提交材料），汇报团再去证监会，这一次，预审员看过材料后，最满意的是我们的核查意见里第一次有了举报人的访谈信息。预审员赶紧向领导汇报，或仅口头汇报大意，等了不长时间，预审员再次提出修改意见，这次已经没有实质意见了，主要针对材料本身。我们赶紧落实，将相关内容调整完成。

早晨7点半（第六次见面，第五次提交材料），汇报团再去证监会，这次审核人员经汇报、讨论后，针对本次举报事项的调查提出了较为正式、系统的意见。这意味着本轮调查暂告结束，此事是否影响股票发行现在可以给出结论了。过了一会儿，我们得到通知，证监会决定放行！

我们走出证监会大门时，已经是上午10点了，当日阳光晃眼，照得每个人熬夜的眼睛几乎难以睁开，大家没有洗漱的脸上带着疲惫而兴奋的表情，我们仿佛听到了股市开盘之后人们争相下单认购的声音，5月6日，在经历黑色的40个小时之后，我们终于迎来了AG公司的顺利发行。

在此之后，项目组根据监管意见再次补充现场核查，提交第六次核查意见，甚至直到AG公司上市后，还按要求就核查过程和结论表述进行又一次修改，并再报证监会，这已是第八次见面，七易其稿了。诗曰："数点雨余雨，一番寒食寒；杜鹃花发处，血泪染成丹。"

***

在做项目一年多的时间里，项目组两次流下泪水：一次是发审会当天，保荐代表人遭到发审委员指责，颇觉委屈和辛酸而流泪；一次是AG上市前夜，项目人员回想所经历的种种煎熬，感到激动和欢欣而流泪。实际上，还有一次，我们在企业现场连续工作一个多月，某次传递项目文件时，偶尔在U盘中发现小儿的照片，笑脸那样灿烂，那样童稚无邪，不由想起已经好久没有打电话给他，一股温情与歉疚猛然湿润了我的双眼。

如今，这些都已成为过去，我们总结这个项目，不敢有丝毫的自鸣自得，因为这就是我们的工作，包含了智慧、辛劳也包含了失误的工作，项目组所做的一切，不过是职分所在，寻常所为。历来投行项目多是在中介与企业、监管与市场、偶然与必然、人力与运气等诸多元素的交织与冲突中跌撞前行。"窃人之财，犹谓之盗"，某虽不敏，尚不至贪天之功，以为己力。不过自话丛脞，聊备一哂耳。

（2010年5月）

HT 吸并预案

最近由地方政府主导的"HT集团"整合H公司、T公司等的股权一事引起市场关注,这两天刚刚公布了吸并预案——T公司主并,H公司和C公司被并。其市场意义和前景如何,值得讨论,在技术层面上,值得注意的是预案关于相关股东的回购请求权和现金选择权的安排。

回购请求权安排

(1)回购请求权赋予主并方股东,即T公司股东,被并方股东没有回购请求权。

(2)回购价格未定,仅称"按照合理价格"。

(3)回购主体为上市公司,即T公司。

(4)具有回购请求权的异议股东特指在股东大会表决吸并议案时投出有效反对票,并且一直持有代表该反对权利的股份直至回购请求权实施日,同时在规定时间里履行申报程序的股东。

现金选择权安排

(1)现金选择权赋予被并方H公司和C公司异议股东,主并方股东没有现金选择权。

（2）现金选择的价格为4.10元/股（H公司）和5.76元/股（C公司），都是停牌前20个交易日（即首次审议吸并的董事会决议公告日前20个交易日）均价，同时也是换股价格，换股比例据此确定。

（3）现金提供方为HT集团或其关联企业，也就是上市公司的大股东及其关联方，而不是上市公司本身或其他第三方。

（4）具有现金选择权的异议股东特指在股东大会（分别指H公司的股东大会和C公司的股东大会）表决吸并议案时投出有效反对票，并且一直持有代表该反对权利的股份直至现金选择权实施日，同时在规定时间里履行申报程序的股东。

权利排除（特别限制）

如果吸并方案未能获得①T公司或②H公司或③C公司股东大会或④相关政府部门（应指国资委、证监会等）的批准，导致吸并方案最终不能实施，则T公司的异议股东不能行使回购请求权，H公司和C公司异议股东不能行使现金选择权。简单来说，就是异议可以，但如果异议导致方案通不过（吸并相关三家公司任一股东大会上有超过1/3反对票），则T公司异议股东不得请求回购（即使并非T公司股东异议导致方案通不过）、H公司和C公司异议股东不得选择现金（即使并非H公司或C公司股东异议导致方案通不过），甚至政府部门不批准，异议股东的回购和现金权利也都归消灭。

查《公司法》规定，公司发生合并，对股东会该项决议投反对票的股东可以请求公司按照合理的价格收购其股权；如股东会会议决议通过之日起六十日内，股东与公司不能达成股权收购协议，股东可以自股东会会议决议通过之日起九十日内向法院提起诉讼（第七十五条）。值得注意的是，这条规定针对有限责任公司，在股份有限公司的类似规定中却没有提及异议股东的回购请求权。那么，法律是不是没有对股份公司的股东设置异议权保护呢？或者使用类推适用有限责任公司的规定？另外，《证券法》也没有关于现金选择等的规定，其他具体规定如"重大资产重组管理办法"等也未见规定。

不过整体来看，如果形成有效反对，则吸并方案无法实施，反对主张得以胜利，自然没有再行保护的道理。所以，就异议股东保护而言，只有反对无效，吸并照样进行，才有必要对少数异议股东进行必要保护，包括回购股份和选择现金等。

《上市公司收购管理办法》倒是有些规定，如第二十七条（现金收购：私有化或未豁免）："收购人为终止上市公司的上市地位而发出全面要约的，或者向中国证监会提出申请但未取得豁免而发出全面要约的，应当以现金支付收购价款；以依法可以转让的证券（以下简称证券）支付收购价款的，应当同时提供现金方式供被收购公司股东选择。"第三十六条："收购人以未在证券交易所上市交易的证券支付收购价款的，必须同时提供现金方式供被收购公司的股东选择，并详细披露相关证券的保管、送达被收购公司股东的方式和程序安排。"

显然，这些规定与吸并无直接关系——如果硬要联系，则有联系的就是第二十七条，被并方为上市公司，则无疑是终止其上市地位；不过，是否属于"全面要约"呢？既然100%换股，也可以认为是一种要约价格，即以换股价来要约，支付方式是以股份支付（以T公司股份作为支付手段，"要约"购买H公司或C公司的股份）。问题是，H公司和C公司的股东并不失去上市公司股东地位，只是失去原公司股东地位，而可以成为新公司股东。所以，这里并不太适合。

至于后半段，"以依法可以转让的证券支付收购价款"，则是比较适合本案例的。可问题是，按规定原意，似乎是被购方股东有现金选择权，但本案究竟谁为收购方和被购方？吸并当中，无所谓被购与主购，它仅是吸收合并而已（双方股东融合），并不是收购（取得控制权）。适用这里的规定有些错位。这主要因为吸并办法还没有出台，这里套用收购的规定应属权宜。从合理性来说，吸并当中的被换股股东应都有现金选择（如所持股份交换为其他股份，即发生股份支付——无论是收购或吸并）的权利（没有换为其他公司股票的，则不应有现金选择权利，如T公司股东）；而吸并当中所涉公司股东应都有股份回售（如所在公司发生合并——无论主并或被并）的权利。

本案中，三个公司的异议股东应都有回售权利，至少H公司和C公司（作为被换股者）异议股东有现金选择权利，T公司异议股东则比较难说——表面上其异议股东的股份在吸并后仍为T公司股份，似乎没变，但换股改变了公司一切，此股份非彼股份，似乎也应有现金选择权利。问题是，谁有义务提供？而且，有趣的是，谁是主并方意味着谁的股东无现金选择权，这种情况实际上并不一定合理。

总之，回售针对吸并，因股东无法抗拒原有公司与其他公司合并，所以得要求原公司以合理价格回购其股份；现金针对支付，因股东面临股份被购或被换之变动，所以在支付方式上得要求主购方或主换方（或其提供的第三方）在股份支付方式以外，尚须提供现金支付方式。

可以看出，回售是给股东以退出渠道或退出的自由，以免公司变局无奈之压迫；现金则是给股东以支付选择或支付的自由，以免股份变动对价之局限。

（2008 年 12 月）

DL 公司境外并购

DL 公司是一家 A 股主板上市公司,公司本部在贵州,前身是 20 世纪 60 年代的三线建设项目,2007 年年底整合有关资产在 A 股上市。它的主要业务是做各种镜片,大部分是投影机镜片,还有部分相机镜片等。ZT 公司是一家日本企业,主要做 DL 公司下游的镜筒(尤其模具)和引擎(包括镜片在内的组件,是投影和照相的核心装置)。ZT 公司 4 月 1 日进入民事再生程序,DL 公司有意参与收购。本项目涉及 ZT 公司并购价值的判断和财务顾问如何发挥作用的问题。

ZT 公司本部在日本长野,在日本境内有四个厂区,面积都不大(其中茅野工厂稍大)。诹访有相邻的两个工厂,一厂主要是技术部和管理总部办公区,二厂生产镜片;另外两个工厂,茅野工厂生产模具(也有部分模具研发人员),辰野工厂生产特种镜头(医用、车载等)。ZT 公司在中国境内设了两家子公司,一家在珠海(香港壳公司持有),一家在佛山。珠海工厂是个来料加工厂,2008 年年底拟与 DL 公司合资设立新公司(ZT 公司以来料加工厂设备转做出资)。该公司设立后,ZT 公司因进入民事再生程序而转寻 DL 公司作为重组方,原来的合资计划则搁置了下来。

根据会计师出具的初审合并报表数据(折算为人民币),截至 2009 年 3 月 31 日(或 2008 年年度——日本会计年度为 4 月 1 日~次年 3 月 31 日),ZT 公司资产 7 亿元(母公司 6 亿元),负债 7.6 亿元(母公司约 6 亿元),权益为 -6 300 万元(母公司 -330 万元)。收入 15.8 亿元(母公司 14.6 亿元),营业利润 -6 400 万元（母公司 –3 200 万元），利润总额 –7 800 万元（母公司 –5 400 万元），净利润 –7 900 万元（母公司 –5 400 万元）。上一年度，净利润为 –9 000 万元（母公司 6 300 万元）。

怎么看待这个企业的价值呢？一般来说，价值总是相对的，同样的东西在不同人的眼里（评价）价值不一样，在不同人的手里（整合）价值不一样。要说清价值，就要说明交易双方。由交易本质所决定，必须是双方都认为物超所值时交易才能达成，就是说，交易必须对双方都有利或都合适才能进行下去。

对 ZT 公司的好处是什么？是避免财务恶化、业务停顿、清算关闭、人员失业乃至引发社会问题。当然，它还要考虑尽量找最合适的投资者、最有力的重组方。

相对来说，DL 公司更为主动。虽然 ZT 公司是 DL 公司的最大客户（上年占销售收入的 1/4），二者唇齿相依，且 DL 公司 2009 年一季度也在亏损，目前经营上也有困难，但比 ZT 公司境遇要好。不过，要下决心买 ZT 公司，必须搞清楚几个主要问题：

ZT 公司财务情况：要弄清这家企业的窟窿究竟有多大。账目上的东西容易查清，尽管由于语言不同、会计制度有差异，但只要认真审计，大致情况是可以弄清的。问题主要是有没有隐瞒的东西、潜在的东西，包括账外的、担保的、质量的、环境的、劳资的，等等。目前来看，大致可以确定母公司层面（再生主体）资产、负债相当，都是 6 亿元左右，权益负值 300 万元左右（3 月之后的情况不明）。再看这些资产、负债本身（母公司），资产包括 2.5 亿元的应收款、6 000 万元的存货、5 000 万元的货币、1.6 亿元的固定资产，另外还有 2 000 多万元其他应收款、约 7 000 万元长期股权投资，其他资产很少。关键看 2 亿多元的应收款、6 000 万元存货和 1 亿多元的固定资产还值多少钱。

负债上，流动负债达 5.5 亿元，其中短期借款近 4 亿元（3.77 亿元）、应付款项 1 亿元（应付账款 7 000 万元、应付票据 3 000 万元），一年内到期的非流动负债 3 800 万元，其他应付款 1 800 万元。非流动负债约 4 000 万元，主要是长期借款 3 000 万元和长期应付款 800 万元。负债是死的，或者说是实的，而资产则是活的，也可能是虚的——活的是说资产可以带来业务、带来现金（或亏损），说它是虚的大抵也是这个意思，资产是不是账面价值那不一定。例如，上面的应收款、存货、固定资产、长期股权投资，在公司陷入再生情况下其价值可能大打折扣。

总之，母公司大致就是这个样子，有五六亿元的债要还，具体资产如何则要看情况。两个中国子公司账面价值基本为零（合并报表权益比母公司少6 000万元）。有没有其他隐藏的、潜在的东西，暂时还搞不清。

民事再生情况：尤其是再生程序和方案很重要，为什么？再生程序决定了监督环节和表决风险，比如法院或监督委员的权限、债权人的具体构成、债权人大会的表决条件等。目前了解的情况是，债权人主要关心还债比例，有些情况下（比如认为重组方较弱而主要依靠ZT公司本身还债）还关心经营计划（评估偿债风险）。遗憾的是，尽管有提交法院的债权人申报资料、资产评估报告，由于沟通交流等方面的问题，目前似乎没有弄清截至再生开始日的债权人名单、债权种类（优先、共益、别除以及再生或普通债权等）、数额和比例。除减债计划外，必须有适当的经营计划，这比减债本身可能更重要，因为减债确定后，就是通过经营去还债、去挣钱，经营不得当，根本无以还债、无法挣钱（尽管还债数额、还债方式等本身也影响经营）。

目前ZT公司社长提出的经营计划主要包括裁减人员（130人）、关闭工厂（第一工厂、辰野工厂）和调整管理结构（设计研发部分转移至佛山，提升中国分厂生产效率和质量）、产品结构（削减或停止部分专用镜头产能）、市场结构（逐步摆脱历史上形成的客户市场制约，向通用化、客户广、盈利多的市场倾斜以争取主动）。

ZT公司亏损原因：说法不同。日方财务顾问认为主要是产品质量和效率（工期）问题、原有客户（主要客户相关部分转给新加坡公司）流失问题。社长认为投影机业务一直赚钱，但DSC（相机镜头业务）有问题——市场占有率低（1.8%）、历史上与主要客户间不平等协议的约束（只能给主要客户做难度大、成本高、不赚钱的业务），另外管理体制或管理结构有问题——在中国设厂后没有及时跟上相应的开发、管理等能力，"日本设计、中国量产"的做法存在品质、效率（工期）、管理（费用）等问题。

社长总结亏损原因大致有四个，即产品（DSC）、劳动成本（人力成本）、体制（如上）和财务（13年期即有贷款40亿日元，以后在中国建厂贷20亿日元，补充流动资金20亿日元，导致银行贷款高达80亿日元，财务费用过高——民事再生后留20亿~30亿日元。DL公司如果援助2亿人民币，主要用于再建费用约四五千万人民币，其他用于还债）。

日方其他管理人员认为，原因主要是在珠海投资过多，设备多而生产少；近年做很难（高难度而低效益）的产品，良品率低。质量问题关键在模具和组装，其中组装环节常出问题，也与人员流动性大、产品多样化、难度大、工期紧、技术人员不足、执行意识和文化等综合因素相关。

此外，在前期尽职调查中，律师和会计师提出他们总结的经营失败的原因，包括：期间费用较高；非经常性费用（特别损益，主要包括汇兑损失、特别退职金等偶发性的费用支出）较高；经营班子主要领导人经营能力不足；结构调整速度缓慢，固定费用较高（业务结构调整不及时；人员结构不合理）；新业务拓展预测失误；资金链薄弱，发展主要靠银行融资，等等。那么，究竟原因在哪里？最重要的或最难克服的原因是什么？都有待进一步核实。

行业情况如何：这方面情况还要下工夫，要判断行业未来发展趋势和空间，特别是目前处于什么阶段，是不是逢低逆市扩张的机会。

整合效应怎样：将来 DL 公司和 ZT 公司怎么定位，产品、市场、客户、技术、物流、人员怎么整合，特别是日本方面，怎样把原有问题消除，且不因收购易主而发生新的问题，用什么样的机制把 ZT 公司潜力有效挖掘出来、发挥出来。

跨国管理难度：充分考虑日本的制度和文化环境的特殊性，所谓入乡随俗，必须尊重和利用当地的实际情况，扬长避短，求同存异，具体分析，具体解决。

从财务顾问的角度，可以为企业在项目论证、组织协调、资产调查和商务谈判、交易风险识别与价值判断等方面提供服务和发挥作用。其中，方案论证包括讨论确定本次收购方案、收购主体、收购程序、资金来源等重要问题。

在分析以 DL 公司或其关联方作为收购主体利弊的基础上，经请示主管单位，决定由 DL 公司为收购主体；交易方案包括 DIP 融资和参与 ZT 公司民事再生程序直至取得标的公司全部股权等内容（为规避关联交易表决风险而将关联方提供的 DIP 融资与 DL 公司重大资产重组在合同条款与操作步骤上实现相对分离）；明确国内审批程序，除上市公司内部程序外，还涉及国资委、发改委、商务部、外管局以及证监会等政府部门；收购资金来自前次募集资金，即须变更上市公司 IPO 资金投向。

在确定交易结构后，项目组即须召集各中介机构协调会，制定重大资产购买时间表，明确相关程序事项、各方工作内容和时间要求，形成推动重组事项的有关协调、联络、会议（例会和专项会议）、资料传递和信息保密等的工作机制和制度，指定各方负责人和联络人，同时就本次交易涉及的监管报批内容、停复牌事项等予以沟通、确认。

关于资产调查，财务顾问调阅了已有的审计、法律尽职调查的大量书面资料和有关电子文档，进行必要的翻译、甄别、整理等工作，经分析比对，提出了针对上市公司、标的公司及其子公司的尽职调查清单，项目人员还分赴 ZT 公司本部，现场调查位于诹访、辰野等地的生产工厂，了解有关生产、技术、人员、市场等方面的具体情况，分别与 ZT 公司社长、经营本部长、海外事业本部长、技术本部长、营业本部长以及总务法律部门、财务部门等负责人进行访谈，收集了部分重要文件资料。此外，项目组还与日方财务顾问、法律顾问就交易涉及的减债计划和信息披露等问题进行了交流。

接下来的关键是商务谈判，这对本次交易来说成败攸关。财务顾问研究了相关法律文本，包括有关重组合同、前期资金合同、担保合同等，就重点问题与上市公司和律师进行沟通、分析、归集、整理谈判要点和主要分歧，提出有关建议供上市公司参考，之后便在北京和东京等地进行长时间谈判，寻找双方结合点。

在这个过程中，涉及大量文件的编制，包括重大资产重组方案、独立财务顾问核查意见以及有关说明、承诺、备忘、记录、查询等文件草稿，以及董事会相关议案等文件统筹。当然，贯穿在上述工作中的重点，是协助进行交易风险识别与并购价值判断，为此需要着重关注交易双方的合作基础、ZT 公司陷入财务困难的原因、上市公司及 ZT 公司所处行业发展态势、民事再生程序关键结点和主导因素（主要债权人、减债额度）、未来整合标的资产存在的主要问题等，明确相关法律、财务风险，为 DL 公司的商业判断提供决策参考。

整体上看，ZT 公司居于产业链下游核心地位，其销售规模约为 DL 公司的四倍之多，在业内久负盛名，处于仅次于全球少数几家拥有光学元件/组件设计、生产能力的整机厂的第二集团位置，拥有技术、市场等多种优势，历来为 DL 公司的学习标杆，DL 公司如果能审时度势，以小吃大，将 ZT 公司纳入囊中并消化吸收，对于上市公司本身的行业地位、市场影响以及技术能力、管理水平等或将是一个重大跃升机会，对于国内相关行业都将影响深远。同时，鉴于 DL 公司本身的实际情况，在项目操作过程中明显感到这次收购挑战性也很大，包括收购策略、内部协调、风险防范、业务定位、并购整合等，都需要有相当的准备或妥当的安排，这方面经验还有待积累。

（2009 年 6 月）

上市公司重组的两个基础问题

为什么要重组一家上市公司？该上市公司为什么被重组？这可以称为上市公司重组的两个基本问题。前一个问题是针对重组方的，后一个问题是针对被重组方的，但后一个问题的回答最终也是为重组方提供参考。根据上市公司 BS 的破产重组方案，拟在削减巨额债务的基础上，由公司股东向债权人和重组方让渡部分股份，经重组方提供资产注入、资金担保等支持而获得新生。

在 WX 公司洽购 BS 公司推进过程中，WX 公司老板即向下属及各中介提出重组是否值得的问题，也就是要弄清楚到底收购动因何在，利弊如何，说白了，就是这笔买卖到底是不是划得来。另一方面，就像多数被重组公司一样，BS 公司被重组主要因为深陷财务困境并希望走出困境，而关注造成 BS 公司困境的原因，则可以从这类企业兴衰得失中寻求启示。

第一个问题：要算账

比较成本与收益，包括经济的和非经济的，可以量化的和不可以量化的各个因素。

（1）先说借壳（发行股份购买资产）。

WX 公司的成本是：10 亿元的担保责任；5.8 亿元资产注入。

WX 公司的收益是：如果资产评估 9 亿元，认股价 6 元，发行 1.5 亿股（含拟注入资产属于小股东权益部分，其认购股份对应 1 500 万股)，加上重组前以拍卖方式取得上市公司的 4 500 万元（对价 2 350 万元）和受让的 1.2 亿元（含合作对象受让部分，WX 公司实际受让约 9 000 万股)，则共有约 2.8 亿股，发行后总股本约 5.6 亿元，持股 50% 左右。按 2008～2010 年三年平均 EPS 0.28 元左右计算，如果取 30 倍市盈率，合理股价 8.5 元左右，则 WX 公司重组后持股市值 23.8 亿元。

（2）再看 IPO。假定盈利水平如上，相关资产 2010 年申报上市，以 2009 年盈利估值，净利 1.7 亿元，原有股本（按净资产整体变更折股 5.8 亿元）+ 2008 年净增权益（0.6 亿元）= 6.4 亿股，按总股本 25% 的底线向社会发行，即 6.4 亿股的 1/3，加上 2.1 亿股，为 8.5 亿股，或按总股本 10% 的底线向社会发行（按规定总股本 4 亿以上可按 10% 向社会发行)，即 6.4 亿股的 1/9，加上 7 000 万股，为 7.1 亿股，每股收益为 0.2～0.24 元，也按 30 倍市盈率算，合理股价为 6～7.2 元，WX 公司持股市值约 38 亿～46 亿元。

两相比较，市值相差 15 亿元，乃至一倍（23 亿元与 46 亿元）。根本原因在于 BS 净资产和股本近 4 亿元，约为拟注入净资产的 2/3，但盈利仅为后者的 1/6，或者 1/10。换句话说，如果 BS 公司自身（接受下来的这部分资产）的盈利水平比不上 IPO 融资部分的盈利（现金融资位置相当于 WX 公司接受 BS 公司这部分资产，IPO 融资约 4 亿元，净资产增加 4 亿元，但股本增加仅 7 000 万元或 2 亿元），而从 BS 公司接受过来的股本远远大于 IPO 新增股本（1～6 倍），WX 公司拟注入资产盈利水平既定，则无论如何借壳都比不上 IPO 的市值水平。所以，除非扭转 BS 公司自身盈利状况，或者 WX 公司从其他方面得到补偿——包括土地等潜在收益，否则借壳显然没有 IPO 合算。

WX 公司可能得到的补偿包括：资产作价高，得到的股比大，虽然盈利不高，但总市值可能更大（理论上严格说来，盈利水平既定，则注资估值高低对于后期股价没有影响，因为溢价部分的资产需要折旧摊销，最终都是成本，净资产越大，则盈利水平 ROE 越低——不过尚须区分是否同一控制——但实际上股价和盈利水平并不必然对应，股数多一般总是好事。例如，转增使股本增加，每股收益下降，但多数人仍然认为转增是好事)；其他收益，争取各种优惠或无偿土地，等等。这次 WX 公司争取的优惠包括：作为重组对价的 BS 公司原股东无偿让渡的部分股份，以拍卖价格获得 BS 公司原大股东的部分股份，政府可承诺部分"变性"（即工业用地改商业用地而使地价升值）的原厂区土地，以及 BS 公司现有其他资产、人员、渠道、市场及其相应价值。

BS 公司现有资产 22.5 亿元，净资产 3.75 亿元，负债约 18 亿元。每股净资产 0.9 元（低于股票面值）。短期负债共 7.5 亿元（含一年内到期的非流通负债），其中短期借款约 7.2 亿元。2007 年全年主营收入 16.5 亿元（即营业总收入，无其他业务收入），主营成本近 15 亿元，主营利润约 1.5 亿元，但是营业总成本 17 亿元中除 15 亿元的主营成本外，三项费用达 2 亿元，其中管理费用 1 亿元，销售和管理费用各 5 000 万元，所以，营业利润为 −5 000 元（亏损）。加上营业外收支净额约 6 000 万元，才有约 800 万元税后利润。

各分、子公司的 2007 年情况大致是，5 个分公司中，一家利润（含税）8 000 万元，其他 4 家合计亏损 1 500 多万元。重要子公司（控、参股子公司共 15 家）中，3 家盈利合计 1 300 万元，其他全部亏损。所以，就盈利来说，重要分、子公司中大部分亏损。那么，这样的公司——虽经破产重组——究竟是不是破产清算为上选？

从经济账来说是如此，但破产涉及员工安置和社会稳定问题，另外，如果针对这些公司的具体情况采取措施盘活过来，未必不是一笔划算的买卖。比如：下属公司中有的因为管理不善，采购和销售等环节存在"跑冒滴漏"，这可以通过加强管理予以改变；有的因为折旧费用过高，可以通过另设法律主体购买该公司清算资产或拍卖资产，重新确定账面价值以降低折旧费用。总之，新建公司成本不菲，而且还有技术人员（人力资源）、销售渠道（市场资源）等无法量化的东西，所以，资不抵债的公司的最好选择未必就是破产清算了事。

第二个问题：BS 公司兴衰的原因

这个问题不是几句话所能说清楚的，概括地讲，主要是体制原因、社会原因、管理原因、规范经营原因、人的原因等。就所了解的 BS 公司情况，原来是个好公司，原董事长是个能人，把一个小厂子弄大，很不容易。问题出在企业做大以后，特别是上市之后，将资本市场作为解困工具，再加上企业家成功之后的虚荣感作祟，要么好面子硬撑，要么屈从政府压力，主动或被动、有意或无意揽了一大堆事情，自身又解决不了，没办法就铤而走险！包括违规担保、资金占用、虚假信息披露等违法违规的事都干出来了，等到发现为时已晚，企业已经自掘坟墓把自己给埋葬了。

破产重组时，查出来的资金黑洞是几十亿元（负债总额），减债后还有 10 亿元,此外,披露的大股东占用(上市公司的应收款项)为10亿多元。还有其他方面的问题,例如近几年的管理方面比较混乱,甚至出现买回来价格高昂的进口设备没人会用,也没人会修的情况,自打买回来就待在那儿等着报废,每年计提巨额的折旧费用——很多分、子公司就是折旧给搞穷的、搞垮的。类似情况在经营不善的上市公司中恐非个案,深层问题颇值后来者思考。

(2008年5月)

项目申报五失

目前投行的竞争力越来越集中表现在项目承揽、方案设计和发行承销等方面,不过,具体项目的执行力却也取决于若干细节。以 WB 公司债项目申报为例,3 月筹划启动,至 5 月终于具备条件递交申请。为了在后期发行时间窗口上掌握主动,报批环节的效率显得愈发重要。在申报前,由于项目人员对相关规则——实际上主要是具体的政策、做法(而且这些政策未必公开、这些做法未必有据可查、有稽可考)——的掌握不甚熟悉,或把握不甚严格,导致接二连三地出现操作失误,致使公司遭受损失、材料申报迟延。

(1)文件用印程序。启动慢,过程松。原拟 5 月 16 日(周一)申报,倒推时间,则应 5 月 13 日(周五)完成发行人及中介各方用印,周六日印刷整理文件。但是,券商方面实际履行用印审批程序的时间已经是周四晚上,加上周五督促不力,致使周五下班前仅有业务组负责人即审批第一个环节的签字,还差业务部门负责人、法律合规部、总裁以致董事长的签批等诸多环节。

(2)文件签署人员。不谙实践,妄自臆测。关于"不干扰发审委审核工作的承诺函",尽管无明文规定,但按证监会历来强调正式申报文件"亲笔签名"等原则精神,理应从严,以显郑重和严肃,实践中法定代表人亲笔签字的情况也很常见。企业专门问过此事,项目人员并不清楚实际情况,以为总经理签字亦可,于是随口答应客户:"应该可以。"本来企业的安排是,周日(15 日)晚完成并送达全部签署文件,因临时纠正上述承诺函签字事项,不得不重新让法定代表人签字,为此耽误大半天,至16日午后相关文件才从企业现场送到北京。

(3)文件签署方式。不懂规则,贸然操作。《公开发行证券的公司信息披露内容与格式准则第24号———公开发行公司债券申请文件》第五条之第二款规定:"所有需要签名处,均应为签名人亲笔签名,不得以名章、签名章等代替。"项目人员不熟悉或未学习相关规定,便想当然地认为,名章签署不必等领导在场,效率更高,且以为名章与亲笔签字等同或等效。在申请用印时,项目人员赫然写明"××名章××枚",待到烦琐的电子用印程序好不容易履行完毕,正准备实际盖章时,发现"名章"不可代替亲笔签字,于是一切从头开始。为此,前后误时三天之久——周四启动的用印程序,走到周日又重新开始,而之后的周一当天无法完成全部流程,至周二各方才签署完毕,项目组为此连续加班三天,有两个晚上几乎熬了通宵。

(4)文件格式。不知政策变化,盲行陷入被动。项目组没想到,更大的打击还在后面。熬了几个晚上,当周三上午向证监会正式申报时,受理处告知:仅有发行保荐书而缺发行保荐工作报告,必须补后再报,否则不予"接受"材料。项目组此刻真正是"有苦说不出",怨证监会乱改规则而不经公示?怨运营部门只知内部固守陈规而不掌握外部政策动态?怨项目组自己不主动加强学习、了解政策?特别是此前已经有人问到项目组是否需要提供发行保荐工作报告,但项目人员并未引起重视和认真对待,所以,要怨,应该怨项目组职业敏感度不够和执业责任心不强!

(5)文件传递。内容不审,路线模糊。有关本次发行公司债的协议由项目负责人改定和传递,但项目组其他成员在应客户要求传递全套申报文件电子稿时,竟连同协议草稿一并发送给客户。后来,客户方有意无意(应该是无意)无视之前发送的经审定的协议文件,使用了对其更为有利的协议草稿,在完成了用印、签署等工作后递交我方,我方用印电子程序此时已履行而待盖章,但经办人员突然发现:客户送签版本与我方电子用印审批附件竟然不一致!从维护客户关系大局考虑,此时实已无法深究版本对错和责任承担问题。但不管怎样,申报时间因重新用印而延期,不仅如此,还可以说公司因此"主动"承担相关损失。

可以看出,效果取决于过程中,效率损失在细节上,而更好的效果、更高的效率又与专业、经验、意识、习惯等相关,归结其中的关键则是一个办事方法问题。曾国藩说:"办事之法,以五到为要。五到者,身到、心到、眼到、手到、口到也。身到者，如作吏则亲验命盗案，亲巡乡里；治军则亲巡营垒，亲探贼地是也。心到者，凡事苦心剖析，大条理、小条理、始条理、终条理，理其绪而分之，又比其类而合之也。眼到者，着意看人，认真看公牍也。手到者，于人之长短，事之关键，随笔写记，以备遗忘也。口到者，使人之事，既有公文，又苦口叮嘱也。""五到"之法，对于投行项目执行颇值参考。

当然，回头来看 WB 公司债项目，应该说，在债券方案设计、市场窗口把握、项目组织实施等大的方面表现尚好。在启动项目和设计方案之初，母公司资产负债率近 60%（合并口径超过 65%），似乎债权融资空间有限，但是本项目抓住结合公司业务发展需求以及公司正处于配股过程中的特点（预计财务状况随着配股完成而改变），及时利用进展中的股权融资与公司债融资可以兼容的政策优势，通过本项目实施满足了客户需求和支持了其业务发展。在市场环境把握方面，由于申报后期提高了效率，赢得了时间，本期债券的发行时机选择比较主动、窗口判断比较恰当。受城投债风险因素及债券市场资金面紧张的影响，信用债收益率从 7 月之后出现了大幅上行，本期债券基本是在债券收益率出现全面上涨前完成发行的。从本期债券发行前后公司债券的发行情况看，与同资质期限的债券相比较，本期债券的发行利率均是一个相对低点。

（2011 年 12 月）

遭遇乌龙

资本市场是个众目睽睽的公开市场，不管什么乌龙事件（一般指不该发生的低级错误），一旦公开往往传播很快，影响很大。监管者有句名言："市场无小事。"就投行项目的文件编制而言，在面对时间压力、处理海量信息时，要做到毫发不爽也不是一件容易的事。

2012年12月28日，赶在元旦前，SD项目申报材料递交到监管部门并获接受。过了20天，2013年1月17日，从监管部门传来消息，因为申报材料质量出现问题，拟向材料制作人员乃至保荐承销机构问责。自监管部门发来的通报材料显示，申请材料经核对发现以下问题：一是董事会决议第15条内容与募集说明书、尽职调查报告等其他申报材料不一致；二是募集说明书和法律意见书中关于发行人控股子公司情况披露不一致。

项目组得到消息感到非常震惊，立即与监管部门沟通了解情况，同时表达了诚恳的歉意，发行人的代表也积极配合呈明相关情况。说实在的，如果的确出现不可原谅的执业错误，尽管接受应有惩罚就好了，还有什么脸面去"求情"呢？当日项目人员即据实自查，以专项报告分别说明错误、主客观原因、责任与影响、补救和改进措施、教训等。公司方面做好了几项准备：一是准备接受监管部门对项目组和公司可能做出的问责处理；二是准备当面接受批评和递交检查；三是对项目组和相关业务部门进行警示、检讨；四是向相关业务线以及公司层面进行当面汇报、道歉，或者做出口头、书面反省、检查。实际上，面对错误最好的办法就是承认和改正，并力求避免再犯。

这次事件涉及申报材料的错误包括如下几项：①发行人决议文件（律师起草）：相关内容原文套用其他项目文档，出现毫不相干的其他项目的主体（照抄相关模板导致）；②律师文件（律师起草）：《法律意见书》遗漏发行人两家子公司（2012年发行人新设成立）；发行人新版章程的签署时间表述错误；募集资金用途个别内容表述错误；发行人银行贷款利率引用错误；③《发行人信息登记表》和《募集说明书》（承销商和发行人文件，由承销商起草）：《发行人信息登记表》中关于发行人企业划型不够准确，且与《募集说明书》及《尽职调查报告》相关表述不尽一致。另外，项目组自查发现，《募集说明书》个别地方将发行人"主营业务收入"（或"营业收入"）表述为"销售收入"，不尽严谨，当然这个或许不能算做错误。⊖

出现这么明显、低级错误的原因，在券商方面，首先，是过于屈从发行人压力，盲目赶时间，重速度轻质量；其次，因为没能有预见性地、有针对性地（当时项目组已经反映律师方面执业能力问题）责成项目组履行对其他中介出具文件的复核义务；最后，没有督促项目组认真执行项目承做相关规程，而且未能特别具体地强调文件制作规范，提示慎重对待文件申报质量问题。

通常申报文件的基本要求是"四有两一"（"四有"即有规可循，有据可查，有例可援，有理可言；"两一"即"同一文件内部保持一致""不同文件之间保持一致"），看来这个要求还没有真正落实，同时结合这次事件，相关内容也应该予以修订，进一步明确券商作为牵头方、协调人，对于其他方出具文件即全部申报文件各组成部分的统一检查、复核、校验的责任，明确最后环节的交叉通读、核稿的操作要求，提示常见低级错误而予以避免。

在其他方面——外因只是本次责任事故的条件，内因是根本依据——主要是相关中介机构执业经验和专业能力比较欠缺，发行人没有跟资本市场打过交道，心情急迫，草率从事，专业机构自己没有坚持原则，导致大家一起犯错，一起受损。尽管因为在公开披露前发现而避免了更严重的后果，但实足在以后执业实践中吸取教训，套用一句古话，叫做"铭之座右，警之耳侧"。

（2013年1月）

⊖ 按新准则，只有"营业收入"与"营业外收入"之分，不再有"主营业务收入"之说。即便按原有概念，一般认为"主营业务收入"与"其他业务收入"相对应，至于"主营业务收入"与"销售收入"之区别，看法不一，如果严格区分所以然来，似乎意义不大。

SC 公司债的担保问题

增信措施是债券方案的一个重要问题，不同的债券情形各异，究竟要不要增信，如何增信，实际上主要是个市场问题，自应交由市场判断，即主要由承销商、投资人和发行人自主决定，监管部门主要管备案、信息披露和违法违规，如果越位去对市场风险进行实质判断，往往吃力不讨好。SC 公司债在增信问题上发生的波折即其适例。

SC 公司是上海主板一家上市公司，申请发行公司债券，在审核过程中因为担保问题与监管部门意见不一而长时间搁置。证监会认为，上市公司的母公司 SC 集团提供担保（保证担保）不足，因为集团与上市公司的业务具有同质性，经营风险无法充分分散或规避。从承销商角度判断，认为这种意见实际上很难站得住脚。以集团的盈利能力和资产规模等言之，无论如何不能说担保能力不足，更何况依据现行规则，公司债本身并不强制要求担保，即使没有担保，只要风险适度，市场认同，为什么不让发行呢？尤其是现在市场环境不好，股权市场极度低迷，半年来上证综指、沪深 300 等股票指数下跌 60% 以上，什么投资品能赚钱呢？相对来说，利率在 5%～7% 的公司债应该是个不错的选择。监管部门的要求或许出于保护投资者好意，不过这种"好意"是否必要、是否合理却不无疑问，其背后实则是个理念问题。

按照监管部门意见，除了集团承担无限连带责任外，还应该专门拿出集团持有的商业银行的股权设置质押。SC 方面谈到不愿以集团所持商业银行股权进行质押的原因，个中分析，言有以也。

（1）如质押所持商业银行股权，可能影响明年集团在该银行董事选举中的利益。目前银行股权的确是集团的重要资产，很有价值。作为该银行重要股东，董事席位对于保障其股东权利和战略利益至关重要，这个时候如果就其银行股权负担义务，势必影响银行方面其他股东及管理层对于该股权状态的预期。

（2）SC集团业务规模巨大，常年与多家银行合作，目前仍有多个银行债权人，来自这些银行的贷款数量远大于本次债券发行规模，而这些银行贷款均未用集团所持商业银行股权提供质押担保，本次如用，各银行会有异议，或亦要求提供质押。

（3）SC集团尚未在持有股权的商业银行借款，如果以该股权质押发债，则该行可能认为，集团作为重要股东宁可质押所持股权发债，而不到本行借款，从支持该行业务的角度来看似不近情理，恐引该行及其他股东不满。

（4）集团与上市公司业务并非完全同质，仅部分业务相同，除有色金属外，集团另有金融、制造、消费品等业务，且规模较大，能够在很大程度上避免业务同质之风险；同时，集团作为国内大型企业之一，本身在市场上已有足够信誉和保证能力。

（5）除所持商业银行股权外，集团也曾考虑过其他担保渠道，如其他关联方资产，但其业务性质、前景和资产质量等不能得到监管部门认同，如由其他合作方提供担保，集团认为代价过高。

（6）所持商业银行股权质押本身会对集团以及上市公司偿债能力乃至市场信誉、市场形象产生不利影响，即市场会认为集团是不是出了问题，要拿银行股权设质，由此可能引发其他债权人的连锁反应。

最终，在相持大半年之后，发行人不得已做出妥协，以价值上足以覆盖本金利息范围的股权设定质押，并根据股权市场价值定期调整补足（在覆盖不足时）。

事实上，这些股权设质后价值发生大幅变化，集团作为担保方的信用等级也在上升，在股权价值大大高于债券金额时，不但可以看出质押措施的必要性不大，而且，由于大量股权被质押后只能补足而不能调减，也使得这部分资产的利用价值受到限制，不利于企业有效利用自身资源和金融杠杆。

（2008年9月）

公司债销售侧记

债券销售情况是投行债券项目成功与否的关键,其核心在于对市场和资金形势的判断、窗口期的把握、在投资人和发行人之间进行谈判和定价的能力等,最终表现为参与各方是否满意。JH 公司债项目在国庆节后上班第一天,接证监会通知,次日领取债券发行核准文件,这意味着销售阶段的开始。之后经过几番争取、多方博弈,终于在 11 月初完成簿记定价,发行结果获得市场和客户的较高认同。

10 月 9 日该项目拿到批文后,即与企业方面电话沟通相关情况,得知管理层内部对于发行时机、利率成本或有不同认识,宜现场汇报以推动发行工作。10 日上午项目组组织资本市场部门、固定收益部门开会,投资银行相关负责人参加,总体意见,鉴于近期债券市场好于前期,或为年前最后机会,事不宜迟,务须加紧。当日下午项目主要成员与资本市场部、固定收益部一行五人飞抵企业现场,次日(11 日)上午见公司有关负责人,介绍目前市场情况和我方建议,大意如下:

当前经济增速整体放缓,货币政策在六七月降准降息后,政策效应减弱,近期转以大量逆回购的审慎操作为主,各类债券发行规模空前,二级市场活跃,股市低迷以及股与债的跷跷板效应,导致众多资金青睐债市,债券基金、券商资管等大量投资债券,以 AA+ 债券为例,由于供求关系影响,上半年甚至出现利率成本在 5% 以下的历史低位。尽管八九月利率再度走高,但 10 月以来出现调整,考虑到年底过节用现、业绩兑现等需求,资金供应历来偏紧,而本期债券发行有效期为六个月，如跨年后发行则机会更加有限，不确定性更大，相对来说，目前尽早启动发行或为上选。另外，债券募集用途相对灵活，可为公司资金整体安排提供便利。发行人方面初步表示认同，但须结合公司资金筹划，研究、测算具体资金需求以及本次发债成本，且须与其他出差在外的高管人员商量定夺。

12日（周五），企业方面反馈，在内部汇报中，有人对于公司债发行存在疑义。当晚，项目组与有关负责人电话沟通，表达面见意愿。15日（周一）知会股东单位关于JH债券尽快发行的意见，当日晚到企业现场，次日见相关负责人，面陈利害，同时希望企业方面关注相关事项的安排，一是本周公告三季报工作，二是通过授信银行的信贷部门与投资部门协商，以相关信贷额度进行债券投资。

或因我方建议与姿态，亦因企业方面积极意见占了主流，此次沟通比较成功，发行人决定立即启动发行工作，于是现场召开电话会议，布置销售部门询价推介、三季报补充说明、申报发行方案履行内部程序事务、路演安排以及授信银行沟通工作等事。22日，项目组向销售部门了解询价情况时，明示企业方面对于授信银行的沟通工作越早越好，须与我方工作并行或提前进行，以免因银企沟通以及银行内部程序费时较长而无法配合债券发行。于是赶紧向企业解释沟通流程、发送申请模板，敦促其立即行动，23日，企业方面即将申请函提交G、Y、Z、J、S等银行，并发动银行通过本地支行、分行向总行提交支持申请。

当时，我方正值其他五只债券集中发行，销售部门人手和精力异常紧张，但本期债券询价工作仍须如期进行。24日，项目组再度组织各协作部门召开协调会，会议要求销售方面加大投入、加紧推进。销售方面表态，前面若干只公司债刚好发行结束或接近尾声，已经具备条件自即日起全力组织JH债券询价、销售工作。26日，发行人派员来京，专程到本公司与项目组商讨下周路演安排。

28日（周日），企业方面路演团队（三人）到京，是晚召开路演预备会，截至当时，累计投标量不足1/2。29～31日，采用一对一方式，先后拜访8家大型基金、保险等机构，对于行业周期、业绩表现等进行说明。31日傍晚，路演结束后开会小结，各价位投标量仍然不足2/3，企业方面压力很大，在当面以及会后电话中不断沟通、说明我方推介、销售覆盖范围、力度和能力。项目组深感自该项目执行以来，首次面临客户关系压力。当晚向销售部门不同层面详细了解销售细节，与资本市场部门沟通、分析可能的发行结果，邀请投行及销售负责人次日晨到企业驻地当面解释前期工作、落实后期若干紧急事项——沟通银行和大型保险、基金。

归结起来当时销售方面主要问题在于：①企业方面。三季报亏损直接影响投资判断和利率要求，甚至无法通过投资机构的内部信用评级；所处行业面临低谷必然影响部分投资者意愿；公司近年以来年度以及季度之间的业绩波动也会增加投资者疑虑。②品种方面。超 40 亿元资金规模属于大型公司债，推介、消化需要过程；单一品种、期限较长（五年）且无担保、无含权设计，一定程度上也会增加销售压力。③发行时机方面。目前整体上时机比较平稳，但毕竟无法与历史上最好时期比较，前期已经发行的若干债券赶上最好时机，实属运气，本期债券能否达到前几只债券的理想效果，要看时运因素。

从市场或投资者方面来看，目前客观情况是，最大型、最"有钱"且利率敏感度相对较低的投资机构为银行和保险，与基金、券商等比较看重收益不同，前者投资风格中避险因素更重，然而，公司债仅在交易所市场发行，但只有少量上市银行在交易所开户，而保险机构往往只投资有担保债券，公司债购买主力在数量上仍以基金、券商为主，不利于控制发行利率。比如，T 银行（后经协调采用变通方式购买）、S 银行等由于在交易所没有交易席位或者没有开户而无法购买。同时，JH 为深市上市公司，深市债券市场规模远小于沪市，流动性不足，这种情况也会影响投资者溢价要求。

就企业预期和心态而言，如果客观上市场实际要求某个利率水平，企业预期与市场要求存在差距，没有银行等配合、支持，要想满足预期确有难度；询价、路演后陆续反馈以及授信银行的沟通工作，需要一定时间，企业方面或许有些着急，这种心态可以理解，因为夜长梦多，越到年末市场资金越趋紧张，但仍然应有必要的耐心。

至 11 月 1 日中午，情况即发生可喜变化：X 银行约 6 亿元，J 银行 3 亿～5 亿元、N 基金 1.6 亿元等消息陆续传来，当天下午累计量已达 41 亿元左右，其中不算不确定性最大的 Y 银行，发行人理想利率以下的量约 31 亿元。2 日，进展不明显，少部分基金、保险的利率引导工作有所推进。最后反馈的路演对象为 Q 基金，曾经寄予很高期望，但其实际报价竟高出发行人预期 20 个 BP 以上，故不予考虑。Y 银行方面表示，能否投资仍不一定。企业方面反复电话催问询价结果和启动安排，项目组与相关部门负责人协商，决定不宜抢在 2 日（周五）报证监会前与交易所沟通、确认公告文本，可以密切跟踪周一情况，尤其 Y 银行进展，但总体倾向于不宜过分延迟，下周内务须发行完毕。

当晚深夜及次日，销售负责人两次提议周一报证监会（即周二公告、周三簿记、周四发行），以发行人认同的利率为目标，报价在该利率以上约10亿元的量，需要着力沟通、谈判而争取认购。11月3日，企业方面经考虑承销商意见后，电告其内部决定，建议周一下午报证监会（与我方意见无异），认为G银行、J银行方面问题不大，而Y银行争取工作已经有限，无须再等，是否认购悉听尊便。利率目标，争取在既定理想水平之下，但在上浮10个BP范围内亦非完全不可接受。至此，发行安排已经初步明朗。

11月5日（周一），刚到上班时间，发行人会同承销商派员到J银行跟踪、催促总行实际额度落实情况，最后确认其认购额度。当日销售部门再次落实机构报价，修改确定报证监会发行方案。考虑到机构沟通和落实时间，决定延后一天簿记，即周四簿记。11月6日（周二），上午报方案至证监会，应其要求，涉及定价原则的个别内容现场再行修订直至证监会接受。11月7日（周三），公告方案。11月8日（周四），发行成功。

（2012年11月）

私募债的困惑

迄今为止，我国债券市场实质违约事项很少见，这在一定程度上导致债券评级和风险定价的失灵，反过来也制约了相关融资及避险工具的发展。沪深交易所近期推出中小企业私募债券，意图改善中小企业直接融资服务。不过，中小企业往往难以有效解决外部增信和反担保措施问题，自身规范性和资产实力有限，这个品种的发展在目前市场环境下难免遭遇中小企业融资难的困惑。

近期结识的一家浙江中小企业 DF 公司，老板搞了一种创新的经营模式，短短几年在快速消费品市场取得了很大成功。初看未经具有证券期货资质会计师事务所审计的报表，发现财务数据的确不错，但不知实际如何，考虑到该种业务所处市场的潜力，企业发展前景似值得关注，如拟发行私募债，建议先做审计再说。

后来，公司聘请会计师进行审计，结果是，2009、2010、2011 年总资产分别为 6.0 亿元、10.5 亿元、13.9 亿元，净资产 2.0 亿元、3.3 亿元、5.1 亿元，收入 2.2 亿元、8.3 亿元、12.6 亿元，净利润 1.1 亿元、1.3 亿元、1.8 亿元，经营现金流 -0.4 亿元、1.3 亿元、0.9 亿元，其中，2009 年的利润数据后来做了调整，因为涉及大股东的一大笔债务重组收入（1.36 亿元）计入营业外收入，调整进入资本公积，当年的营业利润实际上只有 700 万元。

截至 2012 年 9 月 30 日（未经审计），总资产 15.6 亿元，净资产 6.6 亿元，收入 10.1 亿元，净利润 1.5 亿元，现金流 0.7 亿元，当期有两笔大的其他应收款：

一笔是因连环担保而为别人代偿的 4 500 万元，一笔是大股东搞连锁销售系统的支出 7 700 万元，所以现金流相应受到一定影响。

单就这几件事来说，企业的内控可能存在一定问题，公司成长的波动性较大，主业是否受到大股东其他业务负面影响还看不清，收益和资产质量目前已经有所下降，例如，利润当中的现金含量减少（从 2010 年的 100% 到目前的 50% 左右），资产当中的应收款项和存货增加（应收账款和其他应收占资产的比例，从 2010 年的 6% 上升到目前的 14%，其他应收款尤其明显；存货占比有所下降，从 30% 降到 27%，不过绝对额较大，且没有保持 2011 年年底存货控制势头）。

不过，整体上看，在目前的经济环境中，能做到这样的民营中小企业，已经非常难得了。在企业现场的时候，我们还了解到行业的具体情况，老板明确地告诉我们，从很长远角度看，这个细分行业增长率为 15%～20%，行业景气或可保持 10 年以上。我们没有看到权威数据，凭日常经验，并参考尽职调查了解的同行业及上下游相关信息，认为这个行业的竞争比较激烈，但整体发展还是比较平稳的。

项目组经过讨论，拟定的私募债方案是，总体规模不超过 3 亿元，拟分期发行，以专利权设置质押，评估值 4.8 亿元，同时，为债券持有人设置优先及优惠认购私募股权条款。立项会上，除了预反馈当中的若干问题外，参会成员提出了两点质疑：一是对外担保较高，超过 40%，应当采取措施降下来并控制住，对此我们让企业做了承诺，在不再新增的前提下，大约半年内将该比例降到 30% 以下；二是发行额度，认为 3 亿元过大，可以考虑缩减规模或分期发行，我们采用的是分期发行的方案。

在申报材料前，公司内控部门提出专利质押保障是否到位的问题，因为专利不易变现，如果发生信用风险如何保障还款。这个问题很难回答。的确，如果企业不行了，专利很有可能没什么价值，而我们采用专利质押方案的内在逻辑就是，这个企业靠独创的商业模式和核心技术起家，具有较高技术门槛，其上百项专利是它比较核心的、值钱的东西，质押它的几乎全部专利，实际上就是把这个企业的身家性命押给债权人，没有专利，这个企业会立即瘫痪。

当然，这样做的现实原因是，企业的确没有更多的值钱东西，房子还没办产权证，土地不多，不太值钱（约几千万元），机器设备很少，存货监管起来又很难，专业担保公司条件过于苛刻，企业互保风险大，公司已经吃了大亏（代偿 4 500 万元，可能形成损失），走银行或信托惯用的高倍抵押路子很难走通，如果要发展私募债，除了根据企业自身发展前景做文章——依靠自身良性经营来还债，依靠自身发展空间吸引私募债券和股权投资人——又能做什么呢？

一个很好的企业（假定投资人认同 DF 公司是个好企业），没有很硬的担保就很难融资，更难以融到很多的钱。按这个思路，中小企业私募债预计仍将难以逃脱门槛高、成本高、担保难的老路，类似既往在银行或其他渠道的融资困境。当然，债券是固定收益产品，毕竟与股权投资、风险投资有别，要求持有人承担过多的经营、成长风险也不现实。

后来在这只债券的销售过程中，以优先认股、股债结合的方案吸引了一批具有认购意愿的投资人，不过投资者对于发行人未来上市安排及财务规范方面暂时不能达成一致；而在纯债销售过程中，受到私募债券市场环境和流动性局限的影响，不得不转而增加外部担保措施，相应提高了融资成本，直至得到投资者认可。

（2012 年 12 月）

"此路不通"

鉴于私募债的销售是个难题，DK私募债在销售过程中曾经尝试不同方式。不过，这个项目虽经各方三个多月努力，迎来的却是不那么令人鼓舞的结果。3月28日下午5:18，项目组发来短信："PS投资公司上会结果，DK私募债项目没有通过。主要因为决策委员认为香港诉讼一事不管结果如何，都具有较大不确定性，另外也认为增信较弱。"这个结果说明，从2009年年底开始的"创新"销售——以资产管理方式与类似的债券及增信措施对接"此路不通"。

关于以资管方式销售私募债，项目组此前曾以业务部门的名义向公司请示此事，其实主要针对的就是DK公司这只债券，也就是说，债券备案之初就有这个思路。当时的想法是，监管政策方面存在空间，业务部门、销售部门和风控部门等都初步认为具有可能性，甚至认为二次加工销售或许是个必然趋势，既然如此，何不实际推动看看。但真正做起来，远非想象的那么容易。我们先是自己起草以资管方式销售私募债的设想、理由，然后分别找到资管部门、资本市场部门、固定收益部门、经纪业务线（包括零售线和机构线）、自营部门、风控部门、法律合规部门等，逐一收集他们的意见、建议，从沟通最基础的技术问题开始，到与不同层面的经办人、负责人等进行座谈、讨论、商量，在此基础上形成了文字汇报材料——包括私募债市场及对接资管的总体分析、待售债券概况、每只债券分析、资管销售方案。

大致上，资管对接私募债涉及的主要问题有：①结构：是否分级，如果分级，比例如何。②收益：销售方、次级和优先投资人的收益划分。③安全：承销商、发行人和投资人各自的风险责任；承销商、发行人管理层或股东是否以自有资金参与认购次级部分；次级投资人是否对优先级承担流动性支持或担保责任；发行人能否提供其他的权证质押、资产抵押或保证担保。④期限或流动性：资管期限与债券期限是否匹配；不能匹配时怎样解决流动性问题（能否以续发资管、做市、互拨、回售或其他过桥方式提供流动性）。⑤数量与标准：对接集合还是单只债券；"入池"标准（是否针对在售债券再次遴选）。⑥资金：资管产品认购对象（能否通过经纪系统向普通客户零售）；次级和优先投资人的来源（以传统的公募基金、券商资管等为主，还是以银行理财、私募机构等为主）。⑦流程：包括资管产品设立流程（含内部风控、外部备案等流程）、资金认购流程（包括外部资金认购决策流程、资金托管、账户开立等流程）、债券销售与登记流程等。

　　春节过后，公司为此主持召开了三次会议，每次都有多达五六个部门参加。2月28日那次会上，原以为议题主要是现有债券的销售操作问题，但由于相关创新业务存在风险和认识分歧，会议先行讨论了客户标准、质控与风控标准，然后再是销售问题。实际上，公司私募债立项与风控标准已经明确，并且刚刚经过公司经营决策会讨论修改，如果说立项或风控标准有问题，不是不可以再次讨论或修改，但那是另外一个问题了（抽象或前置问题）。现在的问题是按照原来的标准开发、备案的债券如何实现销售，特别是能否探索以资管的方式实现销售。

　　讨论中，销售部门认为，客观上传统资金方（银行、保险、基金等）被公募债"喂饱"（占满），它们的普遍特点是收益冲动小，而风险标准高，基本上以投资国企和AA以上债券为主。相对来说，私募债（特指交易所中小企业私募债——银行间的大型企业私募债的情形则不同）流动性差，不能做杠杆（由于评级较低目前无法进行回购操作），所以受众群体小。私募债市场首先是熟人市场，其次是个性市场。它的投资人在重要性上或许主要是授信银行、上下游和本地机构等；它的产品条款可以是差异化的、定制性的，不过一般而言，目前市场条件下，由于避险缓释工具不发达，而投资人其他选择较多，承销软担保债券应当慎重。

　　理论上，如果投行具有类似于银行的风险鉴别、管理与承受能力，完全可以以信用、过桥等方式获取高额收益，但目前恐怕还得依靠授信银行（以定制化的理财资金进行投资），通过其经常账户、监管账户等进行后续管理，或者，与银行等合作，以批发的方式将适当标准和一定规模的债券打包给银行，或进一步依托银行的客户和资金两端，通过投行私募债方式做成纯通道业务，当然这种业务变异后实际价值可能非常有限，收益不具吸引力。

资管部门认为，设立资管产品对接私募债，在监管政策上没有问题，包括定向或集合产品都是允许的（如果是自己产品进行关联方交易，需要进行公告，并受7%比例限制），关键不是收益高低而是兑付风险。资管自身对于产品源没有判断能力，而且客观上对于债券本身也不可能、不愿意花时间细致研究，对于众多的投资选择，一般做法是只看明显的外部要素（如企业性质、担保措施、评级情况）。产品分级的模式也是可行的，不过风险并没有实际转移。如果投资私募债，在风险管理方面需要进行创新，比如让债券项目团队购买、发行人管理层购买、采取破产参与措施等。另外，可以考虑以代销产品的方式（如作为通道代销银行产品）设立准入标准。

自营部门和风控部门认为，以自营资金（股票自营）投资于创业企业的私募债（含转股条款），可以认为类似于优先股，每一单的转股条件可以不同，风控措施要有针对性，可以借鉴国外做法，让资管代表投资者向发行人谈条件。这种投资介于债与股之间。

另有意见提出，应当关注募集资金实际用途，据此对于私募债实行类别管理：纯债性投资对于风险几乎"零容忍"，对此不妨提高安全边际，在企业背景、担保条件等方面从严要求；其他性质，如并购、PE、风投性质的私募债，可以从业务实质出发选择合适的资金方，以拟投项目的收益作为还款来源，或以相关股权或投资作为担保，这种可以称为"类股权"投资，可以承受较高风险，最终风险要么由相关风险偏好的投资人承担，要么由承销商内部拨备或借助某些市场工具解决。最后会议决定由资管、经纪（包括零售与机构）、基金、自营和固收等部门各自拿出销售方案。

3月7日，第二次的专题会上，各部门实际上拿不出什么更细的方案，问题在于做还是不做。会议提出要关注长期模式与短期销售的结合，强调前端要建立标准，后端要设计风险对冲措施，考虑风险发生时，能否采取资产处置或债务重组、企业重整等方式追回损失。

会上有人认为，设立资管对接私募债目前风险太大，不宜上马。有人认为不宜卖给个人投资者，且打包销售风险更大，不如选择一两只，风险相对可控。有人认为，针对私募债要有实地调研；方案上单只分级意义不大，多只集合要有六七只或几十只才有意义；如果由公司债券自营资金先"吃下来"，发"受益凭证"募集资金，这种模式可以在不大的范围内尝试。市场上有地方发债贷给中小企业的例子，类似"小额贷款"，还有某地区银行的近似做法。会议希望逐步建立合适的私募债业务体系，同时针对待售的六只产品提出意见，集中突破。经征求意见，拟以DK债为具体对象，经实地调研后形成资管销售方案。

此后的3月10～12日，相关部门组成联合调研组，奔赴广东、云南等地访谈、考察私募债的发行人情况，3月14日形成了调查报告。报告认为，发行人所处行业较为稳定，国家相关政策明确，每年有稳定的订单及合同收入，经营现金流稳定，在保持现有主导产品稳定生产的同时，企业找到了新兴的细分市场作为新的利润增长点，未来三年有明确的生产规划、可执行性较强。作为本次债券保障措施的应收账款质量较高，每年回款稳定，历年来从未出现过呆坏账情况。因此本期中小企业私募债券较为适宜与公司资管产品对接。

汇报材料报给公司后，拟再召开第三次专题办公会，通知发了下去，却因故未能及时召开，后来接到通知，说是转由资管部门内部汇报、落实，而资管业务相关人员持反对意见，事情再度遇冷。看来公司对于此事亦未必有明确的认识，更缺乏力推的决心，或许同时还须兼顾其他部门专业意见。到此地步，项目组"一不做二不休"，继续推动公司再次协调和决策。

正好企业方面有意安排我方高层与企业主要管理人员以及下游主要客户相关负责人见面，而且很快就促成了。席间言谈之中，企业及其客户方面解释了行业和经营情况，这次面谈效果总体为中性。

3月26日，公司再次召集专项会议，参与实地考察的人员、项目组、资管和投行负责人等参加。会上，首先提出的问题是，发行人经营模式是否稳定？实际控制人的背景是否清晰？母公司诉讼影响能否确定？所处的特殊行业是否涉及合规问题？本次债券偿付保障方面是否适当？这涉及劣后资金及其流动性支持函的落实、承销商和发行人高管的劣后部分认购、实际控制人的个人连带责任担保或其他补充担保措施、滚动报备的应收账款的收款户以及偿债户、募资户的监管安排等，然后考察组分别汇报情况并表明态度。

汇报人员认为，发行人业务所属细分行业不会吸引大企业竞争，或者说大企业替代的可能性小；公司与主要客户关系密切，善于跟踪、利用国家政策服务客户，在行业内地位靠前；公司本身经营不错，现金流稳定，债务不重，现金流与有息债的比例较好，没有大的投资或大额贷款需要归还；母公司在香港上市，经德勤审计，未来新业务前景较好，发行债券主要为了替换短期贷款。同时认为，发行人是典型民企，下游客户关系较好，技术门槛不高，账款回收正常，优势和风险均在于行业政策与客户资源。项目组从行业政策、资质门槛、生产状况与市场空间、股东资源以及作为主要增信措施的应收款项质量等方面进行了解释说明。

异议意见认为，发行人净资产规模不大，需要关注资产构成（固定资产少，主要为应收账款）；即便安排了增信措施，也无法预防发行人道德风险。一旦发生兑付风险，需要考虑优先级损失怎么补偿。就算不考虑次级投资人损失，按照"惯例"或市场"预期"，优先级本金和收益应予保障，而劣后级在没有承担实质担保责任时并非真正劣后。还要考虑承销商责任怎么规避，公司品牌影响怎么消除。

也有人认为，目前市场环境下资管产品的管理人事实上要承担"风险处置"乃至"保障兑付"的责任。不像股票，好歹可以斩仓止损。资管业务目前更多是个通道，或做代销，风险完全可控。在销售方面，保守估计，即使有次级投资人的流动性支持承诺，银行理财资金对于优先级也没有什么兴趣。另外，固定收益部门称，推介对象包括券商资管、基金、银行、私募等50多家，除了个别券商资管外，全然没有购买意愿，原因仍然在于这些机构习惯于公募债，尤其是国企担保债券，普遍认为私募债风险太高。

最后，会议认为，可以利用资管通道，可以动用自有资本。不过，如果市场真的"不认可"（事实上或存疑问），我们的方法只有"引导"和"适应"。问题在于，无论是产品设计、销售推介等方面，都应穷尽一切可能。会议提出的问题是：即使没有任何收益，如果是我们的客户，如果这个客户大家都说不错，我们作为投资银行竟然就没有任何办法提供它们需要的金融服务吗？会议结束，虽然没有明确决定，但结果已经可以预知。

这次会议后，为了验证市场情况，公司指示资管之外的经纪线机构销售部门推动落实优先级资金，但收效甚微，因为反馈意见最终仍然建议次级投资人提供强担保，甚至建议投行方面参与次级投资的同时，以投资人兼承销商身份为优先级投资人提供流动性支持。很快，之前已经确认愿意参与次级投资的 PS 投资机构传来消息，它们不拟参与本次私募债认购，不仅不参与次级投资，而且也不参与直接认购。好了，资管对接私募债这条路，这一次基本算是走到了尽头。在这之后，项目组放弃了资管对接的路子，这只私募债最后结果是，通过直销与基金专户对接，实现了部分销售。

如果总结的话，这一路走来，至少有四点教训以后应该记取：①了解产品。现阶段中小企业私募债是个新东西，一些小企业在没有充分担保的条件下想以私募方式举债，这种产品在监管部门限制下（私募发债而限于中小企业）、在银行、信托等挤压下（成本和客户端挤压，银行成本稍低，信托客户端较强，二者都强调担保措施和日常监管、风险处置或承销商本身的资本承受能力），局限性是很明显的。②了解市场。目前中国的债券市场——整个资本市场乃至整个国内市场条件——受机制、文化、发展阶段等制约，多年来债券没有出现实质违约，投资风险意识和责任承担机制还未成熟，监管、中介、投资与融资各方，大家都不敢轻易"突围"。说白了，债券投资人往往觉得自己是存款人，不少券商仍以通道业务为主，在资本中介等业务上谨小慎微。③了解客户。不仅要知道客户相关情况，彻底搞好尽职调查，关键是要留些余地，没有把握的事情要慎重，决策了的事要敢于担责。"求人不如求己"，开创性的工作尤其要有智慧、魄力和信心，扎扎实实，有始有终。在自己做好工作的同时，必须与客户进行良好沟通，做到有理有节。④了解我们自己。在关键问题上要有提前的沟通，公司内外，涉事各方，特别是关键人物的沟通，每个环节都不可少。有时形式不妥即伤及内容，"文质彬彬，然后君子"，要相信因果律，做出一件事总是多个因素的结合。

（2013 年 3 月）

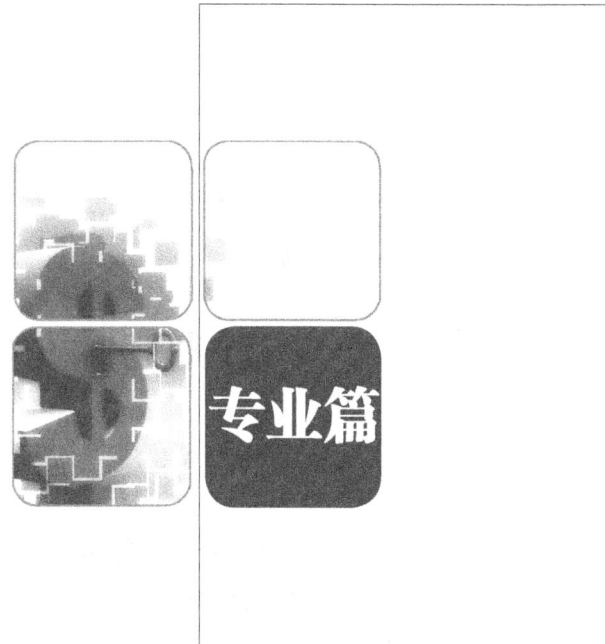

专业篇

注册资本与实收资本

近日客户 LA 在募投项目资金运用上碰到一个问题。按照招股书，募投项目之一的石家庄项目需要投资 1.18 亿元，实施主体为全资子公司石家庄 LC，募集资金运用方式是由母公司"以增资的方式将本次募集资金投入到 LC 公司"，项目建设周期为 12 个月。2010 年 5 月募集资金到位前，母公司已用自有资金先行设立石家庄 LC，分三次投入共 5 000 万元，工商登记的注册资本和实收资本皆为 5 000 万元。现在，如果母公司把募集资金专户上的资金划至 LC 公司进行增资，就要面临这样一些问题：

第一，募集资金的实际使用是分批、零散进行的，如果把募投资金一次性划汇过去进行"增资"，将造成资金在子公司账上闲置，不利于母公司集中财务管理；如果根据资金使用进度、额度分别拨付，那么是否需要每次都作为增资、验资并变更工商登记？

第二，从子公司当地工商监管和公司运营方便考虑，子公司注册资本 5 000 万元已经足够大（母公司 IPO 后注册资本 10 800 万元），如果增资进去而保持注册资本不变，怎样操作？是不是需要验资、登记？如果不验资、不登记，会计处理上把超出注册资本的投资计入资本公积的凭证，依据是什么？

第三，会计上的权益科目有实收资本（或股本）、资本公积、盈余公积和未分配利润，其中直接来自股东投入的科目包括实收资本和资本公积（资本公积来源包括多种），也就是说，股东投入在注册资本以内的计入实收资本，超出部分计入资本公积。

公司法和工商登记管理条例等相关规定都规定有注册资本和实收资本，但没有解释实收资本是否可以大于注册资本。在工商登记时，营业执照上只登记注册资本和实收资本[⊖]，并不登记"资本公积"，那么会计上的实收资本与工商登记的实收资本是否一个概念？工商登记的实收资本是实际收到的股东投入资金，还是仅限于等于或小于注册资本的股东投入？或者说，超出注册资本的投入是否不在工商部门的登记和监管范围？

根据实践做法和理论逻辑，以上问题可以做如下解答。

（1）在工商登记上，实收资本等于或小于注册资本，超出注册资本的股东投入不在登记范围内，工商部门只对注册资本范围内是否充实进行监管和登记。不过，实收资本不等于实际收到的资本。

（2）实际收到的资本大于注册资本的，如果不变更注册资本即无须登记，会计上将超出部分计入资本公积的凭证，可以是标明"投资款""资本金"等款项性质的汇款凭证，或者股东（会）的决议等。

（3）子公司为主体实施募投项目的，母公司可以根据实际需要分批划付资金，然后集中验资（按规定投资款到账后应在一个月内验资、登记。在注册资本范围内，未予验资、登记的投资不具有股权效力，性质上属于公司债权），或者作为往来款（其他应付款），临近需要验资的时点，由子公司归还给母公司，再由母公司作为资本金投入过来，进行验资和登记。

（4）目前对于募集资金的监管，主要关注母公司设立的募集资金专户上的资金及其使用，对于子公司作为募投实施主体的情况，并未规定子公司应设立专户管理母公司拨付的募投资金。所以这种情况下，母公司一次性将相关募集项目资金转付子公司（例如增加注册资本）即为使用募集资金，还是子公司将相关资金实际用于项目支出才算使用募集资金，并无规则上的要求或标准。不过，从实质判断，应该以项目实际支出为准。这关系到如何按照保荐机构根据募集资金三方监督协议履行职责，即如何实际了解、监督相关账户变动、余额、存放状态、资金流向和实际用途、效果等信息。

（2010 年 7 月）

⊖ 2013 年 12 月 28 日全国人大常委会新修订《公司法》，营业执照上不再登记"实收资本"。

出资不实及其处理

IPO 企业在历史沿革上的主要问题之一，即出资不实或不规范，包括出资不到位（不及时缴纳出资、未办理权证转移）、非现金资产未评估入账、以自有资产评估增值虚增注册资本、抽逃资本、无形资产评估值过高或者占比过大等。对于这类事项，主要把握如下几点：

（1）资本不实的金额、比例、次数（问题情节）。

（2）是否涉及管理层和公司的诚信品质问题（问题性质）。

（3）是否已经纠正（问题是否已经解决）。

（4）是否在报告期内（规范运作三年）。

（5）公司、股东、中介机构、相关部门（主要是工商部门）是否出具说明（事情经过、性质认识）、验证（复核、评估、验资、审计等）、证明（已经纠正致使资本充实、不存在后续处罚或补缴税款等其他责任）、承诺（控股股东或实际控制人等承诺承担相关处罚或赔偿责任、后续处理措施）。

几个参考案例：

华锐铸钢 公司 1999 年成立时，大重集团投入土地使用权 3 409.18 万元，未办理权属变更手续。公司与大重集团 2006 年签署《关于以货币置换土地使用权的协议书》，大重集团以现金 3 409.18 万元置换公司账面等额的土地使用权。2007 年 1 月，公司与大重集团签署《国有土地使用权租赁合同》，向大重集团租赁目前生产经营用土地，并已经取得土地租赁的他项权证。

东源电器 江苏东源改制设立股份公司时,以"高新技术企业"称号作为无形资产进行评估出资。1999年年初,经董事会和股东大会审议通过,以评估基准日(1997年8月31日)至发行人成立日(1998年11月19日)前的税后利润108.29万元冲减上述评估价值。为此,江苏中天资产评估事务所有限公司于2004年3月出具《资产评估复核报告书》,认为出资不实得以纠正。

此外,江苏东源改制设立股份公司时,有关房屋产权证尚未办理。实际上,截至1998年11月3日,发行人已将上述房屋产权证过户至发行人。为此,江苏天衡会计师事务所有限公司于2004年3月19日对发行人截至1997年8月31日止的投入股本进行了复核验证,并出具了《审核报告》,认为截止审核报告日相关权证均已办理。

云海金属 云海有限设立时,晶桥实业用于出资的土地使用权未办理产权转移手续,股东用于出资的其他资产未评估。但是,该土地使用权已由云海有限实际使用;云海有限股东1999年根据未办理产权实际情况重新确定股权比例;2003年3月,云海有限以自有资金受让取得了该土地使用权;2005年5月,云海有限以未分配利润置换了该等未评估资产。此外,对于2001年云海有限以未办理手续的土地使用权评估增值增资,云海有限以未分配利润予以置换。

证通电子 1996年大股东曾胜强以实物资产增资36.8万元未评估。律师认为:该部分实物资产已全部缴付并登记转移,该行为发生在最近三年之前,所涉金额较低;证通有限依法定程序整体变更为股份公司,按照经审计后的账面净资产值折股,所以对发行人本次发行上市不构成实质性障碍。

川润股份 川润集团出资设立过程中,存在股东未及时出资、净资产出资未评估等问题。对此,实际控制人罗某、钟某夫妇于2008年1月10日出具承诺:对于任何出资问题而导致的损失无条件承担连带赔偿责任。北京兴华会计师事务所有限公司出具专项复核报告验证,至2004年12月16日止全部缴纳到位。自贡市工商局已出文确认发行人最近36个月未发生因违反工商行政管理法律、法规而受到处罚的情形,并专门出具证明,确认该局决定不予处罚。

(2009年7月)

出资对应股权的差异化处理

实践中有这样的问题，出资者优势不等，部分出资者的品牌、技术、经验、商誉等优于其他出资者，而这些优势并不能通过具体的出资额表现出来。反过来说，其他出资者仅仅是出现金，而无产业经验、管理能力等。实际上，这个问题反映了会计理论的局限，因为出资的东西必为资产，而会计上确认资产必须符合三个条件：可控制、有利益、能计量。以上说的"优势"往往缺乏计量条件，所以会计上不予确认。

在评估上情况可能好些，评估上的"资产"主要是指经济学上的"资产"，更强调可控制和有利益两个因素，即具有内在的经济价值和外在的交换价值的有形的实物或无形的权利，或所有能够给权利主体即控制者带来经济利益的经济资源。

在上述情形下，有优势的出资者往往想在可计量的出资额之外，额外增加己方的出资比例或股权比例。

有没有办法呢？要解决这个问题，即须明白问题的性质。从上面分析可以看出，这个问题的核心是解决会计或评估中不可计量或未予计量的价值的入账问题（前提是其他出资者也认同）。

按照公司法规定，出资比例只能是按出资额确定，也就是说，出多少钱，就占多大比例。出资比例就是股权比例，即出资额度与股权比例严格对应。这是其一。其二，股权是个复合权利，或权利丛、权利群，包括表决权（控制权）、受益权（分红权、剩余索取权）等，这些权利的内容或者权能则可以自由约定。例如，一个股东虽然只有少数股权，但却可以通过约定行使更多的表决权或者分红权；反过来也一样，即多数股权可以行使较少的表决权和分红权。

为了把无形的优势转为可以计量的股权（而不仅是权能——权能改变毕竟需要约定，这个约定而来的权利能否与权利自然派生的权利内容完全一致和等效，可能存在疑问），可以由有优势的出资者独自成立全资公司，然后把该公司的部分股权溢价转让给合作者，以此间接实现出资与股权的自由配比，或不对等配比。

不过，这种方式无法直接扩大投资规模，而且还要发生税收负担，所以，可以考虑合作者以增资方式进入已设立公司，按照不对等的比例享有权益。在会计上，就是长期股权投资成本（初始投资成本）大于应享有的被投资方可辨认净资产的公允价值的份额，由此形成正商誉。

这样实际上也有缺点，因为账上毕竟体现为商誉资产。如果优势投资方能够通过资产（不管是固定资产还是无形资产）评估增值直接增加出资额和股权占比，则无须让合作者的账上由于上述原因而存在商誉项目。

（2008年9月）

交叉持股问题

交叉持股的目的主要是以较少的资本来控制较大的资产,包括子公司持有母公司部分股份、一个子公司持有另一个子公司的股份等。不同国家对交叉持股有不同规定,有的允许,有的不允许,有的没有明确禁止。

最近申报创业板上市的企业广东 HY 公司也存在交叉持股情况,律师事务所在申报文件中发表了如下分析意见:

2008 年 4 月增资时,增资方山东 DY 公司亦是广东 HY 的控股子公司。因此,广东 HY 公司和山东 DY 公司之间存在交叉持股的情况,即本次增资后,广东 HY 公司持有山东 DY 公司 76.92% 的股权,山东 DY 公司又持有广东 HY 公司 30.31% 的股权。

经律师核查,广东 HY 公司对山东 DY 公司的历次出资,以及山东 DY 公司对广东 HY 公司的本次增资,均已获相应的验资报告验证,并办理了注册资本的工商变更登记手续,真实有效。2008 年 7 月,广东 HY 公司对外转让其持有的山东 DY 公司全部 76.92% 的股权,将股权资产变更为现金资产,并办理了股权转让的工商变更登记手续,山东 DY 公司自此不再是广东 HY 公司的子公司。

2010 年 1 月 15 日,广东 HY 公司和山东 DY 公司所属辖区工商登记管理机构 L 市和 M 市工商局出具证明,认为《公司法》等相关法律法规对于母子公司交叉持股并无限制和禁止的规定,交叉持股没有对广东 HY 公司的生产经营和管理产生重大影响,且广东 HY 公司已经及时消除交叉持股的情况,确认工商部门不会就此对发行人给予行政处罚。

　　律师认为，广东HY公司对其控股子公司山东DY公司的历次出资，广东HY公司均确实缴付了出资款，办理了资金转移手续并经验资机构验证，出资资金的所有权已发生转移，成为山东DY公司的财产，山东DY公司依法对该等资金享有占有、使用、收益和处分的权利。山东DY公司以该资金进行对外投资，是依法享有其财产所有权的体现，且该股权投资也已经验资机构验证并获得工商登记部门的认可，属于合法的投资关系，与虚假出资或抽逃出资存在本质区别。适用于当时及现行有效的法律、法规对交叉持股并无禁止性或限制性规定，且广东HY公司已经及时对此进行了清理，通过转让山东DY公司的股权收回现金的方式消除了交叉持股的情况，没有对广东HY公司的生产经营和管理产生重大影响。相应的政府主管部门L市和M市工商局也已经对交叉持股情况给予认可并确认不会就此对发行人进行行政处罚。所以，该交叉持股情况对发行人的本次发行上市不会构成法律障碍。

　　此前的一个案例为新世纪公司，其招股书认为：2005年3月～2006年12月期间，杭州新世纪与新世纪电子存在交叉持股，而非虚假出资、抽逃出资。对于母子公司交叉持股，我国《公司法》等相关法律法规并无限制和禁止，且该行为获得了工商部门的登记认可。在改制前，已消除交叉持股现象，在会计上做了谨慎处理，因此对公司的财务、经营等都不会构成任何影响。

　　可以看出，交叉持股在法律上与虚假出资、抽逃出资不同，笼统地讲，在法律方面，只要不明令禁止，交叉持股就没有什么问题。但是实质上看，交叉持股会导致企业实收资本虚增，而且交叉持股运用不当，可能成为操纵股价的工具，通过连锁反应加剧股价波动。

　　在会计处理上，母子公司之间交叉持股面临的主要问题是利润分配的确定，即主要是如何确定合并净利润、少数股东净利润。

　　一种方法是库藏股法。库藏股法采用母公司理论，认为子公司所持有的母公司发行在外的股票在资产负债表中不应作为流通在外的股份来处理，应该看成是母公司通过控制的子公司而购回本公司的股票，而不是子公司的投资行为，因而不考虑子公司对母公司利润的分享，相应地不予考虑少数股东应分享母公司利润（包括母公司的少数股东和子公司的少数股东——母子公司是相对的，换个角度，母公司亦为子公司）。

另一种方法为交互分配方法，也称为传统法，即以建立联立方程组的形式计算母子公司各自对对方利润的分享和要求权，并将重复计算的部分扣除。它的理论基础是实体理论，将子公司对母公司的投资与母公司对子公司的投资同等对待。交互分配法下承认子公司对母公司的投资行为，在对母子公司各自利润进行分配时考虑少数股东对母公司净利润的要求权。

《企业会计准则第33号——合并财务报表》中第十五条和第二十九条规定，各子公司之间的长期股权投资以及子公司对母公司的长期股权投资，应当比照上述规定，将长期股权投资与其对应的子公司或母公司所有者权益中所享有的份额相互抵消。

可见，新准则对交叉持股的问题已经解决，它抵消的原则和母公司抵消长期股权投资是一致的，没有采用库藏股法，而是用交互分配法来抵消子公司持有母公司的权益和子公司相互之间持有的权益，即新准则采用的是实体理论。

（2010年3月）

有限合伙的上市公司股东资格

不久前保荐代表人培训班上,证监会相关人员提到:如果拟上市公司股东中存在有限合伙,可构成发行上市的障碍,原因是有限合伙不是法人,无法在登记公司开户,因而无法在交易所上市。换句话说,由于登记公司只给法人和自然人开户,有限合伙不在允许开户的主体范围之内,所以有限合伙不能成为上市公司的股东。

此后不久,在一次投行业务培训会中,又听到另外的说法:有限合伙不能成为上市公司股东,主要不是什么开户之类的技术原因,而是因为隐名合伙人可能引发股权纠纷,大意或指信托持股或代持股份、拖拉机户等问题。同时,严格说来,有限合伙能否开户,还涉及是否符合《证券法》规定的开户资格,是法律层面的问题。

以上意见可以归结为三种:技术方面的原因、现实方面的原因和法律方面的原因。技术原因好解决,只要决心推动即可;现实和法律方面有无问题,却须予以辨析。

股份代持是个老问题。法人代持情况较少,主要是自然人代持,类似民间信托。这种情况与法律上的股东人数限制、民间资本融通的现实需要、员工与管理层激励、股东持股身份以及股东之间的利益安排等多种因素有关,代持本身不是问题,问题是代持容易引发股权纠纷,而如果涉及主要股权,可能进而影响公司的经营管理。有限合伙是一种企业形式，本质上与股份代持没有任何关系，换句话说，不会仅仅因为这种形式而导致代持情况增加或减少，所以以股份代持可能存在的弊端"嫁祸"于有限合伙身上是很勉强的，有限合伙是否具有上市公司股东资格应与股份代持现象的政策考量无关。

那么，法律层面有无问题呢？《证券法》第一百六十六条规定："投资者委托证券公司进行证券交易，应当申请开立证券账户。证券登记结算机构应当按照规定以投资者本人的名义为投资者开立证券账户。投资者申请开立账户，必须持有证明中国公民身份或者中国法人资格的合法证件。国家另有规定的除外。"在现行法下，通常认为合伙企业不属于法人，因为按照《中华人民共和国民法通则》规定，法人须"能够独立承担民事责任"，而《合伙企业法》规定有限合伙的"普通合伙人对合伙企业债务承担无限连带责任"，反过来，合伙人在合伙企业中的财产份额，可以因合伙人发生的与合伙企业无关的债务而被强制执行，所以，尽管有限合伙可以且优先于合伙人对外承担民事责任，但能否"独立"承担民事责任却不无问题。

在司法实践中，一般也不把合伙企业作为法人主体。例如，最高人民法院《关于适用〈中华人民共和国民事诉讼法〉若干问题的意见》（[1992]22号）之40规定："民事诉讼法第四十九条规定的其他组织是指合法成立、有一定的组织机构和财产，但又不具备法人资格的组织，包括：①依法登记领取营业执照的私营独资企业、合伙组织；②依法登记领取营业执照的合伙型联营企业……"最高人民法院《关于如何认定挪用公款归个人使用有关问题的解释》（[2001]29号）第一条规定："国家工作人员利用职务上的便利，以个人名义将公款借给其他自然人或者不具有法人资格的私营独资企业、私营合伙企业等使用的，属于挪用公款归个人使用。"

按照前述《证券法》规定，除非国家另有规定，否则开户人须为自然人或法人。既然合伙企业不是法人，如果有限合伙要开户，就须"另行规定"。所以，问题仅在于目前没有关于合伙企业开户的"国家另有规定"，但法律层面上显然留有现成的余地。

总之，在这个问题上要弄清有限合伙的经济实质，这种组织形式兼具人合与资合特点，在企业管理、资本积聚、责任分配和税收负担等方面有其便捷、实用的一面，以其作为上市公司股东并没有什么现实难题，法律层面上的衔接也不存

在什么障碍，而且似乎也无须在开户这类技术问题上过分纠缠，只要有需要即去落实就好。㊀

实际上，目前已经出现一些有限合伙作为上市公司股东的案例，例如，上市公司金风科技、远望谷的股东之一上海联创永宣创业投资企业，成立时间为2006年2月24日，出资总额为3 500万美元，其股东当中的有限合伙人包括摩托罗拉公司等，普通合伙人为上海联创投资管理有限公司，这家企业即为有限合伙性质。

（2008年11月）

㊀ 2009年12月实施的《关于修改〈证券登记结算管理办法〉的决定》，新增规定开立证券账户的投资者包括"中国合伙企业"（《证券登记结算管理办法》第十九条第二款），从技术上解决了上述问题。

间接持股的股份锁定

最近内核的一个项目，LQ公司，涉及股份锁定方面的一个问题。发行人的部分股东及管理层除了直接持有发行人股份外，还通过一个持股单位间接持有发行人部分股份。直接持有的股份如何锁定已有规定，间接持有的这部分股份如何锁定，却值得讨论。

根据现有规定，股份锁定的要求主要有以下几点。

（1）控股股东和实际控制人：直接或间接所持股份（IPO前已发行股份），上市之日起36个月内，不转让、不托管（委托他人管理）、不回售（上市公司回购），但上市之日起1年后且双方属于同一控制的股份转让除外。另深交所允许1年后挽救财务危机之重大重组除外。

（2）IPO前已发行股份持有人：上市之日起1年内锁定（不得转让）。

（3）董事、监事、高级管理人员：所持股份上市之日起1年内和离职后半年内不得转让；任职期间，每年转让的股份不超过所持股份总数的25%。

（4）新增股东。

1）主板。2006年之前上市规则规定，刊登招股书之前12个月内增资扩股，新增股份自工商变更之日起36个月内不得转让。2008年修订时删除。

2）创业板。IPO申请受理之前6个月内增资扩股，新增股份除按IPO前已发行股份持有人锁定1年外，自上市之日起24个月内转让不超过50%（实际现已被证监会的下述操作要求修改）。

3）证监会操作要求（暂无明文规定）：IPO 申请受理之前 6 个月内增资持股的新股东，自工商变更之日起 36 个月内不得转让；受让原有股份的新股东，按照原持股人的锁定要求，即如属控股股东或实际控制人的，自上市之日起 36 个月锁定；如数其他股东，自上市之日起 1 年锁定。

LQ 公司发行前股东有 7 个，邓某、王某、红杉资本、王某、叶某、郑某和 YQ 公司，而 YQ 公司主要由管理层持股，项目组对于管理层在间接持有发行人股份（通过 YQ 公司）的情况下，其直接持有 YQ 公司股权如何锁定的相关问题，进行了解释和答复：

YQ 公司的实质是发行人管理层持股平台，设立的目的是邓某、王某、红杉资本、王某、叶某、郑某 6 名股东，对为发行人发展做出过较大贡献的核心技术人员、技术骨干和部门经理等中层管理人员进行奖励，由于发行人在 2008 年 2 月已成为外商投资企业，新增境内自然人股东在法律上存在障碍，而采取的一种变通方式。初始设立时为王某一人有限公司，注册资本/实收资本 280 万元。

2009 年 2 月，YQ 公司自邓某、王某、红杉资本、王某、叶某、郑某 6 名股东受让总计 260 万元股份，占 LQ 公司该时点股权比例的 4%。

2009 年 6 月，YQ 公司由一人有限公司变更为有限责任公司，新增张某、黄某、郑某、张某、蔡某、蔡某、陈某、王某、牛某 9 名股东，现有股权结构如下：

序号	姓名	在发行人所任职务	出资额（万元）	股比（%）
1	王某	董事/总经理/核心技术人员	104.40	37.29
2	张某	副总经理/核心技术人员	42.50	15.18
3	黄某	副总经理/核心技术人员	42.30	15.11
4	郑某	总经理助理/厂务设备部经理	25.10	8.96
5	张某	品管部经理/技术骨干人员	18.60	6.64
6	蔡某	市场营销部经理	18.00	6.43
7	蔡某	生管部经理/技术骨干人员	15.60	5.57
8	陈某	财务部经理	5.50	1.96
9	王某	综合管理部经理	4.00	1.43
10	牛某	采购部经理	4.00	1.43
合计			280.00	100.00

经项目组与发行人协调，并经 YQ 公司股东一致确认，YQ 公司全体股东一致承诺"自股份公司股票在深圳证券交易所挂牌上市之日起 36 个月内，不会转让或者委托他人管理本人所持有的 YQ 公司股权，也不会要求 YQ 公司回购本人

所持有的 YQ 公司股份。"

同时，目前在发行人担任董事、监事和高级管理人员的王某、张某、黄某、王某、牛某还承诺："上述承诺的限售期届满后，在股份公司担任董事、监事、高级管理人员期间，每年转让的股份不超过本人所持 YQ 公司股份总数的 25%；离职后半年内，不转让本人直接或间接持有的股份公司股份。" YQ 公司 10 名自然人股东，均已签署相关股份锁定承诺。

之前内核会议的初步意见是："请项目组协调发行人，在现有承诺的基础上，要求 YQ 公司不同身份股东进一步承诺：目前身份为发行人高管人员的该公司股东，3 年内不转让也不要求 YQ 公司回购其所持股权；目前身份不是发行人高管人员的，1 年内不转让也不要求 YQ 公司回购其所持股权。"这个意见关注了持有 YQ 公司股权的锁定问题，但区分高管和非高管，分别提出不同要求。

不过，从 YQ 公司所持拟上市公司股权的成分来看，既涉及以高管身份间接持股问题，也有受让原有股东（含实际控制人）股份的问题，而且高管中有一人即王某，兼有控股股东和实际控制人身份（招股书把邓某、王某、王某三人认定为一致行动人）。项目组答复的锁定安排，是根据规范性和合理性综合考虑的，或者说把持股公司作为发行人看待，对于间接持股严格视同直接持股。

具体说来，一方面，在持股上市公司层面上，作为控股股东和实际控制人，直接或间接持有的股份，均应锁定 3 年，所以透过持股单位间接持有发行人股份，按理也应锁定 3 年。不过在技术上，单独锁定王某间接持有的股份并不可行——如允许 YQ 公司直接持股锁定 1 年后即可转让，其转让的股份无法确定为不是王某个人的间接持股，所以从严要求，YQ 公司直接持股全部锁定 3 年。

另一方面，更重要的是，在持股 YQ 公司层面上，如果所持 YQ 公司的股份向外提前转让，由于存在 YQ 公司持有发行人股份增值预期，这种提前转让一般也会产生溢价，一定程度上与直接转让发行人股份的效果类似。所以，可以看到，尽管股份锁定直接意义上是针对 YQ 公司所持发行人股份的锁定，但项目组的答复主要针对王某等人所持 YQ 公司股份的锁定。以上两个方面要结合起来考虑。

相关的一个案例是 HH，大股东兼实际控制人刘某直接持股 45%，二股东是法人 SJ 投资，持股 27%，刘某又持有 SJ 投资 36% 股权。在招股书中，SJ 投资持有发行人股份锁定 3 年，同时刘某持有 SJ 投资的股权也锁定 3 年，时间都是自上市之日起算。

（2010 年 1 月）

社会公众股与限售流通股

2008年11月11日证监会发布《关于破产重整上市公司重大资产重组股份发行定价的补充规定》(以下简称《补充规定》),对《上市公司重大资产重组管理办法》(证监会令第53号)的第四十二条做出补充规定(作为第四十二条第三款):"上市公司破产重整,涉及公司重大资产重组拟发行股份购买资产的,其发行股份价格由相关各方协商确定后,提交股东大会做出决议,决议须经出席会议的股东所持表决权的2/3以上通过,且经出席会议的社会公众股东所持表决权的2/3以上通过。关联股东应当回避表决。"

这个规定引发了有关破产重整公司"社会公众股"或"社会公众股东"的含义界定问题,因为界定范围不同,将影响有权参与表决的股东范围,并可能直接影响表决结果,这对协商价格以及重组方案能否通过至关重要。

目前法律、行政法规等并未见有关社会公众股的定义,交易所针对上市股权分布要求的规定相关内容如下:

上交所《上市规则》第十八章的相关释义:

"股权分布不具备上市条件:指社会公众股东持有的股份连续20个交易日低于公司总股本的25%,公司股本总额超过4亿元的,低于公司总股本的10%。

上述社会公众股股东指不包括下列股东的上市公司其他股东:

(1)持有上市公司10%以上股份的股东及其一致行动人;

(2)上市公司的董事、监事、高级管理人员及其关联人。"

深交所《上市规则》第十八章的相关释义:

"股权分布发生变化不具备上市条件:指社会公众持有的股份连续20个交易日低于公司股份总数的25%,公司股本总额超过4亿元的,社会公众持有的股份连续20个交易日低于公司股份总数的10%。

上述社会公众是指除了以下股东之外的上市公司其他股东:

(1)持有上市公司10%以上股份的股东及其一致行动人;

(2)上市公司的董事、监事、高级管理人员及其关联人。"

按照上述规定,对于上市公司来说,社会公众、社会公众股、社会公众股东、社会公众股股东,大致是一个意思,主要指比例较少(10%以下)且非内部人的股权或股东(非董监高及其关联方),即"社会"排除了"内部人","公众"则排除了"大股东"。当然,这里的"大股东"包括持股10%以上的所有较大股东,而不论其是否控股股东或其关联方。这个规定的目的,是要求上市公司必须有足够多的小股东和非内部人股东,以满足其公众公司属性。

再看《补充规定》,从背景推测,提出协商价格的"相关各方",一般是重组方和破产管理人,多以重组方为主导,管理人、原控股股东或原实际控制人配合。对于重组方来说,协商定价是为了争取自己的利益,即通过压低发行价格以换取更多上市股份(假定拟注入资产价值一定),管理人之所以乐于配合或不得不认同协商价格,主要是因为卖壳重组或挽救上市公司(包括稳定地方就业、避免破产责任等考虑)的需要。

那么,为什么要有社会公众股的绝对多数同意,恐怕主要是考虑到社会公众股在协商价格前期少有发言权和选择权,重组方、管理人至多会找个别大股东来协商价格,其中不排除存在某些利益同盟或变相补偿安排的可能,这对小股东显然不利。从利益平衡考量,有保护弱势股东的必要。以此推理,此处社会公众股自然不包括内部人(董监高等)股份、重组方或原控股股东相关股份,或亦不包括其他较大股份(例如10%以上),这么说来,这里的社会公众股与前述上市规则的相关含义大致相当。

至于"限售流通股",则完全是另一个概念,指由于股权分置改革或其他锁定原因,已获流通权但尚不得实际流通的股份。从外延来看,董监高等内部人股份,由于其身份原因自然也属限售流通股范围,但却对应于前述按实际地位(是否控股股东、重组方等)或规模(是否持股较多)分类之标准及外延。所以,不宜因为某些股份是否限售而决定其是否归入社会公众股,也就是说,社会公众股的主要属性在于其大小(或持股比例多少)和内外(是否内部人所有),而与限售与否无关。

(2010年8月)

怎么看待利润指标

利润是六大会计要素之一，也是利润表上的三大要素之一。在新准则的"基本准则"中，对于"利润"的规定有这么几条：

——利润是指企业在一定会计期间的经营成果。利润包括收入减去费用后的净额、直接计入当期利润的利得和损失等。（利润的定义和范围）

——直接计入当期利润的利得和损失，是指应当计入当期损益、会导致所有者权益发生增减变动的、与所有者投入资本或者向所有者分配利润无关的利得或者损失。（对利得和损失的解释）

——利润金额取决于收入和费用、直接计入当期利润的利得和损失金额的计量。（利润的构成）

——利润项目应当列入利润表。（利润的列报）

实际上，利润是个笼统的说法，它的形式是多样的，不同形式对应不同的内容。在利润表上，利润有营业利润、利润总额、净利润、归属母公司净利润、扣非后归属母公司净利润等，另外，还有很重要的主营业务利润等。如果要以利润指标判断企业的经营能力和经营效果，那么，从逻辑链条上大致可以看得出来，越是靠近直接的"经营（供产销）"源头的指标，越是能看出公司经营能力强弱和经营效果的好坏。

（1）主营业务利润。主营收入、主营成本、主营税负，影响因素就这三个。这三个因素里，单独来看，收入可能虚高（通过提前确认或转卖增收等），成本可能压低（通过控制结转时点等），但如果不是舞弊，仅利用既有规则进行操纵的空间是比较有限的。所以相对来说，主营业务利润这个指标是衡量经营能力的重要指标（有时可能是首选指标）。不过需要注意，怎么界定主营业务很重要，如果随意更改主营业务范围，这个指标也会被操纵。另外，主营税负指企业日常负担的税负，主要包括营业税、消费税、城建税、教育费附加、资源税、土地增值税。实际税负水平不同也会影响不同企业之间的比较。（房产税、车船使用税、土地使用税、印花税在"管理费用"科目核算，不在本科目核算，但与投资性房地产相关的房产税、土地使用税在本科目核算。城建税以实缴增值、营业、消费三税为依据，按所在区域行政级别分别适用1%～7%税率；教育费附加也以上述三税为依据，征收率为3%。另外，增值税不直接影响损益，即不在利润表中反映，它在资产负债表的"应交税金"中核算。不过，因为增值税是城建税和教育附加的计征依据，实际上还是对利润表有影响。）

（2）营业利润（销售利润）。营业利润＝主营业务利润＋其他业务利润－期间费用－资产减值损失＋投资收益（或减投资损失）＋公允价值变动收益（或减公允价值变动损失）（其他业务利润＝其他业务收入－其他业务支出）。营业利润的影响因素多了四个，即其他业务利润、期间费用、资产减值、投资收益和公允价值变动。这当中，其他业务利润与经营有关，但因为不是主营，看不出核心竞争能力。期间费用包括三部分：销售或营业费用、管理费用和财务费用。尽管这些费用也都与营业有关，但是除销售费用关系密切外，管理费用和财务费用相对间接一些。比方说，一个企业产品其实很赚钱，但是管理费用太高，或财务费用过高，导致营业利润较低，这种情况下就不能从营业利润直接判断其主营产品是否挣钱了。至于资产减值、投资收益和公允价值变动，虽然也能看出公司的市场眼光等能力，但资产减值与会计估计等人为因素关系较深，投资收益、特别是公允价值变动基本是外力作用的结果，也不好看出公司的经营能力。

（3）利润总额。利润总额＝营业利润＋营业外收支净额（营业外收入－营业外支出）。利润总额包含了与日常经营无直接关系的收益情况，这个因素已经不直接反映企业的经营能力了（尽管间接意义上仍与经营有关，比如择机处置闲置设备，也有经营判断的因素在内）。

（4）净利润。净利润＝利润总额×（1－所得税率），或净利润＝利润总额－所得税费用。净利润与所得税率水平关系很大，如果不同企业税率或优惠差别很大，以净利润来衡量其经营能力就不合适了。

（5）其他指标。归属母公司净利润是扣除少数股东损益后的净利润，对于拥有较多以权益法核算的子公司的企业，少数股东损益对净利润影响可能较大，其他企业则无所谓。扣非后的净利润一般针对归属母公司所有者净利润而言，其意义很明确，就是要考察不考虑非经常因素的盈利情况。不过到了净利润阶段，非直接经营影响因素已经很多，如前述非主营的其他业务利润、营业外收支净额、销售和财务费用、资产减值、投资收益、公允价值变动、所得税费用等，通过非常损益不一定能够完全排除上述因素的影响，所以扣非的净利润作为衡量企业经营能力指标也仍然是有缺陷的。按证监会规定（2007年修订的信披规范问答第1号），非经常性损益包括：非流动资产处置、不规范税收减免、政府补助款、资金占用费、负商誉、非货币交换损益、委托投资损益、不可抗力资产减值、债务重组损益、企业重组费用、非公允交易损益、同控合并前期损益、无关预计负债损益、其他营业外收支净额其他非经营性损益。

总体来看，没有哪个指标能让人完全满意。如果要评价企业的主观努力的经营成绩，那么主营业务利润可以优先考虑，或是简单考虑主营业务毛利（收入减去成本，而不考虑主营税负）；如果还要评价企业控制费用的能力，那么可用营业利润；如果把营业外因素也考虑进来，那就用利润总额；如果再考虑企业的税收负担，剩下就是净利润了。对于净利润，当然是扣除非经常损益后的归属母公司所有者的净利润更有意义。

（2009年6月）

怎么看待短期偿债能力的指标

有论者分析指出，目前常用的偿债能力指标存在缺陷，应予改正。这个说法很有道理，不过，换个角度看，可以认为问题不在指标本身，而在于使用者如何看待这个指标。所谓"改正"云云，不过是使用者在看到这些指标时，要进一步想一想，这个指标究竟"一定"或"不一定"意味着什么。

大致说来，指标是死的，企业是活的；数字是静止的，经营则是动态的。所以，要在静与动的辩证关系中把握偿债指标。在分析偿债能力时，不仅要用清算假设，也要用持续经营假设；要看现在之时点，也要看未来之时点；要看形式、看数字，更要重实质、重意义。

具体而言，分析短期偿债能力（常用的流动比率与速动比率）指标时，要清楚以下问题。

（1）分子分母计价基础不一样。分母（负债）主要按到期终值计算，而分子（资产）则计价方法多样。

（2）未来现金流量未考虑。分子分母均来自资产负债表的时点值。

（3）资产的质量本身有区别。资产好坏，在数量上无法分辨，实际上不同资产偿债能力不同（如果将长期积压物资、无法收回的应收账款作为偿债的保证，就会高估偿债能力）。

（4）预收账款的特殊性未考虑：预收账款是企业预先向客户收取的销货款，尽管属于流动负债，但企业并不需要以现金形式偿还，只需在未来某一时点用存货偿付。因此，预收账款对短期偿债能力的影响与其他负债不同。某种意义上，预收多是件好事，是企业贸易融资能力和相对下游的优势地位（谈判、议价和质量、信誉等）的体现。

（5）表外融资能力和或有负债情况未反映。企业未使用的银行贷款额度、可立即变现的长期资产、良好的长期筹资环境、金额较大的或有负债和担保等表外事项都没有在偿债能力指标中反映出来，而这些方面对于企业实际偿债能力可能有重大影响。

另外，还应注意速动资产范围界定不一，影响可比性；人为操纵——瞬间增加资产和减少负债以影响特定时点的偿债指标，影响可靠性。

论者提出，对存货要分别按历史成本、重置成本或现行成本计价，观察资产实际充盈状况和偿债水平；对应收账款要按账龄分级折算变现能力；要将预收账款作为存货的减项而不是作为负债；要结合表外项目（授信、担保、质量、合同等）具体判断。这些都是好主意，但并不能解决全部问题。比如说，存货价值问题，且不说重置或现行成本是否可靠，即便有，还应考虑债务届期时存货变现价值、变现时间与费用等；应收账款按账龄分级也不尽准确，必须个别认定才较稳妥，但个别认定又涉及账款发生背景与现状、未来回收过程中的影响因素等多个问题。

实际上，对于偿债指标的分析一定要结合负债和资产结构的具体情况，尽可能以动态、全面的方式进行分析。我们在拿到某个指标时，要清楚指标本身不可能揭示指标之外的东西，而这些东西正是分析的难点所在。

（2009年5月）

票据保证金的列示

现在的企业经营经常用到票据，比如，向供应商付款时先向银行缴纳部分保证金，由银行将票据（多为银行承兑汇票）开给客户，六个月（常见）到期时供应商（或背书下家）提示付款，银行把票据所载金额支付给供应商，企业则应保证除保证金外的剩余款项（敞口部分）到账给付银行。

对企业来说，票据结算可以节省现金支付，实际上属于贸易性融资，类似于供应商赊账销售，企业享有了资金的时间价值。供应商之所以接受票据，多是因为扩大销售规模和维护客户关系的需要。银行作为中介机构，可以利用这种方式揽储或稳住储户。

作为控制风险的手段，银行往往实行信用管理，保证金比例按评定信用等级收取，保证金实行分户管理，即结算户与保证户分开，保证户不得支取；同时，对于敞口部分多要求提供担保，只有少数特别客户经批准可不收保证金或不提供敞口担保，但须约定限制客户有效资产对外担保，以免降低其履约能力和增加银行风险。

存出的保证金期末如何列示？这里涉及两个问题：一是，保证金固然是企业的货币资金，但在资产表上，保证金是否列示为现金／现金等价物市值说明；二是，保证金当然属企业现金流组成部分，但在现金表上，保证金究竟列示为经营活动还是筹资活动，或者如果列示经营活动，究竟列示为购买商品／取得服务支付的现金，还是属于支付其他与经营活动有关的现金，亦不无疑问。

保证金是否作为现金等价物，疑问主要来自票据（如三个月内到期）其保证金性质如何。根据一般会计准则，"现金"是指企业库存现金以及可以随时用于支付的存款；"现金等价物"是指企业持有的期限短、流动性强、易于转换为已知金额现金、价值变动风险很小的投资。按照一般会计准则指南，不能随时用于支付的存款不属于现金，而现金等价物的"期限短"，一般是指从购买日起三个月内到期，现金等价物通常包括三个月内到期的债券投资等。可见，作为现金等价物的"投资"不仅要求"三个月内"，而且要求可以随时用于支付，即其使用不受限制。显然，保证金户因受银行特别制约，其当然不属企业的现金等价物，而与票据到期日长短无关。

至于保证金在现金表上的列示疑问，主要与保证金的性质有关，即存出保证金属于投资活动、融资活动，还是经营活动。根据一般会计准则，"投资活动"是指企业长期资产的购建和不包括在现金等价物范围的投资及其处置活动；"投资"指投资者当期投入一定数额的资金而期望在未来获得回报，如债券投资，股票投资。存出保证金目的不在获取利息收入，所以不宜列为投资活动。至于"筹资活动"，它指导致企业资本及债务规模和构成发生变化的活动，"筹资"是通过一定渠道、采取适当方式筹措资金的财务活动。广义的筹资，可以包括商业信用行为（贸易性融资行为），即赊账销售或迟延支付。存出保证金，获取银行承兑汇票，延期支付供应商或服务商的商品或服务价款，似可归为广义筹资活动。不过，商业信用产生的现金流量实践中通常作为经营活动现金流量。如果银行承兑票据确系融资票据，则相应地，存出保证金不妨归为筹资活动（这种情况并非普遍）。

也有专业意见认为，严格来说或分开来看，存出保证金，性质属于融取银行资金或信用（如银行承兑票据到期全额支付），此时会计分录及对应的现金流向应为"借：存出保证金；贷：银行存款""支付其他与筹资活动有关的现金"，在票据到期或实际支付（银行承兑）时，相关保证金转回结算户，记为"借：银行存款；贷：存出保证金"，作为"收到其他与筹资活动有关的现金"；同时，支付完成，记为"借：应付账款；贷：银行存款"，作为"支付其他与经营活动有关的现金"。相关案例如上市公司漳泽电力（中和正信审计）、新近上市的亚厦装饰（浙江天健审计）等。这样似乎更加具体地表现了财务活动各环节，不过似嫌烦琐，且似无必要，因为从实质判断或从整体来看，开立票据用于支付时而非票据到期承兑或提前贴现时，企业的付款义务已经完成，是为票据之"中立性"或"相对性"，且存出保证金的融资性质并不明显，不妨直接作为经营活动有关的现金支出。

综上，保证金一般列示为经营活动现金流量比较合适。在经营活动项下，由于保证金并不直接支付给供应商/服务商，但却是为取得汇票并最终支付供应商/服务商而发生，即为经营活动发生，所以存出保证金列示为"支付的其他与经营活动有关的现金"，大致是合适的。有的企业经营现金流不好看，票据保证金又较大，如何列示会影响其报表结果，对此，使用者不可不辨。

（2011年2月）

融资租赁的认定

KX 公司 IPO 项目在发审会上未能获得通过,主要问题是实际控制人认定不清,财务不谨慎以及业务模式风险大,等等。其中,财务方面的问题包括该公司主营业务模式中的租赁性质问题。

该公司主营业务主要是与电信运营商等的合作业务,具体方式是,公司以经营租赁方式向电信运营商提供自助服务软件系统和终端硬件设备,并负责整个自助服务设备的运营维护,电信运营商根据自助服务设备业务量向公司支付合作运营款项。

合作运营的业务分工为:电信运营商提出业务功能需求计划,并负责协助公司进行自助服务系统平台的接入、测试、验收工作;电信运营商保障其自身业务系统正常运作,并提供自助服务终端在其营业厅内的安全保障;公司负责根据电信运营商的需求建设自助服务终端系统平台和自助服务后台管理平台,提供自助服务终端设备(实现业务介绍、费用查询、发票打印、充值缴费、业务办理、客户信息等多个模块功能),日常运营维护。

具体说来,自助设备提供的主要服务包括:查询打印类业务(各类费用查询、客户资料查询、账单清单查询打印、发票查询打印等)、支付类业务(银联卡或现金方式支付各项费用)、办理类业务(新增或变更套餐、客户密码激活修改、增值服务开设修改等)、宣传类服务(根据电信运营商需要投放其业务宣传、优惠活动、企业形象等信息)。

合作运营收入比例由电信运营商对自身缴费充值业务和其他业务的总量进行分析后与公司协商确定,通常采取以下多种方式的组合:按固定费率收取缴费充值业务分成（通常不超过2%）、按业务笔数收取每笔固定费用（根据业务类别每笔业务0.25～0.50元）、按自助服务设备的功能收取保底固定月租金（如月租金1 200元）。电信运营商按协议规定在次月向公司支付前月合作运营酬金。

KX公司对其合作模式认定为经营租赁，即合作运营业务提供的自助服务终端属于公司的资产，会计处理上属于经营性租赁。例如，2007年7月28日，该公司与中国移动广东公司签订《自助终端设备租赁供货框架协议》，约定公司向广东公司提供多媒体自助终端设备。公司负责设备安装、保证正常营运、技术支持和升级更新、维护、维修，并按照服务考核结果收取固定运营服务费。广东公司负责提供设备布点场所、网络环境及必要的安全保障措施。设备具体需求数量由双方根据广东公司的需求另行签订合同约定。协议有效期至2010年7月31日。截至2009年12月31日，公司提供本合同项下设备1 359台。

根据一般会计准则，符合下列一项或数项标准（所有权、选择权、时间、价值、用途）的，应当认定为融资租赁：在租赁期届满时，租赁资产的所有权转移给承租人；承租人有购买租赁资产的选择权，所订立的购买价款预计将远低于行使选择权时租赁资产的公允价值，因而在租赁开始日就可以合理确定承租人将会行使这种选择权；即使资产的所有权不转移，但租赁期占租赁资产使用寿命的大部分；承租人在租赁开始日的最低租赁付款额现值，几乎相当于租赁开始日租赁资产公允价值；出租人在租赁开始日的最低租赁收款额现值，几乎相当于租赁开始日租赁资产公允价值；租赁资产性质特殊，如果不作较大改造，只有承租人才能使用。

对照上述标准，KX公司不属于前述"所有权转移""选择权行使"的情况，但是是否属于"租赁期限占据大部分使用寿命""最低租赁收付款现值与租赁资产公允价值相当""如不做较大改造则只有承租人能用"等情况，则须具体论证。项目组对此语焉不详，如属融资租赁影响几何，项目组更是无以言告。

会上有人提出，当年存在类似情况的信雅达上市时，融租问题成为证监会关注的一个重点（据说后来信雅达曾按照监管审核要求对有关账务进行了处理）。查相关资料，该公司上市时，与工商银行等签订了三份租赁合同，期限大约5年（2000～2005年），工行租用信雅达的电子设备，租金为1 000多万元，分5年支付，各期金额大多先大后小。这个案例与KX公司有所不同，比如在金额（租金）实现与计算方式上区别就比较大。当时证监会根据什么道理要求其按融资租赁来做？原来的处理方式为什么不是按融资租赁来做？这些问题并不太清楚，所以以信雅达类比KX公司，似不恰当。

（2010年2月）

融租事项的会计处理

融资租赁（融租）是一种租赁方式，但与经营租赁（营租）有本质不同。正如名称所示，融租着重于融资，而营租着重于经营（使用）。在会计处理上，融租与营租有很大区别，营租之承租方只需将支付的租赁费计入管理费用等，出租方将收到的租金计入营业外收入等。融租则涉及较多科目。

大致上，融资方（以售后租回为例）应注意区别未实现售后租回损益与未确认融资费用。前者是当期未完全实现、需要逐期递延的损益，即售价与账面的差价部分。这个差价须按资产折旧进度进行分摊，作为折旧费用的调整（如为处置收益则减少折旧费用，如为处置损失则增加折旧费用）。后者指资产的公允价值（一般就是售价）与最低租赁付款额（即长期应付款）的现值之间的差额。这个差额也须按租赁期间进行分摊，按实际利率法确认各期融资费用。

所以，一项融租资产，涉及原账面价值、售价（公允价值）、新入账价值三个值。（其中，新入账价值取售价即公允价值与最低租付现值二者孰低。比如，售价高于租付现值：售价900元，最低租付1 000元，即长期应付1 000元，租付现值800元，则入账800元，新入账与长期应付的差额200元；又比如，售价低于租付现值，售价700元，最低租付1 000元，租付现值800元，则入账700元，新入账与长期应付的差额300元。）账面与售价差额为未实现损益，新入账价值（售价或租付现值孰低）与最低租付（长期应付）的差额为未确认费用。

2009年2月2日沈阳机床发布了一个融租公告，被孙旭东先生[⊖]撰文指出其

[⊖]《证券市场周刊》研究部主任。

会计处理错误：①沈阳机床出售资产发生损失不应确认为当期损益，而应将其作为未实现损益递延，按资产的折旧进度进行分摊，作为折旧费用的调整；②沈阳机床账面净值2.24亿元的固定资产售价2亿元（交银租赁贷款2亿元），即公允价值2亿元，显系损失，但沈阳机床却错误认为在租赁期内会因此增加公司利润，其错在折旧年限，因为沈阳机床在计算中假设在交易前后该资产折旧年限相同（8年），而按公司年报披露的会计估计，其机器设备类固定资产按9~11年计提折旧。

另外，孙在文中还指出该项融资成本偏高：账面净值2.24亿元，售价2亿元，租赁期限为4年共16期，按季度支付租金，每季1 412万元。同时，沈阳机床另付400万元的租赁服务费和1 400万元的租赁保证金。由此计算，交银租赁的内部收益率为每季度1.96%，折合每年7.84%。交银租赁的收益率其实就是沈阳机床支付的资金成本，这个成本要高于3~5年期的人民币贷款年利率（5.76%）。

经与同事讨论，经计算内部收益率（资金成本）与上述计算结果有出入。具体过程：

假定服务费与租金同时按期支付；假定保证金融资时预交，期末退回。

每期支付租金 $\times (P/A, I, 16)$ + 每期支付服务费 $\times (P/A, I, 16)$ + 保证金 − 保证金 $\times (P/S, I, 16)$ = 融资金额

$14\,115\,528.06 \times (P/A, I, 16) + 250\,000 \times (P/A, I, 16) + 14\,000\,000.00 - 14\,000\,000.00 \times (P/S, I, 16) = 200\,000\,000.00$

计算所得：每期内含报酬率1.595 3%，折合年内含报酬率6.476%。

另外，同事还具体计算了融资租赁对公司财务状况的影响。

（1）对折旧的影响。公司对同一固定资产折旧年限的判断是一致的，不能因为该固定资产性质由自有资产变为融资租赁资产而改变，也就是说，该资产折旧年限应不变，即上述融资租赁固定资产折旧年限应为该项资产剩余折旧年限；因为固定资产价值减少而相应减少折旧，其测算应以净值减少为计算基础，而非以原值减少为计算基础。

每年折旧额的减少 = 净值减少 / 剩余折旧年限 = 2 400万元 /8 = 300万元

备注：假定剩余折旧年限为8年，假定残值为0。（如按原值减少计算折旧的减少623万元是不正确的。）

（2）每年增加管理费用 − 服务费用支出100万元。

（3）对列入长期应收款 - 应收保证金 1 400 万元，应以摊余成本计量，将其账面余额与预计未来现金流量的现值之间的差额，逐年摊销，逐年进入财务费用。

按 3 ~ 5 年银行贷款利率 5.76% 为贴现率计算如下$^{\ominus}$：

（单位：元）

年度	应确认财务费用	年度	应确认财务费用
第 1 年	762 481.09	第 3 年	681 688.85
第 2 年	720 954.13	第 4 年	644 562.08

（4）每年将未确认融资费用转入财务费用，计算如下：

（单位：元）

年度	应确认财务费用	年度	应确认财务费用
第 1 年	10 743 077.85	第 3 年	5 093 256.69
第 2 年	8 000 431.78	第 4 年	2 011 682.64

（5）综合分析融资租赁对各年度财务状况的影响（未考虑所得税影响），计算如下：

融资租赁对上市公司财务状况影响表　（单位：万元）　（减少利润为 +，增加利润为 -）

	第 1 年	第 2 年	第 3 年	第 4 年	第 5 年	第 6 年	第 7 年	第 8 年	合计
交易损失分期确认	600.00	600.00	600.00	600.00					2 400.00
增加融资租赁费用	1 074.31	800.04	509.33	201.17	—	—	—	—	2 584.85
保证金存出时间价值损失增加财务费用	76.25	72.10	68.17	64.46	—	—	—	—	280.98
每期支付服务费	100.00	100.00	100.00	100.00	—	—	—	—	400.00
折旧计提的影响	-300.00	-300.00	-300.00	-300.00	-300.00	-300.00	-300.00	-300.00	-2 400.00
轧计	1 550.56	1 272.14	977.49	665.62	-300.00	-300.00	-300.00	-300.00	3 265.81

简要汇总评价：沈阳机床公告中将交易损失（未实现损益）误为"未确认融资费用"；对折旧的影响计算不准确，应用固定资产账面净值与融资租赁入账价值之间的差额/该项固定资产剩余折旧年限，而非用原值/折旧年限；融资租赁资金成本高于银行贷款利率。

（2009 年 3 月）

$\ominus$ 一般情况下，如无须精确核算，则保证金存出时间价值损失增加财务费用部分可不予考虑。

并购的会计处理

并购中的财务处理是一个关键问题：一是会计上如何记录交易行为，该种记录方式对并购双方的财务报表有何影响；二是税务上如何处理，需要缴纳哪些税收，或者说税务会计与财务会计两者有何不同。这两方面都需要认真考虑。

投行业务说的收购，多指买壳行为，壳可以是净壳，也可以不是净壳，或称"半壳"乃至"肥壳"。壳之肥瘦，主要是指交易完成后原上市公司的资产是否保留，如有保留，保留下来的资产质量如何。

就上市公司一方来说，并购完成后的报表首先考虑是否并表。企业合并之并表包括吸收合并、新设合并和控股合并三种，但投行所说的合并往往指控股合并。控股合并，按照2007年开始在上市公司执行的新会计准则（1项基本准则＋38项具体准则），分为同控合并和非控合并。

前者以上市公司为母公司，对其注入资产（多为股权）不调账，不存在长期股权投资借方差额（支付的收购成本大于被收购资产账面部分），只是调整资本公积。在这种情况下，交易价格只有确定股比的作用。交易完成后，母公司资产表中权益项目只有股本和资本公积发生变化，盈余公积和未分配利润不变。资产项目和负债项目只是简单相加——注入资产按其原账面纳入合并报表。不过，需要注意，判断同控合并需看合并前之控制权应有"较长时间"，实践中采一年为标准，即一年以上才算合并前也在"同一控制"下。

对于后者，需要按照成交价格调账，产生长期股权投资借方差额。借方差额不能分摊至各项资产的即形成商誉，每年进行减值测试；能够分摊至资产项目，则按照调账后的价值进行折旧摊销——资产即成本，形成时为资产，经营中为成本。所以，如果不是同控合并，而且注入资产溢价很高，则后期折旧摊销必然更大，成本费用更多，必然影响盈利状况，即资产计量影响成本确认，最终影响利润。

有意思的是，究竟以谁为合并母体或主体，即是以上市公司为母公司还是以注入资产为母公司进行并表？一般以为必然是上市公司，但实际上我国实践中已有突破。在国元证券借壳北京化二的案例中，会计师即大胆"创新"，从实质判断出发，以注入资产为主体进行并表（并表母公司名称仍为上市公司），这是对国际会计准则相关规定和原理的运用，我专门为此事与主办会计师沟通，被他说服。

另外，关于并购税收，这比财务会计处理的政策性更强，其中的关键是并购形态复杂多样，究竟哪些交易可以适用税收免除或递延（特殊税务处理），同时又能保持"税收中性"原则。这些年国家零星出台了股权投资、合并分立、债务重组等相关税收政策（如国家税务总局《关于企业股权投资业务若干所得税问题的通知》《关于企业合并分立业务有关所得税问题的通知》《企业债务重组业务所得税处理办法》等），在讨论《企业所得税法》及其实施条例草案中，似乎有意整合和明确相关政策，不过有关资产计税基础和外资重组税收等内容的表述存在不小争议。上述常见的控股合并属于股权交换模式，在税务上它可以理解为资产收购的一种间接形式，按理应适用企业重组的递延纳税处理（在适用标准上一般要求收购方购买被收购方股权不低于75%，且收购方股权支付金额不低于交易支付总额的85%）。

（2008年4月）

反向收购的会计处理

财政部会计司 3 月 13 日发布了一个复函(《关于非上市公司购买上市公司股权实现间接上市会计处理的复函》),就反向收购的会计处理做出规定。大意是说,净壳收购可以以收购方的报表为主体,其他情况则不可以。净壳是指"交易发生时,上市公司未持有任何资产负债或仅持有现金、交易性金融资产等不构成业务的资产或负债"。所谓业务是指"企业内部某些生产经营活动或资产负债的组合,该组合具有投入、加工处理过程和产出能力,能够独立计算其成本费用或所产生的收入等,可以为投资者等提供股利、更低的成本或其他经济利益等形式的回报。有关资产或资产、负债的组合具备了投入和加工处理过程两个要素即可认为构成一项业务。对于取得的资产、负债组合是否构成业务,应当由企业结合实际情况进行判断"。

此前,财政部发布的《关于做好执行会计准则企业 2008 年年报工作的通知》(财会函〔2008〕60 号)已有规定(收购的上市公司不构成业务时,上市公司不计商誉或损益,而按权益性交易处理),自 2007 年始实践中出现了这类"创新"做法,较早的一个案例是国元证券借壳北京化二,用的就是反向收购的会计处理,但与财政部的规定似有出入。

在《国际会计准则第 22 号——企业合并》中有相关表述(13. 有时,一个企业获得了另一个企业的股份的所有权,但作为交易的一部分而发行了足够的有表决权的股票作为出价,结果使得被合并的企业的控制权转给了其股票已被购买的企业的所有者,这种情况被称为反向收购。虽然从法律上说,发行股票的企业可能被视为母公司或连续企业,但现在控制被合并的企业的股东的企业才是购买方,享受在第 11 段中所说的表决权或其他权利。发行股票的企业被认为已被另外的企业所购买;后者被认为是购买方,并且应将购买法运用于发行股票的企业的资产和负债中)。

现以国元证券为例,说明相关科目的变化过程。

(1)重组前:北京化二的主要数据(2007 年三季报):股本 3.45 亿元,资本公积 6.83 亿元,盈余公积 3 140 万元,未分配利润 −7.63 亿元。

(2)国元证券的主要数据(2006 年年报):股本(实收资本)20.3 亿元,资本公积 17 万元,盈余公积 3 765 万元,未分配利润 2.61 亿元。

(3)重组后上市公司(原名"北京化二",现改为"国元证券")报表(2007 年年报):股本 14.64 亿元,资本公积 10.12 亿元,盈余公积 2.71 万元,未分配利润 19.33 亿元。

(4)股本变化过程:国元证券原股本 20.3 亿元,按估值除以股本的结果(原股价值),与发行价格(新股价值)进行换股,折减为 13.6 亿元,并入北京化二流通股本 1.04 亿元,重组后总股本为 14.64 亿元。

(5)北京化二的 1.04 亿股是回购后的结果:北京化二定向回购其大股东非流通股(东方石化)2.4 亿股(向大股东出售全部资产负债,回购价约 4.7 亿元,资产价 6.7 亿元,差价 2 亿元由大股东补齐),剩下的股份即 1.04 亿股。

北京化二定向发行 13.6 亿股,换股吸收合并国元证券,以新增股份交换国元原股东持有的全部股份,换股比例为 1:0.67。(在内部股比上,作为股改对价,国元原股东换股后,向流通股东每 10 股送 2 股,共送出 2 080 万股,即国元证券原股东持股总数由 13.6 亿股减少 2 080 万股。)

在会计处理上,应视国元证券为购买方(虽然法律上北京化二为购买方),原因是(见国元证券"2007 年报"中财务报表附注之"其他重要事项"相关解释):吸并后的公司业务为证券业务,控股为国元证券原股东,而化二的相关资产和业务已经置出。如按国际会计准则的解释,三个原因中,只有第二个原因才是实质原因。

既然国元证券为购买方,当然吸并后的会计报表即以国元证券原报表为基础,那么怎么确定国元收购化二的收购成本呢?由于合并成本等于购买方(国元)

的公允价值乘以对外发行股比的乘积，国元的公允价值为44.8亿元（报告日即2007年9月30日净资产评估值），对外发行股比——注意——应为化二原有股份占吸并后公司股比（而非新增股份之股比，即反向理解，不是化二发行13.6亿股，而是国元发行1.04亿股），1.04/(13.6+1.04)=7.1%。计算得合并成本为3.18亿元。

购买资产公允价值为银行存款2.03亿元（化二原业务资产和负债均已置出），即化二原流通股股东的股权价值。

合并成本与购买资产公允价值的差额：3.18亿元－2.03亿元=1.15亿元。这个差额就是合并产生的商誉。

按照财政部的规定，购买的上市公司如无业务，不应产生商誉。

（2009年3月）

怎么认识关联方及关联交易

关联交易是公司上市中的一个主要问题,按照现在的招股书结构——"览况险基业同高、治财论标募股要(前有简明提释,后有声明备查)",在"业务和技术"之后,安排专门章节(第六章)介绍和论述"同业竞争和关联交易"情况。关联交易问题之所以重要,主要是因为,它在很大程度和在若干层面上影响对企业经营和发展或企业整体质地的判断。

(1)资产是否完整。之所以有关联交易,显然因为有些资源属于关联方,而企业客观上对该资源有交换的需求。如果某些重要资产,比如重要的房地、设备、技术、商标等属于关联方,企业不得不倚重关联方,说明企业主要资产不完整,未来经营不独立或有风险。

(2)业务是否独立。企业未能建立面向社会、面向市场的、相对完整、有效的业务结构、业务链条,以致在日常经营当中,包括采购、销售等环节,不得不依赖关联方,说明公司业务仅是关联方整体业务内部的某个片段或环节,缺乏独立的市场竞争能力。

(3)经营能否持续。企业资产、业务乃至人员的不独立,从另个角度看,就是在若干重大方面受控于关联方,一旦主控方(而不是独立经营的企业所面对的更广泛、更开放的外部市场、外部社会)出现风险(包括经营风险或道德风险,不同于市场风险),或者主控方进行内部整合、重组,企业的经营可能难以为继,或受到严重冲击。

(4)利润是否真实。由于交易在关联方之间进行,由此获得的利润的真实性可能存在疑问，因为关联方可以通过该种交易输送利润或谋取利益，从而操纵企业的利润水平至不真实的高利润或低利润。

（5）运作是否规范。企业内部或关联方双方对于关联交易可能缺乏必要的程序予以规范，同时，即便制定了相关规范程序，但是否有效贯彻仍是问题，后面这种情况更为普遍。由于交易双方存在关联，要想确切校验这种交易是否规范，实际上不易做到。

（6）信息是否透明。与运作是否规范相关，在不规范的情况下，交易背景、交易原因、交易过程、交易效果等信息能否充分披露，对于企业是个很大的考验。很多时候，为了掩盖某些不尽正当或不尽公允的交易，企业有可能尽量简化披露、模糊披露或干脆不披露，投资者的知情权受到损害，强制信息披露制度无法得到有效执行，而信息不透明反过来也损害企业的投资价值，即信息透明在市场上可以获得相应溢价，或可以赢得投资者的更多关注、更多认可。

正是由于有上述影响，所以在上市企业关联交易的认定、分析、判断上不可不慎。首先，要关注关联方范围，有无遗漏；其次，要关注关联交易的披露是否完整、真实和准确；最后，要关注关联交易的运作是否必要或合理、是否公允、是否合规，以及目前关联交易的影响和未来关联交易的趋势。

这里有个疑问，即对企业有重要影响的股东能够控制或能够发生重要影响的公司，是否认定为关联方。比如，Y 公司拟上市，X 公司是 Y 公司有重要影响的股东，那么 X 公司控制或有重要影响的（除 Y 公司之外）的公司，是否作为关联方。查会计准则（第 36 号）关联方定义："一方控制、共同控制另一方或对另一方施加重大影响，以及两方或两方以上同受一方控制、共同控制或重大影响的，构成关联方。"按照这个定义，鉴于 X 公司向 Y 公司选派重要管理人员（财务总监等），占有若干董事席位（2 名，占非独立董事 1/3），X 公司连同下属 Z 公司合计持有 Y 公司股比达 34%，对于前述情况应作为关联方处理。

不过，准则列举的典型关联方共 10 类，并不包括上述情况。上交所新近颁行的《关联交易实施指引》，明确把"持有上市公司 5% 以上股份"（自然人或组织，下同）作为关联方，另外把"持有对上市公司具有重要影响的控股子公司 10% 以上股份""同受国资机构控制，且法人代表、总经理或过半董事在上市公司兼职"也作为关联方，而且过去及未来 12 个月有相关情形的，亦视为关联方。该指引没有明确列举的上述情况是否纳入关联交易，原则上以会计准则为准。通常认为，以作为关联方披露为宜，特别是如果存在关联交易，披露的必要性更加突出。

（2011 年 2 月）

"财务造假"辨析

企业上市过程中,大多会碰到财经媒体以及社会舆论(包括传播迅速的网络渠道)的各种质疑之声。实际上这是一种正常的社会监督,以平常心视之即可,不必闻之色变,当然也不宜悍然不顾。作为保荐机构,在关注媒体声音的同时,自然还需要从专业的角度予以辨析。以下举网络媒体关于歌尔声学(拟上市公司)的质疑意见为例。

网络观点:存在纳税异常情况(可能存在偷漏税问题);IPO报告期(前三年)报表(收入)可能失真。

推理过程:

——2005年支付税费24万元,当年所得税费用228万元;2006年度支付税费276万元,所得税费用538万元;2005年年末应交税费为761万元;2006年年末1 228万元。可见,2005、2006年两年所得税费用766万元,这两年支付税费总额300万元。由此推测,2005、2006年及以前年度存在偷税行为。假设2006年年末应交税费中有1 000万元是企业所得税,按照15%税率计算,该公司2006年度及以前隐瞒利润高达6 667万元。

——2007年主营收入增加3倍,净利润增长2倍,由此推测,(即使考虑2007年合并报表范围增加的因素)2005、2006年可能隐匿部分收入,或者2007年度虚增收入,即2006年度推迟确认收入,而2008年度提前确认收入。2007年业绩暴增好处是可以获得较高EPS(每股盈余),以便能以较高价格进行IPO。

对于上述网络观点及推理过程的分析。

(1) 先得区别一下三个概念：支付税费、所得税费用以及应交税费。

支付税费：即现金表中"支付的各项税费"，是企业当期累计实际支付各项税费，包括增值税、营业税、企业所得税、印花税、城建税、教育费附加、河道基金、消费税、契税、房产税、土地增值税等，需要注意的是代扣代缴个人所得税不在此范围之内。它是现金表中经营活动现金流出的一个科目。

所得税费用：利润表的一个项目，是会计上的计算所得税方面费用支出的一种方法，不同于实际税收支出。按照纳税影响会计法（即债务法，旧准则采用利润表债务法，注重时间性差异；新准则采用资产表债务法，注重暂时性差异。时间性差异肯定是暂时性的，但暂时性差异不一定是时间性的。前者有递延性质的所得税费用和收益，后者有所得税负债和资产。大致上，负债与费用相当，资产与收益相当。该费用或负债性质虽是递延的，但也会增加会计上的所得税费用总额；该收益或资产则反之），要考虑会计期间的暂时性差异，包括可抵扣的暂时差异和应纳税的暂时差异两种。可抵扣的即会计利润小于应税所得（例如，会计折旧每年20万元，税法折旧每年10万元，实际按税法缴税，相对于会计而言，即多交税了），产生递延所得税资产（相对于"费用"），是所得税费用的加项，但是后期可以抵扣；应纳税的即会计利润大于应税所得，与上述相反。

所得税费用＝应税所得 × 税率＋递延所得税费用（或－递延所得税收益）⊖

应交税费：资产表的一个项目，是流动负债的组成部分，该科目核算企业按照税法规定计算应交纳的各种税费，包括增值税、消费税、营业税、所得税、资源税、土地增值税、城市维护建设税、房产税、土地使用税、车船使用税、教育费附加、矿产资源补偿费等。企业不需要预计应交数而直接缴纳或进入费用的税金，如印花税、耕地占用税等，不在本科目核算。

在账务处理上，增值税分进项和销项等，分别确定借方和贷方具体内容，如原材料或主营业务收入等，期末销项减去进项为应交部分；消费税、营业税、资源税、城市维护建设税等借记"营业税金及附加"；所得税借记"所得税"；土地增值税借记"固定资产"等；房产税、土地使用税和车船使用税借记"管理费用"等；代扣代交个人所得税借记"应付职工薪酬"；教育费附加、矿产资源补偿费

⊖ 加项即递延资产或可抵扣差异；减项即递延负债或应纳税差异。

等借记"营业税金及附加"或"其他业务支出"等，贷方均记本科目"应交税费（含明细）"。期末贷方余额，反映企业尚未交纳的税费；期末如为借方余额，反映企业多交或尚未抵扣的税金。

查招股书，2005～2007 年，相关数据如下（概数，四舍五入取整十位数[⊖]）：

——在现金表中，经营活动产生的现金流量的现金流出部分的"支付的各项税费"科目分别为 24 万元、280 万元、3 680 万元。

——在利润表的"所得税费用"科目分别为 230 万元、540 万元和 1 200 万元。

——在资产表的流动负债中，"应交税费"科目分别为 760 万元、1 230 万元、550 万元。

（单位：万元）

	2005 年	2006 年	2007 年
支付的各项税费（现金表）	24	280	3 680
所得税费用（利润表）	230	540	1 200
应交税费（资产表）	760	1 230	550
营业收入	10 000	16 000	64 000

简单来说，上述三个项目分别说明当年实际交的税（企业）、会计上记录的税（会计）和税务应交（报告期末未交但一年内应交的税）（税务）。大致上反映了企业（实际）、会计（财务）、税务（税法）三方面的情况。

歌尔声学"支付的各项税费"2005～2007 年波动过大，从 20 多万元到 3 000 多万元，两年增长近 150 倍，与公司收入以及行业发展情况等不匹配，除非有特别原因，缴税如此不均，后期特别是 2007 年显然有补税。

一般来说，补税不一定故意偷漏税，不过如果金额悬殊，则确有故意也未可知。以印象和经验而言，在没有打算上市前，企业少缴税款的情况时常有之，实际做法是只要补税了就是"好同志"了。往深里说，少缴税虽然不一定合法，但不一定就不合理，这需要讨论我国税收负担以及某些不透明的财政开支问题。

"应交税费"2006 年波动较大，与前一年和后一年相差近一倍。应交税费是年末应交未交的部分，除非有业务异常或政策变动等原因——这种情况从收入变动关系上看不出来，无法确认是否有问题。按理说，应交税费是按税法计算的，只要税法没变，业务发展与应交税费的变化是对应的。2007 年业务飞速发展，但

⊖ 应交税费科目在 2006 年财务报表中的数据与管理层讨论与分析部分引用数据有出入，此处引用财务报表数据。

应交税费反而比2006年少，什么原因呢？也可能是因为2007年已经交了很多税，该交而未交的也就比较少了。所以，这一项看不出有明显的问题。

"所得税费用"各年变化也很大，但考虑业务变化，相对来说，可以解释的余地要大一些。该费用包括以应税所得（经纳税调整后所得）计算的所得税，还包括递延费用（或收益，或者说，所得税方面的递延资产与负债），与税法上的实际所得税相差较大——扣除递延部分，则只是纳税调整的影响。当然，所得税只是税收的一个税种，企业其他税收如果很多，如增值税等，则所得税费用与"应交税费""支付的各项税费"之间可比性较差。所以，这一项基本上可以单独考虑，网络观点把所得税费用与支付的各项税费放在一起直接比较，并且由此得出偷税结论，有点匪夷所思。

如果要说联系，恐怕只可以说所得税费用很大，即使剔除纳税调整和递延费用的影响，仅所得税一项就比支付的各项税费大得多，所以实际支付大于应当支付。不过，这仍然不能直接说明其偷税，因为可能应交而未交，作为公司负债已经记录了，甚至可能按政策可以缓交，只要现在记录在"应交税费"里面，而且政策允许以后再交，那么就不能说明企业偷漏税。网络观点特别比较了2005、2006年的情况，而这两年的"应交税费"较高，可能正是企业应交未交的税费。

（2）收入和利润大幅增长是否必然有造假行为——2007年收入存在提前确认嫌疑，2006年乃至2005年收入有隐藏嫌疑（推迟确认）。

（单位：万元）

	2005年	2006年	2007年
营业收入	10 000	16 000	64 000
净利润	1 460	2 860	8 370
其中：			
合并前被并单位净利润	—	—	70
归属母公司股东净利润	1 460	2 860	7 700
基本每股收益（元/股）	0.71	1.38	0.86

理论上，上述嫌疑是存在的，但是要下结论必须看收入明细，看具体每项交易的收入确认是否有问题。由于每次交易的对象、条件等情况各不相同，在缺乏尽职调查和具体认定的情况下，就下结论说别人造假，显然是轻率的。这方面究竟有没有办法直接从报表看出收入确认问题，还是值得学习和考虑的。

（2008年5月）

B股回购相关问题

B股肇始于20世纪90年代初,目的主要是直接利用外资、绕开外汇管制、同时又控制外汇直接入市(不许直接买卖A股,就像现在的QFII)。现在我们自己的外汇用不完,储蓄资金也非常充足,客观上不再像过去那样迫切需要利用外资,何况有了H股、红筹以及N股等境外上市渠道,外资资本投入也无须依靠B股,这么一来,B股几乎陷入绝境。2001年后鼓励境内居民买卖用汇(美元和港币)进入B股,但B股上市资源毕竟没有扩张,处境非常尴尬。有专家称,B股问题是第二次股改,但比第一次还复杂,因为要结合外汇管理体制的改革统筹考虑,不过好在B股规模不大,也就百十来家,应该不至于太费事。

一般认为,B股问题不一定要与外汇体制改革捆绑在一起解决。外汇管理比如资本项目开放问题是一个持续的过程,我国资本项目从20世纪90年代至今一直不是铁板一块,完全不开放,而是一直在逐步开放。按照国际货币基金组织的标准,有7类43个资本交易项目,至少目前我国开放或基本开放项目达到了2/3左右,整体上可以划分为"基本可兑换"之列。相对来说,B股问题可以独立解决,包括回购、换股、分立(宣布B股与A股分立,B股流通股不足10%即退市)等,让它消失,或与A股合并。

就回购来说,目前证监会、交易所有2005年和2008年出台的相关规定,A股回购案例已不是个案,B股回购已有丽珠为第一例,长安B股回购可以算第二例。

在方案设计上，回购 B 股主要考虑以下问题。

（1）回购目的。是否退市（如纯 B 股公司欲重上 A 股），或支持股价，或增厚权益等。

（2）回购方式。要约回购或集中竞价，二者各有利弊。要约时间短，见效快，但出价水平不太好定。竞价比较灵活，但时间长，而且也不一定能如愿收到足够的股份。

（3）回购数量。与回购目的有关，最大的就是全面要约，少则以支持股价为限。长安 B 股回购定的是 70%，原因是，既然现行政策下不能实现 B 股退市，公司又想尽量多收，考虑到公司的资产状况（流动资产、货币资金、总资产规模、负债情况等），确定为该数。

（4）回购价格。规定里有最低限制，关键是最高价。如果有 A 股公司，一般以净资产为准，理论上净资产之下都是合算的。没有 A 股的纯 B 公司，也可以净资产为准，但可能太低，买不到，所以要做估值，在合理价值以下可以买。溢价水平通常在 20%～30%，据说这是国际投行的经典性的经验数值。

（5）回购资金。丽珠按最高价与最大量计算资金用量，长安限定了资金用量，即 8 亿元，按总资产、净资产和流动资产的一定比例计算得出。这样，全部回购的平均回购价格就不是最高价，而是限定的资金与回购数量的比值。

（6）程序问题。现在的窗口指导操作是，先停牌报证监会，又证监会请示国务院，之后通知公司开董事会复牌。股东大会之后报商务部（如无外商投资执照则不须，但须当初准予发行 B 股的相应单位出文，说明同意回购减资）、外汇局，同意后正式公告回购报告书，自此进入一年的回购期。

（2008 年 12 月）

业 务 合 并

LM 公司 IPO 项目的内核会上，提出了一个很有意思的问题：发行人的主要业务是 LED 显示与照明的工程业务——上游的芯片等业务主要由母公司 LM 集团（通过下属"LN 公司"）负责，LM 集团（包括下属 LN 公司）的 LED 显示与照明的工程业务则在 2007～2009 年逐渐退出，退出的方式包括出售设备、转移资质、移交人员、赠与专利等，以此避免同业竞争。顺便提及，上游业务分离可能涉及发行人资产、业务是否完整且独立，是否有违鼓励整体上市、反对剥离上市之原则取向或政策精神，这种政策倾向在创业板或小规模公司中尤其明显。

纯粹从资产交易的角度来看，以上业务转移涉及的交易金额很小，真正有意义的是资质，因为工程业务主要靠人员和资质，自有资产很少，人员转移没有交易金额，资质转移实际上也不是买卖，是集团不用或停止原资质，发行人申请新资质。内核初审意见提出，请项目组根据《证券期货法律适用意见第 3 号》，分析集团转移相关业务是否构成同一控制下的业务合并。

查《证券期货法律适用意见第 3 号》相关规定：重组属于同一公司控制权人下的非企业合并事项，但被重组方重组前一个会计年度末的资产总额或前一个会计年度的营业收入或利润总额达到或超过重组前发行人相应项目 20% 的，在编制发行人最近 3 年及一期备考利润表时，应假定重组后的公司架构在申报报表期初即已存在，并由申报会计师出具意见。

上述意见所指的重组，包括但不限于收购股权、收购资产（经营性资产）、以股权或资产增资、吸收合并等。判断指标三个（满足其一即可），包括资产总额、营业收入和利润总额；存在关联交易则按扣除后的口径计算；相关业务是指相同、类似行业或同一产业链的上下游（意指各业务累计）；前一个会计年度或一期内多次重组累计计算（意指该时段累计）。

以重组前一年度被重组方相关指标与发行人比较：100%以上，则须运行一个会计年度后才可申报（便于了解重组后整体运行情况）；50%~100%，则须券商、律师尽职调查和发表意见，会计师按发行人标准提供被重组方财务资料；20%~50%，则须将重组后最近一期资产负债表纳入申报报表。

关于被重组方的盈利情况：属于企业合并，则被重组方合并前的净损益应计入非经常性损益，并在申报财务报表中单独列示；属于非企业合并（且相关指标在20%以上），即如上述，则应假定重组后的公司架构在申报报表期初即已存在，编制3年一期备考利润表，由申报会计师出具意见。

最近的一个案例，漫步者（002351），根据其公开信息披露，相关内容摘要如下：

【重大事项提示】

本公司于2007年9~12月期间实施了系列资产重组，终止了与同一控制人所控制的专业销售本公司产品的关联销售公司爱迪发、易迪飞、BVI爱德发的销售业务，爱迪发、易迪飞、BVI爱德发与经销商终止了销售合同，由本公司及其子公司与经销商重新签订销售协议并自行负责相应的销售业务，爱迪发、易迪飞、BVI爱德发原相关的业务人员由本公司及其子公司聘用。由此，本公司2007年销售业务组织方式与2005、2006年相比出现了一定程度的变化，为保持财务数据的可比性以及让投资者更为全面地了解本公司的整体财务情况，本公司将"同受公司实际控制人控制的销售公司产品的专业销售公司"视同为公司子公司，将该等公司2005~2007年财务报表纳入公司合并财务报表，编制了比较期间的备考财务报表。

【发行人会计师关于公司未将三家销售公司纳入申报报表合并范围的意见】

公司未与三家销售公司即爱迪发、易迪飞、BVI爱德发签订并购协议，未支付并购对价，也没有交易对象（构成业务的核心、必备资产和负债）。同时，公司未承接该三家销售公司原有的销售合同，不享受该三家销售公司原销售合同所对应的权利及承担相应的义务，即不存在原有销售合同控制权的转移。因此公司与该三家销售公司不存在并购关系，不构成业务合并。

发行人会计师认为，公司申报财务报表未将该三家销售公司的财务报表纳入申报财务报表的合并范围符合《企业会计准则第 20 号——企业合并》的相关规定。

根据招股书，发行人（申报报表，合并）2006～2008 年资产为 2.2 亿元、2.7 亿元、3.7 亿元，收入为 4.8 亿元、6.0 亿元、6.7 亿元，利润总额为 4 300 万元、8 600 万元、8 400 万元，而 2006 年爱迪发、易迪飞、BVI 爱德发等三家公司的相关指标没有直接披露，备考数据是发行人 2005～2007 年情况，资产 2.1 亿元、3.4 亿元、3.8 亿元，收入 4.6 亿元、5.4 亿元、6.5 亿元，利润总额 5 600 万元、6 800 万元、1 亿元。另外的净利情况，申报报表（2006～2008 年）4 000 万元、7 700 万元、7 000 万元，备考报表（2005～2007 年）2 900 万元、4 000 万元、7 600 万元。

单看可比的 2006、2007 年，资产、收入、利润总额的备考数更大，但净利方面 2006 年二者相当，2007 年备考数略小。

问题是：这个案例里，会计师认定相关业务转移不是业务合并，而且也没有按照《证券期货法律适用意见第 3 号》里"非企业合并事项"，编制最近 3 年一期的备考利润表（而是编制重组完成当年及之前两年的备考报表）。

（2010 年 1 月）

母公司对子公司合并的程序问题

最近，AC 公司发布公告（第六届董事会第十次会议），拟吸收合并下属全资子公司上海 AC 模具有限公司（以下简称"模具公司"），原因是"为了加强对模具公司的管理，提高公司模具开发和制造能力，做大模具产业，降低制造成本"。关于合并程序方面的安排是：

——双方将积极合作，共同完成将模具公司的所有资产交付公司的事宜，并办理资产移交手续和相关资产的权属变更登记手续。

——经公司董事会批准后，公司将与模具公司签订《吸收合并协议》，尽快办理相关手续。

——吸收合并涉及办理资产移交、相关资产权属变更登记、注销手续等事宜，授权公司经营层具体执行。

公司董秘在会后提出疑问，是否需要召开股东大会审议批准。查《公司法》规定，股份公司需要召开股东大会的情形包括董事人数不足、未弥补亏损较多、一定比例股东请求、董事会认为必要、监事会提议召开以及"公司章程规定的其他情形"（第一百零一条）——AC 公司章程规定，对公司合并做出决议属于股东大会职权（章程第 39 条，2010 年版），《公司法》又规定，公司合并须经出席会议的股东所持表决权的三分之二以上通过（第一百零四条），公司合并应当由合并各方签订合并协议，并编制资产负债表及财产清单。公司应当自做出合并决议之日起十日内通知债权人，并于三十日内在报纸上公告。债权人自接到通知书之日起三十日内，未接到通知书的自公告之日起四十五日内，可以要求公司清偿债务或者提供相应的担保。公司合并时，合并各方的债权、债务，应当由合并后存续的公司或者新设的公司承继（第一百七十四、第一百七十五条）。

关于合并，《公司法》规定公司合并可以采取吸收合并或者新设合并。一个公司吸收其他公司为吸收合并，被吸收的公司解散。两个以上公司合并设立一个新的公司为新设合并，合并各方解散。AC 公司吸并模具公司为吸收合并，其特别之处唯在母公司对全资子公司的合并，这种情况是否属于《公司法》规定的吸收合并范围，似有疑问。但据法人人格独立法理，母公司与子公司俱为独立法人，全资子公司亦然，《公司法》所谓"一个公司"与"其他公司"自不应视母公司与全资子公司这种情况为例外。

以实质论，股东大会的召开，意在特定情形下畀以机会伸张股东权利、保护股东利益。在吸收合并情形下，假如被吸收合并方（模具公司）资不抵债，依有限责任不致累及 AC 公司，AC 公司股东在召开股东大会时可据实际情况做出是否同意吸收合并的判断和表决，如不召开股东大会则无由主张权利并申明理由。

所以，模具公司吸并程序不无疑问，主要是没有召开股东大会，没有明确编制资产负债表和财产清单（双方）。据悉，已履行相关债权人通知及公告程序（没有在交易所文件披露）。

另查，最近类似案例有华北制药吸并四家全资子公司（2010 年 2 月 10 日），其程序为子公司分别召开董事会即可（其股东为华北制药唯一股东，因此华北制药的决议即股东意见），华北制药召开董事会及股东大会，股东大会之后签订吸并协议。

（2010 年 3 月）

重组办法的两次变革

2008年之前,关于上市公司资产重组方面的主要规则是《关于上市公司重大购买、出售、置换资产若干问题的通知》,这个"通知"发布于2001年(证监公司字[2001]105号),俗称"105号文"。2008年4月,中国证监会发布了《上市公司重大资产重组管理办法》和相关配套规定,这是重组规则的一次较大的变革。与此前的105号文及相关文件相比,规则方面的变化和进步主要是:

(1)明确把重组与上市公司非公开发行、上市公司收购等区别开(当然,更与IPO、上市公司公开发行相区别),同时规范了重组范围——专指资产交易,支付手段含股份(即发行股份购买资产),而不论是购买资产(发行股份购买资产)、出售资产、置换资产或者相关形式的结合。

(2)把发行股份购买资产从非公开发行中挑出来,使非公开发行专指现金融资,即非公开方式下(特定对象,不超过10家)资产和现金认购股份分别属于重组和非公开发行,二者不再允许同时进行("资产+现金")——2007年有一段时间搞过"一次审核,两次发行",已有个别案例,但由于发行同次而不同价,且"混搭"融资的发行审核职能归口不明,引起争议。本次出台新规后,这种方式被叫停。

(3)总结了原先一些经验,专门搞了套"申请文件",包括重组报告、财务顾问报告等的格式要求,结束了过去的混乱局面。尤其是需要提供的财务报告和审计报告,原先不甚明确,实际工作中令券商作为牵头人协调中介工作时无所适从,而会计事务所往往不得不做很多无用功,走了很多冤枉路。

这次明确要求提交的文件及其标准包括:重组方(即交易对方)一年财务情况——注明是否审计;交易标的两年财务报告和审计报告,如截止重组报告书公告日财务报告仍在有效期 6 个月内,但最近一期有重大变化,则另提供一期财务报告和审计报告,要求按照被重组上市公司的会计政策编制,同时提供当年(如上半年申报)或当年及次年(如下半年申报)盈利预测及审核报告;上市公司一年备考财务报告和审计报告——模拟交易完成后之情形,如最近一期有重大变化,则另提供一期备考财务报告和审计报告,同时提供盈利预测报告和审核报告(当年或当年及次年,要求同标的资产情况)。

2011 年 8 月,中国证监会发布了《关于修改上市公司重大资产重组与配套融资相关规定的决定》(中国证监会令第 73 号),对于重组办法进行了又一次变革,值得关注的主要是借壳资产的标准或要求、配套融资的操作方法。这次新规要求,"上市公司购买的资产对应的经营实体持续经营时间应当在 3 年以上,最近两个会计年度净利润均为正数且累计超过 2 000 万元"。

这个规定大致可以从三方面理解:① 借壳资产可以是多个主体(经营实体),所有经营实体均要求持续经营时间在 3 年以上,计算方法是截至首次召开董事会审议借壳事项时持续经营需满 3 年时间;② 借壳资产合并后最近两个会计年度净利润均为正数,且累计超过 2 000 万元;③ 借壳资产可是借壳方控制的若干资产,或与少数股东或其他非关联交易对象共同持有的若干资产,但如涉及发行股份,则发行对象(包括以现金认购股份的投资者)的数量需符合非公开发行规定,具体数量限制或在法律框架内根据政策需要而调整。

这次新规又规定:"上市公司发行股份购买资产的,可以同时募集部分配套资金,其定价方式按照现行相关规定办理。"(即有关"重大资产重组"的规定。)同时规定:"发行方案涉及中国证监会规定的重大资产重组的,其配套融资按照现行相关规定办理。"(即有关"非公开发行"的规定。)这个规定包括以下要点:

(1)允许"资产+现金"。对于 2008 年后逐渐叫停"资产+现金"的重组募资方式再度恢复。本次在厘清证监会内部有关职能基础上,明确规定借壳同时允许募集配套资金,可以是关联方资金,也可以是非关联方资金。

(2)按募集现金比例分别申报和审核。目前非公开发行由发行部(发审委)审核,重大资产重组(含借壳)由上市部(重组委)审核,如果在借壳的同时募集现金,即通常所说的"资产+现金"的方式,则根据非货币资产交换的原理,募集现金(配套资金)比例不超过交易总金额25%的,由上市部(重组委)审核;超过25%的,由发行部(发审委)审核。无论是向上市部申报,还是向发行部申报,都是一次申报,一并审核。不过按照规定,并购资产、收入等指标达到上市公司年度相应指标50%以上构成"重大"资产重组,而证监会官员认为,"重大"即需交上市部审。这么说来,两相结合的结果是,上市部审核的是重大且现金不超过25%的股份支付重组,发行部审核的是现金超过25%非公开发行募资,同时要求不构成重大重组。

(3)发行股份的定价。"重大资产重组"(借壳)涉及发行股份,其股份定价不可以打折,"不得低于本次发行股份购买资产的董事会决议公告日前20个交易日公司股票交易均价",而非公开发行股份定价可以打九折,即"不低于定价基准日前20个交易日公司股票均价的90%"(基准日指"董事会决议公告日""股东大会决议公告日"或"发行期的首日")。本次新规没有明确"资产+现金"的股份发行定价的具体要求。结合有关实践和解释,"资产+现金"股份发行可以采用资产与现金分别定价的方式,即先以资产认购股份,股份定价不打折,其后现金认购股份,按不低于九折的原则以询价方式确定价格。

可以预见,经由两次重大资产重组办法的变革,重组相关规范框架大致形成,有了股份支付方式,也有了配套现金融资。这些技术手段与国内经济结构调整和转型升级的市场机遇相结合,将会大力助推并购市场的发展。而所谓并购市场的发展,不仅指近年来常见的非上市资产借壳、大股东或关联方资产注入——借壳上市目的主要是资产证券化,关联方资产注入目的主要是避免同业竞争或减少关联交易,从而实现整体上市,更是指以上市公司为主体、由上市公司主导的基于自身扩张和市场需要的产业并购。

(2008年4月写,2011年8月改)

重组事项对发行上市的影响

目前,关于拟上市公司资产重组行为的监管规定主要分两类情况:一是构成重大资产重组行为的,须按要求进行信息披露;二是导致主营业务重大变化的,须运行必要期限后方可申请发行。

根据《公开发行证券的公司信息披露内容与格式准则》和《保荐人尽职调查工作准则》等规定,拟上市公司申报发行前最近一年及一期内收购兼并其他企业资产(或股权),且被收购企业资产总额或营业收入或净利润超过收购前发行人相应项目20%(含)的,应披露被收购企业收购前一年利润表。同时,保荐机构须核查被收购公司的财务情况,并分析该重大重组事项对发行人业务、控制权、高管人员、财务状况和经营业绩等方面的影响,判断重组行为是否导致发行人主营业务和经营性资产发生实质变更。

上述规定表明,如果申报发行前收购其他企业(一般指达到《企业会计准则》规定的"控制"标准),且相关指标达到规定标准(20%),则至少进行相应信息披露,同时,须对重组事项的影响进行实质判断,即判断拟上市公司是否符合申报条件。

又根据《首次公开发行股票并上市管理办法》(适用于主板和中小板)的要求,发行人申报发行前最近三年内主营业务和董事、高级管理人员没有发生重大变化,实际控制人没有发生变更。其中,有关主营业务发生重大变化的认定,主要体现在中国证监会《〈首次公开发行股票并上市管理办法〉第十二条发行人最近

3 年内主营业务没有发生重大变化的适用意见——证券期货法律适用意见第 3 号》(以下简称《意见》)相关内容中。

根据该《意见》,首次公开发行股票并上市的公司在满足发行人报告期内(最近 3 年)存在对同一公司控制权人下相同、类似或相关业务进行重组情况的,如同时符合下列条件,视为主营业务没有发生重大变化:①被重组方应当自报告期期初起即与发行人受同一公司控制权人控制;②被重组进入发行人的业务与发行人重组前的业务具有相关性(相同、类似行业或同一产业链的上下游);③如果被重组方重组前一个会计年度末的资产总额或前一个会计年度的营业收入或利润总额达到或超过重组前发行人相应项目 100% 的,发行人重组后运行一个会计年度后方可申请发行。

按照监管部门的解释,同一控制下的重组行为仅在满足必要条件时才可认定主营业务没有发生重大变化;反之,虽属同一控制下的重组行为,但不能同时满足上述条件,或者,非同一控制下的重大资产重组行为,即应根据实际情况认定主营业务发生重大变化,发行人须在重大资产重组完成 3 年后方可申报发行。

(2009 年 4 月)

资产注入上市公司过程中的节税问题

以发行股份购买资产的方式进行重组，涉及资产注入过程中的节税问题。对于重组方来说，此种交易的性质为转让拟注入资产股权，同时取得上市公司股权（换股）。按照规定，应税收入的确认金额为取得股权的公允价值减去投资成本，投资成本主要是重组方资本性投入（一般即注册资本，或股本加上资本公积），不含未分配利润；应税收入的确认时点，可以是重组日后转让本次交易所取得的上市股权之时。在这种情况下，如果未分配利润很大，则对节税不利，不如先分掉未分配利润，然后以等额现金进行增资，可保持拟注入资产的资产规模和价值不变，达到增加税法意义上的投资成本以减少重组方（即拟注入资产的股东）税收支出的目的。同时，可以申请在转让重组所得上市公司股权时再确认转让收入，以获得时间利益。至于分配所需现金，可以以股东往来款周转（即借款分红）。

在 XW 重组 BB 上市公司案中，拟注入资产 RH 公司有大量未分配利润，XW 公司就节税问题进行了分析，并进行了相应的税收筹划。

根据上市公司 BB 重组情况，从节税角度进行分析，不同方案涉税金额差异较大，建议即行分配 RH 公司 2010 年以前累计未分配利润 2.5 亿元，然后以分配的利润对 RH 公司进行增资，此举可在不减少 RH 公司净资产、不影响交易对价的前提下节约税收 6 250 万元左右。在操作上，建议先确定利润分配时点，由 XW 集团母公司提供周转资金，借款给 RH 公司支付股利，然后 YW（集团子公司）对 RH 公司进行增资，RH 公司验资后归还借款。

方案测算如下表:

(单位:万元)

序号	处理方式	应纳税所得额	税率(%)	应纳税所得额	节约资金利息	实际税收成本	确认所得时间
1	RH不分配利润,按一般性税务处理	411 535	25	10 384	—	10 384	重组完成,股权过户后
2	RH分配利润2.5亿元,按一般性税务处理	16 535	25	4 134	—	4 134	重组完成,股权过户后
3	RH分配利润2.5亿元,按特殊性税务处理	16 535	25	4 134	919	3 215	减持上市股权时纳税

具体分析如下:

(1) 基本情况。上市公司BB重组采用定向增发方式,向YW及标的公司小股东定向发行股票收购RH公司、CH公司及DH公司100%股权。

(单位:万元)

序号	标的公司	YW股权投资成本	持股比例(%)	账面价值(净资产)	评估价值	YW按持股比例计算评估值	评估值(投资成本)
1	RH公司	24 204	100	41 760	60 111	60 111	35 907
2	CH公司	11 886	99.43	17 525	29 184	17 344	5 458
3	DH公司	4 500	90	4 826	5 188	4 669	169
总计		40 590	—	64 111	94 483	82 124	41 534

YW公司对RH公司投资成本合计2.42亿元,RH公司账面净资产包括:股本10 620万元、盈余公积1 393万元、未分配利润29 747万元(年初未分配利润2.7亿元)。

(2) 转让方案影响涉税金额。

方案一:根据《中华人民共和国企业所得税法实施条例》(国务院令第512号)第七十五条规定:"除国务院财政、税务主管部门另有规定外,企业在重组过程中,应当在交易发生时确认有关资产的转让所得或者损失,相关资产应当按照交易价格重新确定计税基础。"根据《关于贯彻落实企业所得税法若干税收问题的通知》(国税函[2010]79号)第三条规定:"企业转让股权收入,应于转让协议生效、且完成股权变更手续时,确认收入的实现。转让股权收入扣除为取得该股权所发生的成本后,为股权转让所得。企业在计算股权转让所得时,不得扣除被投资企业未分配利润等股东留存收益中按该项股权所可能分配的金额。"故股权转让应计算股权转让所得,转让所得为取得BB公司对价的股权金额(股票数×

增发价，此为公允价应进行公告，同时按要求须向税务局提供增发协议及股权评估报告等），并扣除原计税基础即为 YW 的股权投资成本，对 RH 公司未分配利润不得作为计税基础扣除。

YW 公司股权转让所得 = 取得的公允价值 − 原计税基础 =82 125 万元 − 40 590 万元 =41 535 万元，应纳所得税 41 535 万元 ×25%=10 384 万元。

方案二：对 RH 公司的未分配利润先进行分配，再用分配的金额对 RH 公司进行增资，此举在不减少 RH 公司的净资产的情况下可达到节税目的。根据《企业所得税法》第二十六条、《企业所得税法实施条例》第十七条、第八十三条以及《关于执行企业所得税优惠政策若干问题的通知》（财税〔2009〕69 号）第四条的规定，股利分配属免税收入，不产生税收。假如分配 2010 年以前年度的未分配利润 2.5 亿元，再对 RH 公司增资 2.5 亿元，YW 公司对 RH 公司股权投资成本增加 2.5 亿元，计税基础增加 2.5 亿元。

YW 公司股权转让所得 = 取得的公允价值 − 原计税基础 =82 125 万元 −（40 590 万元 + 25 000 万元）=16 535 万元，应纳所得税 16 535 万元 ×25%=4 134 万元。

方案二比方案一节税 10 384 万元 − 4 134 万元 =6 250 万元。

（3）转让所得确认时间影响涉税成本。本次重组中（股权收购），上市公司 BB 作为收购方，YW 公司为转让方，被收购企业为 RH 公司，共三家标的公司。根据《财政部国家税务总局关于企业重组业务企业所得税处理若干问题的通知》（财税〔2009〕59 号）、《企业重组业务企业所得税管理办法》（国家税务总局公告 2010 年第 4 号）等相关文件规定：

1）如适用一般性税务处理规定，按照财税〔2009〕59 号文第四条（三）规定，有关企业股权收购、资产收购重组交易，应按以下规定处理：①被收购方（转让方 YW 公司）应确认股权、资产转让所得或损失。②收购方（上市公司 BB）取得股权或资产的计税基础应以公允价值为基础确定。③被收购企业（RH 公司等）的相关所得税事项原则上保持不变。

YW 公司应在股权转让完成，股权过户后确认转让所得，交纳税款。

2）根据本次重组的特点，更适用于特殊性税务处理规定。按照财税〔2009〕59 号文第六条（二）等规定：股权收购，收购企业购买的股权不低于被收购企业全部股权的 75%，且收购企业在该股权收购发生时的股权支付金额不低于其交易支付总额的 85%；具有合理的商业目的，不以减少、免除或者推迟缴纳税款为主要目的；企业重组中取得股权支付的原主要股东，在重组后连续12个月内不转让所取得的股权，可以选择按以下规定处理：①被收购企业的股东取得收购企业股权的计税基础，以被收购股权的原有计税基础确定；②收购企业取得被收购企业股权的计税基础，以被收购股权的原有计税基础确定；③收购企业、被收购企业的原有各项资产和负债的计税基础和其他相关所得税事项保持不变。

YW公司取得上市公司BB的股权按对RH公司等的股权成本作为计税基础，暂不确认股权转让所得，不在当期交纳所得税，节约了资金利息。假如4年后所持上述股份减持，减持时确认转让所得，但计税基础仍为40 590万元，而非82 125万元，RH公司的未分配利润不能作为计税基础，转让所得应纳税金10 384万元（同上计算），但节约4年资金利息2 309万元（10 384万元×5.56%×4）。如对RH公司利润进行分配再增资，计税基础增加2.5亿元，应交纳所得税4 133万元（同上计算），同时节约资金利息919万元（4 133万元×5.56%×4），涉税成本仅为3 215万元。

（2010年10月）

关于募投还贷的披露问题

募集资金还贷，是指募集资金的用途是归还银行借款。从 IPO 和再融资的规定来看，IPO 特别要求募集资金的用途应当符合公司主营方向、适应公司发展水平和募投项目可行（"募集资金应当有明确的使用方向，原则上应当用于主营业务""募集资金数额和投资项目应当与发行人现有生产经营规模、财务状况、技术水平和管理能力等相适应""发行人董事会应当对募集资金投资项目的可行性进行认真分析，确信投资项目具有较好的市场前景和盈利能力，有效防范投资风险，提高募集资金使用效益"）。除此之外，尚有不得用于财务投资、符合国家产业政策、避免产生同业竞争、募资实行专项存储等要求；再融资特别要求募集资金的数额以项目所需为限（"募集资金数额不超过项目需要量"），其他方面如财务投资、产业政策、同业竞争以及专项存储的要求与 IPO 相同。

再从前次募投的鉴证要求来看，主要针对具体投资项目。例如：①以对照表的方式对比说明前次募集资金实际使用情况，包括（但不限于）投资项目、项目中募集资金投资总额、截止日募集资金累计投资额、项目达到预定可使用状态日期或截止日项目完工程度（如果实际投资项目发生变更、对外转让或置换、募集资金用于其他用途，披露有相应要求）；②以对照表的方式对比说明前次募集资金投资项目最近 3 年实现效益的情况，包括（但不限于）实际投资项目、截止日投资项目累计产能利用率、投资项目承诺效益、最近 3 年实际效益、截止日累计实现效益、是否达到预计效益。实现效益的计算口径、计算方法应与承诺效益的计算口径、计算方法一致,并在前次募集资金使用情况报告中明确说明(无法单独核算效益的,应说明原因,并就该投资项目对公司财务状况、经营业绩的影响作定性分析)。

另外,前次发行涉及以资产认购股份的,前次募集资金使用情况报告应对该资产运行情况予以详细说明。该资产运行情况至少应当包括资产权属变更情况、资产账面价值变化情况、生产经营情况、效益贡献情况、是否达到盈利预测以及承诺事项的履行情况。前次募集资金使用情况报告应将募集资金实际使用情况与公司定期报告和其他信息披露文件中披露的有关内容作逐项对照,并说明实际情况与披露内容是否存在差异。如有差异,应详细说明差异内容和原因。

可以看出,募投的披露基本不涉及还贷如何披露。从实际情况看,公司上市后使用募集资金归还银行贷款一般有两种用途:一种是归还募集资金到位前先期投入募集资金项目的银行贷款,另一种是归还其他流动资金贷款。前者没有明确的额度或比例限制,不过项目最好是在申报发行申请文件之后才开工,且不宜在上市后就立即完工;后者属于变更募集资金项目,需要履行变更募集资金投向的程序。也就是说,一般没有单纯归还银行借款作为募投项目或募资用途的。即使有,一般限于先期借款进行项目建设,即仍然围绕项目展开。而且,这种借款多为部分借款,比如项目需求的30%等,这种情况多为股权融资。

像客户 ZG 这种情况——募资全部用于归还银行借款和补充流动资金且募资为债券募资(分离债的债券部分),应该如何披露,规则并不清楚。

理论上,如果股权融资比债权融资合算,或指通过资本市场发行债券比从银行借款合算,不应限制公司借助资本市场来融资。披露方面,则照实披露即可,即原本是怎么考虑的,实际情况如何,只要证监会审核批准了,那么,对照原来的说法说清楚就行了。问题的关键是限制公司替代银行借款或补充流动资金后的实际用途,最终用途应该是实业投资而不应是证券投资(财务投资,金融企业除外)。所以,最终来说,还是应该披露实业投资(项目投资)的效益情况。

就客户 ZG 而言,按照其前次募集说明书的表述——"重大项目投资需要"和"与相关银行协商"提前还款,严格来说,应该披露这些所谓"重大项目"的运行或效益(即使替代银行贷款是合理的,如果项目收益无法覆盖本次募投的资金成本,即分离债利息和发行费用,则说明项目投资是失败的),如果对投资人负责,不应语焉不详,笼统地说"重大项目"和"相关银行"等,这与"募资应有明确用途"不符。

(2008 年 12 月)

业绩变脸与信息披露

KJ公司上市首日破发,其后一直在发行价以下。按照某位知名投行人士的观点,投行只管结婚,不管生子,也不管是否离婚,也就是说,上市之后的股价走势不在投行责任范围内。这个观点投资者恐难同意。应该说,二级市场走势取决于多种因素——宏观、中观与微观,国内与国外,经济、政治乃至自然因素、资金与心态等,某只股票的价格波动也受多种因素影响,IPO定价只是一个方面。尽管如此,在股票上市之初,价格涨跌的直接参照就是发行定价,定价问题投行有直接责任,如果破发,特别是大幅、长期破发,致使投资者受损,投行显然难辞其咎(尽管投资者尤其机构投资者本身也有责任)。

分析认为,KJ公司股价走低,主要受到三个因素影响:一是大盘走势(KJ公司上市前后货币政策收紧,房市加大调控,希腊金融危机爆发引发经济二次探底担忧等对大盘影响甚大);二是国外市场及公司所处行业和相关公司股价调整;三是KJ公司自己一季度业绩不好。

至于IPO定价,在定价当时不能说高(发行价以上的申购资金覆盖率达70%以上,申购资金1 000亿元,超额认购倍率很高)。而在发行当时,市场上发行静态市盈率均高于KJ公司定价5倍以上,而资金覆盖率多在50%以下。KJ公司新股定价时,保荐机构和发行人正是考虑了KJ公司一季报业绩以及全年预计财务情况,按照给二级市场"留有余地"的原则进行定价的,监管部门对投价报告也很认可——事实上,根据当时路演情况,如在现有定价基础上高出5元或8元预计也能顺利发行,当时甚至预计上市后股价远在定价水平之上,但回头来看,对照上市后股价表现,定价的确偏高了。

现在,股价长期破发,投资者受损。从媒体反映来看,对于市场因素或系统原因,多数投资者似乎认赌服输,唯独不能认可的是信息披露问题。比如,媒体认为,虽然上市公司的一季度披露已经全部结束,但在正式发行前,不论是初步的《招股意向书》,还是正式的《招股说明书》,KJ 公司最新业绩都只显示到 2009 年年末为止。直到 5 月 KJ 公司刊登《上市公告书》,宣布正式挂牌时,2010 年的一季度业绩才"混"(媒体用字,实则并非有意为之)在《上市公告书》中一起出炉。2010 年一季度业绩不仅跟 2009 年全年天差地别,就算跟 2009 年一季度比,也缩水了 60% 以上。

另外,媒体还抱怨,在 IPO 询价过程中保荐机构会发布该公司今后 2 年的业绩预测报告,但这些报告是面向询价机构的,普通投资者往往看不到,只能参考询价机构之后发布的估值报告。这就出现了一个问题:同样打新,以散户为主的大多数网上投资人看不到上市公司 2010 年的盈利情况,而网下的询价机构却能大致了解到其"是否变脸"的情况。

事实上,媒体的说法基本属实,这种情况暴露了目前关于信息披露方面的一种不尽合理的制度或做法。新股上市前没有上市公司那样"指定"的披露渠道,交易所规定发行上市前只披露在证监会封卷的招股书,而证监会规定招股书到封卷时就不能改动。

以 KJ 公司为例,5 月上市时,一季报早就出来了(招股书封卷后),但一季报的财务信息既不能放在招股书中、在 4 月底获得发行批文后刊登招股书时一并披露,也不能通过交易所在上市前单独披露。直到 5 月披露《上市公告书》才予以公开,而且不是以一季报形式单独、醒目地披露,只是"混"在上市公告里。显然,如果在首次披露招股书时说明一季报情况,这个信息至少可以及时作为投资者是否认购的参考依据,这一点应该引起有关部门关注,尽快改为正确做法。像 KJ 公司这种情况,尽管当时一季报未经审计,但不宜以此为由而不在招股书中披露,仅须注明未经审计即可(不得因准确性而过分影响及时性——实际上,延至上市公告中披露的也是未经审计数据而已)。⊖

⊖ 2013 年 12 月 6 日,中国证监会结合新股发行体制改革发布了《关于首次公开发行股票并上市公司招股说明书与盈利能力相关的信息披露指引》,弥补了上述缺漏。

至于媒体所说的机构投资者与个人投资者信息不对称的问题，恐怕主要是搭便车的个人投资者的固有劣势而已——路演推介（一般现场发放投价报告）是公开的，并非只针对机构，但多数个人投资者事实上不便或不可能像机构那样受邀或主动参会。如果某些机构经发行人专场推介或登门拜访，或机构自己专门到企业现场调研，因而获得信息优势，个人投资者相对来说就更处于劣势地位了。

（2010年6月）

后　　记

近10年来,笔者一直在国内证券公司从事投行实务工作。从专业上讲,投行工作涉及财务、法律、金融、证券、投资乃至一些行业知识、管理知识等,国内外均有相关内容的著述面世。不过,有关投行实务的具体经过、心得、体会之类,既有一定专业性,又照顾到通俗性、可读性的作品却很少见到。我想,这或许与投行的工作性质和投行从业人员自身有关系。

目前国内投行实务主要是跟"钱"(资本)打交道,即帮助较大的企业、较好的企业上市融资、再融资、收购兼并或发行债券等。"纸上得来终觉浅",这项工作不是一个或简单或复杂的理论问题,而主要是实务操作问题,很多经验性内容似乎不便也不必形诸文字。同时,投行人员大都事务繁巨,非常忙碌,一年到头主要在与客户谈判、作尽职调查、写专业材料,或者忙着发行承销,坐着"飞的"满天飞,那些经验人士或成功人士更是如此,他们很难有时间并愿意花时间把具体的工作感受记述下来。

笔者作为一名资本市场从业有年的亲历者和实践者,有意无意之间,在工作之余不嫌琐屑地把一些具体感触零零碎碎地记了下来,几年下来累计已有不小的篇幅。这些文字大体上属于笔记、随感、漫话、闲谈之类,每篇文字后都载明了写作年月,据此可以联想当时的市场背景情况。最近经过拣选整理部分文稿发现,这些记录大致可以分为三类:第一类有关投行职业、市场、制度、业务门类等方面的知识、经验等,名为"职业篇";第二类包括笔者具体操作过的投行项目的业务经过、具体问题和解决思路、相关经验和教训的总结，以及对相关市场案例的分析、认识等，名为"项目篇"；第三类涉及业务实践中某些共性专业问题的讨论、认识与处理，以及资本市场监管部门发行审核实务中常见问题的解决方法等，名为"专业篇"。

显然，这些基于个人认识的"浅见寡闻"，难免有局限性，"体"既不"大"，"思"更非"精"。不过，其来有自，而且言也不虚。个人不揣浅陋，想把其中部分篇目凑集出版，主要是觉得对于坊间类似读物的阙如，或许不无小补；我的这些真实经历、具体感受和浅白经验，对于进阶中的投行从业者以及经济、金融、企业界等相关人士，或者对于想了解投行"内幕"的社会大众，猜想可能会有些兴趣吧。

对我自己来说，当初写这些东西、留这些东西，不过是兴致所至、敝帚自珍罢了，没有什么明确目的，现在归集甚至出书，却似乎是为了对于打交道的企业、对于经历过的项目、对于所从事的职业有点"交代"，实际上也就是跟自己有所"交代"：我是怎么做的，又是怎么想的，立此存照，仅此而已。如果读者真的还能觉得有些参考和批评的价值，那我就喜出望外了。

书名原为《投行话外》，因为这些篇什并不是什么正说或讲章之类，不过是局中人的一些题外话，也可以算做表面上多少有点"风光而神秘"的投行工作的"画外音"，或许可以具体而微地解释一下一个从业者的工作实际是怎么回事儿——借用崔永元的那本书名，"不过如此"。后来，从通俗考虑，经编辑提议，改为现名《投行笔记》，倒也符合本书大致属于从业人员工作札记的实际情况。需要说明的是，基于出版需要，本书在"原封不动"的原则下，对涉及的实际案例大多采用了字母指代等技术处理，由此引起不便尚望读者谅解。

最后，谨向为本书作序的王常青先生表示衷心感谢，他在国内投行界资深望重，我担心这本小书的内容担待不起。同时，非常感谢资深投行家温天纳先生为本书所作的推荐。还要特别感谢以出版财经图书闻名的机械工业出版社。另外，也要感谢我的妻子刘寅燕女士，是她的敦促加速了本书的问世。所谓"妆罢低声问夫婿"，现在却是我要忐忑而诚恳地请求读者批评指正的时候。

徐子桐
2013 年 11 月 26 日

推荐阅读

序号	书号	书名	作者	定价
1	30250	江恩华尔街45年（珍藏版）	（美）威廉 D. 江恩	36.00
2	30248	如何从商品期货贸易中获利（珍藏版）	（美）威廉 D. 江恩	58.00
3	30247	漫步华尔街（原书第9版）（珍藏版）	（美）伯顿 G. 马尔基尔	48.00
4	30244	股市晴雨表（珍藏版）	（美）威廉·彼得·汉密尔顿	38.00
5	30251	以交易为生（珍藏版）	（美）亚历山大·埃尔德	36.00
6	30246	专业投机原理（珍藏版）	（美）维克托·斯波朗迪	68.00
7	30242	与天为敌：风险探索传奇（珍藏版）	（美）彼得 L. 伯恩斯坦	45.00
8	30243	投机与骗局（珍藏版）	（美）马丁 S. 弗里德森	36.00
9	30245	客户的游艇在哪里（珍藏版）	（美）小弗雷德·施韦德	25.00
10	30249	彼得·林奇的成功投资（珍藏版）	（美）彼得·林奇	38.00
11	30252	战胜华尔街（珍藏版）	（美）彼得·林奇	48.00
12	30604	投资新革命（珍藏版）	（美）彼得 L. 伯恩斯坦	36.00
13	30632	投资者的未来（珍藏版）	（美）杰里米 J. 西格尔	42.00
14	30633	超级金钱（珍藏版）	（美）亚当·史密斯	36.00
15	30630	华尔街50年（珍藏版）	（美）亨利·克卢斯	38.00
16	30631	短线交易秘诀（珍藏版）	（美）拉里·威廉斯	38.00
17	30629	股市心理博弈（原书第2版）（珍藏版）	（美）约翰·迈吉	58.00
18	30835	赢得输家的游戏（原书第5版）	（美）查尔斯 D. 埃利斯	36.00
19	30978	恐慌与机会	（美）史蒂芬·韦恩斯	36.00
20	30606	股市趋势技术分析（原书第9版）（珍藏版）	（美）罗伯特 D. 爱德华兹	78.00
21	31016	艾略特波浪理论：市场行为的关键（珍藏版）	（美）小罗伯特 R. 普莱切特	38.00
22	31377	解读华尔街（原书第5版）	（美）杰弗里 B. 利特尔	48.00
23	30635	蜡烛图方法：从入门到精通（珍藏版）	（美）斯蒂芬 W. 比加洛	32.00
24	29194	期权投资策略（原书第4版）	（美）劳伦斯 G. 麦克米伦	128.00
25	30628	通向财务自由之路（珍藏版）	（美）范 K. 撒普	48.00
26	32473	向最伟大的股票作手学习	（美）约翰·波伊克	36.00
27	32872	向格雷厄姆学思考，向巴菲特学投资	（美）劳伦斯 A. 坎宁安	38.00
28	33175	艾略特名著集（珍藏版）	（美）小罗伯特 R. 普莱切特	32.00
29	35212	技术分析（原书第4版）	（美）马丁 J. 普林格	65.00
30	28405	彼得·林奇教你理财	（美）彼得·林奇	36.00
31	29374	笑傲股市（原书第4版）	（美）威廉·欧奈尔	58.00
32	30024	安东尼·波顿的成功投资	（英）安东尼·波顿	28.00
33	35411	日本蜡烛图技术新解	（美）史蒂夫·尼森	38.00
34	35651	麦克米伦谈期权（珍藏版）	（美）劳伦斯 G. 麦克米伦	80.00
35	35883	股市长线法宝（原书第4版）（珍藏版）	（美）杰里米 J. 西格尔	48.00
36	37812	漫步华尔街（原书第10版）	（美）伯顿 G. 马尔基尔	56.00
37	38436	约翰·聂夫的成功投资（珍藏版）	（美）约翰·聂夫	39.00